对话摆渡人

优秀辅导员 的 成长之路

刘一南 ◎ 主编

百花洲文艺出版社
BAIHUAZHOU LITERATURE AND ART PRESS

图书在版编目（CIP）数据

对话摆渡人：优秀辅导员的成长之路 / 刘一南主编. —— 南昌：
百花洲文艺出版社, 2021.8
ISBN 978-7-5500-3850-9

Ⅰ.①对… Ⅱ.①刘… Ⅲ.①高等学校–辅导员–访问记–江西
Ⅳ.①K825.46

中国版本图书馆CIP数据核字（2020）第195862号

对话摆渡人：优秀辅导员的成长之路

刘一南　主编

出 版 人	章华荣
责任编辑	余丽丽　罗　云
书籍设计	黄敏俊
制　　作	何　丹
出版发行	百花洲文艺出版社
社　　址	南昌市红谷滩区世贸路898号博能中心一期A座20楼
邮　　编	330038
经　　销	全国新华书店
印　　刷	南昌市红星印刷有限公司
开　　本	720mm×1000mm　1 / 16　　　印张　18.5
版　　次	2021年8月第1版第1次印刷
字　　数	220千字
书　　号	ISBN 978-7-5500-3850-9
定　　价	52.00元

赣版权登字　05-2020-168

邮购联系　0791-86895108
网　　址　http://www.bhzwy.com
图书若有印装错误，影响阅读，可向承印厂联系调换。

前　言

习近平总书记在中共中央政治局第十四次集体学习时强调："加强对广大青年的政治引领，引导广大青年自觉坚持党的领导，听党话、跟党走。"这充分体现了政治引领是我国辅导员岗位的设立初衷和根本任务，是高校大学生思政教育的核心要求。全国高校思想政治工作会议上习近平总书记还指出"提升思想政治教育亲和力和针对性，满足学生成长发展需求和期待，是新形势下提高高校思想政治工作实效性的关键"。对大学生开展思想政治教育，引领他们树立坚定正确的政治方向，坚定理想信念，努力成为中国特色社会主义事业的合格建设者和可靠接班人，理所当然是辅导员的首责主业。辅导员的思想境界直接影响着大学生的成长成才以及发展情况。所以作为大学生思想政治教育的骨干力量，必然要对高校"培养什么人、怎样培养人、为谁培养人"这一根本问题作出回答，主动承担起大学生政治引领的责任。

辅导员队伍建设历来受到党和国家高度重视。教育部制定的《高等学校辅导员职业能力标准（暂行）》中指出，辅导员应当努力成为学生的人生导师和健康成长的知心朋友，并对推动高校辅导员队伍专业化、职业化发展，切实提升大学生思想政治教育工作质量做出了系统指导和部署，也为高校做好新形势下辅导员队伍建设指明了道路和方向。江西省高校辅导员专业委员会也是在这样的初心与使命下，为全省辅导员搭建交流与学习的平台，关注辅导员成长，推动辅导员队伍专业化、职业化建设。

本书共邀请全省30余位优秀青年辅导员参与编写，通过访谈的形式与每位辅导员进行深入对话，围绕他们的工作成长实际，聚焦成长故事，凝练育人思想，总结工作经验。访谈内容对照辅导员工作职责与发展要求，从辅导员日常工作中的思想转变、学习提升、工作成效、生活积淀等实际问题出发，全面展示了全省优秀青年辅导员在实战演练中的成长之路。参与本书编写的老师有全国辅导员素质能力大赛一等奖的获得者，有近三年全省辅导员素质能力大赛一等奖的获得者，还有全省年度"最美辅导员"的获得者。他们诉说职业深情，分享点滴故事，引领梦想萌芽，守护学子成长，为辅导员"在岗位上奉献，在岗位上成才"提供了宝贵经验。

本书没有艰深晦涩的理论，也没有纷华靡丽的辞藻，只有辅导员工作成长的真实记录、思考体会和生活剪影。希望读者在阅读中感受优秀辅导员身上散发出的向上向善向学的正能量，被他们面对工作时的热忱和激情所打动，被他们收获的价值和人生的成长所吸引，被他们的践行的初心和行动所感染。同时，感谢江西省辅导员专委会为全省辅导员建设工作提供了优质的交流平台，助力本书的编写工作，也为全省辅导员素质能力提升提供了全方位的专业培训。

最后，衷心希望广大辅导员可以通过《对话摆渡人——优秀辅导员的成长之路》一书，积极引导大学生的学习、工作和生活，与学生形成良好的互动，进行心与心的交流，做好学生大学生活的摆渡人，为提升我国高校思想政治教育工作做出应有的贡献。谨向付出了艰辛劳动的全体编写人员致以崇高的敬意，向为此书带来访谈资料的各位优秀辅导员表示衷心的感谢。我们将不断完善本书的编写工作，无愧于各位对辅导员队伍建设的倾情贡献和无悔付出。

目 录

胡邦宁

胡邦宁，男，汉族，1983年8月生，江西南昌人，中共党员，研究生学历。现任南昌大学人文学院团委副书记，思想政治教育课副教授。2004年至今一直担任南昌大学人文学院辅导员，主持教育部、省级项目数项，发表论文数十篇。2019年3月，参加在北京人民大会堂召开的学校思想政治理论课教师座谈会，并受到习近平总书记的亲切接见。

十六年的坚守与奉献

◎南昌大学　胡邦宁

编者：胡老师您好，您参加了2019年3月在北京召开的学校思想政治理论课教师座谈会，现场聆听和学习了总书记的讲话。这次会议为学校思想政治工作提出了新要求，指明了新方向。作为来自一线的基层辅导员，您能分享一下您的感受吗？

胡邦宁：谢谢，聆听了总书记的指示和叮嘱，我至今难以忘怀，感到无比振奋。中央专门召开学校思想政治理论课教师座谈会，凸显了对思政工作的高度重视。能够与全国学校的思想政治课教师代表一道，现场聆听习近平总书记对思想政治理论课的指导，感到十分荣幸。作为一名思政课工作者，我们使命光荣、责任重大。党中央对我们寄予厚望，我们不能辜负重托。在今后的工作中，将进一步提高政治站位，坚守岗位职责，不断提高自身综合修养，坚持正确方向和先进理论相结合、扎实本领和言传身教相结合、仁爱之心和精准施教相结合、前沿技术和传统文化相结合、科研创新和工作实践相结合、国际视野和中国情怀相结合等原则，为学生埋下种子，扣好扣子。

编者：在思政课座谈会上，习近平总书记强调"初心"的重要作用。无论是党的十九大，还是"不忘初心，牢记使命"主题教育中，总书记多次强调"初心"，作为一个基层辅导员，您的初心是什么？是什么样的因缘机会让您选择了辅导员这个职业？

胡邦宁：我的初心很简单，就是做好一名辅导员，带好每一个学生。我自己出身教育世家，我的爷爷、大伯、父亲都是人民教师。在家庭的熏陶下，教书育人是自己从小就立下的志向。2004年6月，我大学毕业，当时不到21岁。当时南昌大学正在招聘辅导员，我便选择了这条道路，当时的想法就是好好做个老师。我记得报到那天，自己一个人拿起简单的行李报到。那时，前湖校区还在开发，到处都是长满野草的荒滩，每天可以听见轰轰作响的施工声，走的也是烂泥巴路，一些同来的人见状转身就拿起行李，选择离开。而我和大多数同事一样，行李一放就是十多年。从行李放下的那一刻，我知道我的人生已经属于学生，属于教育事业了。

编者：16年时间是很漫长的。现在一些年轻人厌倦工作，厌倦"996"的工作模式，更遑论16年了。您在工作中是否有过放弃的念头，是否有过松懈？换句话说，您是如何坚持自己的初心的？

胡邦宁：你说的懈怠、疲倦，我觉得是工作的磨合期、适应期自然的心理状态。对于我来说，2004年入职之初时，辅导员是我的工作；2008年，辅导员是我的职业；5年前，辅导员是我的事业；而现在，辅导员是我的生活。工作是完成任务，职业是明确方向，事业是选择坚守，生活则是投入热爱。"上面千条线，下面一根针。"辅导员的工作千头万绪，刚上手时会有点手忙脚乱。但是随着时间推移，一切会平稳，不是平淡，更不是平庸。16年的辅导员工作，我并没有感觉到厌倦，每一届都面对新的面孔，每天都有新的工作和任务，接受新的挑战，学到新的东西。做得越久，越乐在其中。

编者：作为一名优秀的学工人，您在处理学生工作中有什么秘诀和方法？

胡邦宁：您太客气了，与其说方法，不如说给自己定的规矩和底线。从带第一届学生开始，我就给自己定了一个规矩：只要学生在学校一天，就应确保自己能在第一时间找到学生和被学生找到。我是独生子女，家与学校仅有一路之隔，但在做辅导员的四千多个日日夜夜里，除了寒暑假，基本每天都住在学校的值班房间里，每学年都在300天以上，还被同学们戏称为四栋宿舍中"最亲切而又熟悉的面孔"。扎根学生宿舍，让我熟悉和了解学生的思想动态和心理变化。在这个基础上，我们就可以充分把握学生们的思想、学习及生活动态的轨迹，主动与学生们沟通思想、分享喜悦，广交朋友，为解决学生中的"难点"和"痛点"问题奠定了良好的基础。经过积年累月的摸索，我们形成了一整套针对特殊学生的"望闻问切"关怀引导法，通过简单的问答就可以了解学生的动态，并且帮助学生解决。

长期与学生相处相守在一起，有一个好处就是可以较为敏锐地发现事故苗头，将其处理在萌芽阶段。记得有一年冬天凌晨三点，一位学生因找工作不顺一时想不开，登上22层大厦顶层。我第一时间赶到现场，经过近两个小时的娓娓劝说，这名学生最终放弃了轻生念头。他从此振奋起精神，现在成为一家国企中层管理人员。这位学生每次回校来看老师们都说，是学校给了他第二次生命。16年来，我所带的班级没有一例重大事故，没有一例退学。我想与学生们的朝夕相处，就是其中的秘诀之一。

编者：*汤之《盘铭》曰："苟日新，日日新，又日新。"作为一名工作了16年的辅导员，肯定已经形成了一套成型的工作体系和方式，但是随着大学生群体的迭代和对思政工作要求的变化，很多方法或许会被淘汰。您是怎么面对这种变化的，在面对的时候会不会有不适应的情况？*

胡邦宁：你说得很对，记得刚工作的时候，当时的社会、家庭，包括学校对大学生上网还存在着一定的质疑，而现在网络已经成为每个大学生的一种生活方式。这种变化是很大的，对我们的工作方法和手段都产生了天翻地覆的影响。这只是几十年的一个变化，对于我们来说，创新是必备的工作素养。辅导员工作法无定法，与时俱进、不断创新是干好学生工作的不二法门。

正如上所说，想干好思政工作，一个重要的抓手就是开拓网络思政阵地。教育的目的就是立德树人。只有创新才能将思想政治教育工作做实做活。随着辅导员工作经验的不断深化与拓展，在和学生的接触中，我察觉到，"90后"作为互联网时代成长起来的当代大学生，比以往的学生更加习惯，同时也更加需要网络形式来创新辅导员工作模式。于是，我开始注重利用博客、微信等新媒体技术，和学生党员、学生干部及入党积极分子，开发运营微博、微信，将其打造成为网络思想政治教育阵地。

编者：将思政教育同"互联网+"结合起来，提法很新颖，但如何落实尤其是落实好是一个大问题。您是如何用网络引领学生的呢？

胡邦宁：首先是自己身体力行。我在多年前开始接触网络，先后开设了2个实名博客和1个微博，曾经拥有过近2000名粉丝。我通过在博客上撰写文章，分享自己的学习心得和人生感悟，向学生传递正能量，至今仍可以在博客的评论区看到学生和我很有意义的讨论。博客上的不少文章点击量上万，并被一些权威媒体转发。付出就会有回报，2014年，我的博客获得"江西高校辅导员优秀博客大赛一等奖"。近年来我又开设了个人微信公共平台，以便更好地为更多同学服务。

其次是带动学生一起前行。"一枝独放不是春，万紫千红春满园。"我们发动组织了南昌大学人文学院学生会，组建起了一支集文案、排版、美工等于一体的微信公众号运营团队，仅用一年时间，成员便达到了数十人。这个微信平台围绕国内外热门事件，学生的学习、生活、思想教育、生涯规划等方面进行运营，每天都会有消息推送，已经成为江西省内发展速度最快的高校微信公众号之一。我们是人文学院，充分利用学院的智力资源，在院领导的支持下，创设了"青年之声"大数据平台，作为学者和学生之间联系交流的桥梁，为学生们答疑解惑。

编者：听到您介绍自己在网络思政方面的工作方法，我十分感慨。我更加鲜明地认识到，做一个优秀的辅导员，就是一个不断挑战自我、超越自我的过程。

在当前这一阶段，应该从哪一方面着手干好辅导员工作？

胡邦宁：您讲得很对。做辅导员，就是要在学生的成长过程中不断充实和提升自我。做辅导员要想不落伍、不过时，必须不间断地提升理论素养和工作中的科技含量。拿自己来说，我会继续努力学习，争做一名专家型、学者型辅导员。

其实，周围不少同事已经戏称我是"学者型辅导员"。我知道自己很多方面还不够，于是就把不少业余时间都用在了学习和科研上。我的研究对象很简单，就是我周围的大学生，就是他们学习、成长的点点滴滴，用学术的方法解构大学存在的现象和问题，写下了一些自己的看法和文字。从日常较为散乱的工作到如何集约化管理，从面对一个个鲜活的个体工作到高校党建、团建、班建，从大学生恋爱观到辅导员心理变化，乃至于把帮扶贫困生工作纳入落实社会主义核心价值观的体系之中等等，都是我们学习与研究的对象。16年来，这些成果先后获得2016年全国高校辅导员工作优秀论文一等奖，2015年江西省辅导员精品项目一等奖，主持和参与教育部辅导员专项课题2项、其他省部级课题11项、校级课题5项，出版专著合著三本，其中《价值观的力量》入选中宣部、新闻出版广电总局向全国读者推荐的12种通俗理论读物，发表论文20余篇，被人大全文资料转载1篇，发表核心1篇、省级5篇。在2018年，我还参与了江西师范大学首届"辅导员日"活动暨全国高校辅导员发展研究中心学术论坛并发言；参与广西师范学院2017年全国高校辅导员发展专题研讨会，并入选作品集。这些活动让我有机会和许多优秀辅导员专家学习请教。

编者：除了自己的科研，您还带领您学生开展了一些课外学术活动，听说还取得了很多不错的成绩。您能介绍一下相关情况吗？

胡邦宁：随着"大众创新，万众创业"浪潮的到来，党和政府鼓励青年大学生自主择业。这是一个历史趋势，也是学生成长成才的重要途径。我和同事们一道创设了南昌大学第一个创新创业孵化基地，为众多学生未来走向社会提供了实践的平台。在这一过程中，我发现许多同学空有创业热情，但阅历尚浅，不知如何下手。为了弥补这一缺陷，我报名参加了KAB创业课程教育培训，成为南昌大学KAB创新创业课程教师。同时翻阅了大量书籍，陪伴学生到企业参观考察，了解企业的发展和运营经验，积极主动地联系校友，有指向性地为学生们开设多场讲座。2015年，我获得了全国大学生创业理论与实践学术研讨会三等奖，我指导的学生获得了首届"创青春"全国大学生创业大赛实践挑战赛银奖、公益赛铜奖。就在2018年，我指导的学生又进入了全国挑战杯竞赛，并获得成绩。

编者："新松恨不高千尺"，面对新进的年轻的辅导员，胡老师作为老学工，是否也会"传帮带"呢？

胡邦宁：优秀的学工环境离不开优秀的学工团队，对于一个优秀的团队而言，年轻的力量是重中之重。除了呵护学生成长成才以外，向青年辅导员学习，促使青年辅导员尤其是兼职辅导员成长也应该是我们日常工作的重要内容。我们始终关心年轻辅导员的成长，尽全部的可能将自己多年的经验教训传授给他们，让他们尽快适应自己的角色。而且在与年轻人的交流相处中，其自身也不断吸收新鲜事物，不断丰富提升自己。

南昌大学也高度重视年轻辅导员的选聘和培养工作，学校成立了专门的辅导员工作室。我也是学校辅导员工作室的成员之一。在工作业务上帮扶新进的年轻辅导员，既是学校的精神，也是自己的一种自觉行动。除积极参加有关辅导员工作的各项活动外，我们几个成员多次谋划、参与、主持工作室组织的培训年轻辅导员的活动。新任辅导员凡是遇到疑难杂症，都愿意来找我们咨询请教。不少年轻辅导员都叫我"邦哥"。值得一提的是，16年来，我有二十多名学生也加入了辅导员队伍，如全国高校辅导员职业技能大赛优秀奖获得者南昌大学玛丽女王学院的辅导员刘平。我还积极与外校辅导员交流，先后为江西省高校辅导员培训班学员、江西省高校第五届辅导员职业能力大赛选手，南昌大学、江西师范大学、宜春学院、江西经济干部管理学院、江西电力职业技术学院等高校的师生开展科研能力和辅导员职业技能大赛讲座十余场，既传授自己的经验，又吸收其他同志的长处。

兼职辅导员是辅导员队伍的一个特殊群体，他们既是学生，又是新进辅导员。工作缺乏经验，处理问题尚不成熟，同时也面临学业和就业的巨大压力。作为学校辅导员队伍中的"老革命"，我义不容辞地接下了"传帮带"的任务。常常与兼职辅导员谈心，面对面、手把手地讲解专业技能，传授工作经验。在一些兼职辅导员因找工作和临时上课无法到岗的情况下，我会为他们值班顶岗。这些兼职辅导员毕业参加工作后十分受用人单位的欢迎；其中绝大部分人至今都和我保持密切的联系，遇事还会和我讨论。

编者：在采访即将结束之际，请您用一段话概括您对辅导员工作的认识。

胡邦宁：将满腔热忱投入到辅导员的事业中，干一行，爱一行，专一行，或许其职业生涯没有取得什么惊天动地的成果，但4000多天的不懈追求仍然使人怦然心动。让梦想在青春的花季扬帆起航，这是辅导员的骄傲，更是这份职业的可贵所在，请记住做辅导员的每一天。

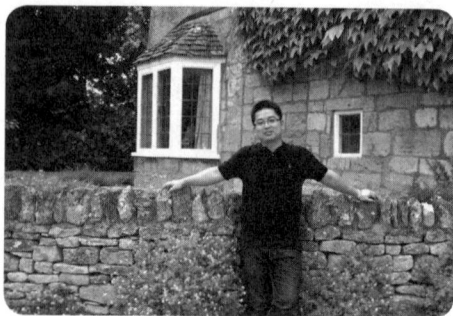

李云辉

李云辉，男，中共党员，现任南昌大学党政办公室副主任。教育部高校辅导员工作精品项目负责人，专业人才教育工作委员会高级礼仪培训师。先后荣获全国高校电视作品大赛一等奖、全国高校优秀辅导员工作论文三等奖、江西省优秀辅导员称号、江西省高校辅导员工作精品项目精品奖、江西省高校思想政治工作优秀论文一等奖、南昌大学优秀共产党员等各级各类荣誉和表彰50余项。参编大学生思政系列教材4部，主持教育部辅导员精品项目1项、人文社科课题1项，主持和参与江西省人文社科课题7项，先后数十次受邀到省内外兄弟高校做工作经验交流。

专注做好当下每一件事

◎南昌大学　李云辉

编者：李老师您好，南昌大学"卓越辅导员培养工程项目"获批2016年教育部高校辅导员工作精品项目，实现了江西省在此项目申报上的突破。作为此项目的负责人，您可以给大家分享下这方面的工作经验吗？

李云辉：您好，为切实推动学校辅导员队伍建设，进一步提升辅导员队伍的业务能力与工作水平，增强队伍的组织凝聚力和向心力，自2015年起，学校大力推进

"卓越辅导员培养工程"的建设，通过构建一个阵地，打造两个平台，突出三个重点，实现四大提升，全面整合力量，凝练特色，培养骨干，培育精品。"卓越"辅导员的培养取得了较好效果。一是搭建团队，协同发展齐聚力。学校积极搭建辅导员工作平台，先后建成了辅导员之家，成立了辅导员工作室和10个辅导员工作坊，并在全校遴选了一批辅导员骨干充实到辅导员工作室。辅导员队伍建设和管理由原来的自上而下转变为自下而上，各类工作和活动更接地气，更有效果。辅导员工作室和工作坊的建设成为展示南昌大学辅导员风采的窗口、创新育人理念方法的平台和孵化"卓越"辅导员的摇篮。二是教学相长，学习研讨共进步。学校打造了思政工作品牌"学工沙龙"，从辅导员职业发展的角度组织各类专题学习培训活动，一方面邀请校内外专家进行专题辅导和学科知识普及，另一方面对辅导员的工作技能进行系统培训。辅导员工作坊也结合相关专题，给同学们开展系统专业培训。近几年来，工作室先后举办各类"学工沙龙"40多期，工作坊给学生开展各类培训近百场。上述活动的开展，优化了校内外资源利用，推动了学科知识普及，激活了团队思维创造。三是博采众长，竞赛团辅同提升。近年来，学校加大各类平台建设力度，将辅导员课题、精品项目和素质能力大赛等有效地融入辅导员培养。在专题学习和专项竞赛中促进辅导员专业化提高，在团体训练和对外交流中促进辅导员专业化发展。学校辅导员先后获全国辅导员优秀工作论文一等奖等国家级奖励14项，江西省辅导员素质能力大赛一等奖等省级奖励40余项，承担"教育部人文社会科学任务"等省部级课题8项，发表论文数十篇。四是凝聚共识，上善文化促发展。学校积极打造向上向善的组织文化，先后举办了外出学习研修、辅导员趣味运动会等多项文化活动，推出了辅导员之歌《春风十里》等一系列文化作品。在全校选树辅导员典型，在新闻网站、道旗上进行宣传报道，并组织他们在全校做事迹宣讲。近年来，学校涌现出"全国高校辅导员年度人物"廖元新，江西省"最美辅导员"刘平等一批辅导员典型。向上向善的组织文化突出了辅导员的示范性、榜样性和引领性，增强了队伍的归属感、认同感和幸福感，提升了组织的凝聚力、向心力和战斗力。五是示范引领，校际合作开新花。通过几年建设，南昌大学"辅导员之家"已成为学校乃至江西省思想政治教育工作的一张"名片"。先后接待上级教育主管部门和各兄弟高校参观来访120多次，接待参观人员1000多人次。省委书记刘奇、教育部副部长翁铁慧等多位领导先后亲临视察并给予工作肯定。中国共产党新闻网、教育部网站等先后十余次对学校"卓越辅导员培养工程"进行报道。中南大学、江西师范大学等十余个兄弟高校已参仿南昌大学，打造辅导员之家。学校辅导员骨干先后受邀到省内外百余所高校做工作经验交流。

编者：对于辅导员精品项目的建设，您有哪些体会？我们也了解到，您在工作之余也积极从事思政工作丛书的编撰，各类省部级课题的申报和论文的撰写，对于辅导员从事科研工作，您有什么建议？

李云辉：辅导员精品项目是辅导员队伍建设的一个重要抓手，一个好的精品项目，它体现了辅导员在工作中进行的周密的设计、创新的探索和系统的思考。一个好的项目既是做好学生教育管理工作的行动指南，也是一个好的思政课题，更是一个好的思政论文题材。通过精品项目的建设，一是可以创新思想政治工作的理念和方法，培养我们善做善成、久久为功的培育和建设心态。同时能引导我们与时俱进，不断创新工作思路，对本土资源进行进一步的整理与挖掘，在服务中实现对学生的思想引领。二是可以推动思政工作系统化、科学化、体系化建设，让我们更多地思考我们工作的对象是什么，我们应该承担怎样的角色，我们应该具备怎样的工作素养，我们应该通过什么渠道给学生赋能，通过赋能学生能有什么变化。这需要我们在工作中不断思索，从而进行系统性创新。三是可以通过项目建设，打造专业化、专家化工作团队。一个人走得快，一群人才能走得远。目前，但凡在思政工作领域有一定影响的，都是在某个方面长久坚持，富有特色的，这些工作，大都是集合团队的智慧，所以我们要通过项目建设，不断汇聚优势力量，积累经验，集中发力。四是可以培养科学严谨的学习和工作态度。在高校，行政承认不等于专业信任，行政权向学术权转移是必然趋势，作为思想政治教育工作者，我们要不断增强本领恐慌意识，努力做到终身学习，德才配位，让我们的工作做出更多的尊重感，敬畏感，幸福感！这也是我参加工作以来一直比较注意总结凝练的一个重要原因。

作为一名辅导员，我们需要注重学习，把思考转化为实践；我们需要注重研究，把项目打造成品牌；我们需要注重创新，把特色铸就成精品；我们需要注重提炼，把经验上升为理论。只有我们日积月累把每一件事情做好、做精，才能做到与时俱进、常做常新、厚积薄发。

编者：李老师，结合您刚刚参加工作时的经历，您对于新入职的辅导员有什么工作方面的建议吗？

李云辉：亚圣孟轲说过，君子有三乐："父母俱存，兄弟无故，一乐也；仰不愧于天，俯不怍于人，二乐也；得天下英才而教育之，三乐也。"我认为当老师本就是最初的志向，虽说这志向曾被朋友们"嗤之以鼻"，可我毅然决然地走了下来，一干就是十六年，并且在这个行业找到自己的快乐。

开始从事辅导员工作，我充满憧憬，入职后才发现，要真正与200多名同学交心，还真不容易。毕业后我被安排到建筑工程学院工作，学生所学专业为建筑学、城市规划、工程管理，这些专业对于行政管理专业毕业的我来说是完全陌生的。接到任务后，我迅速转变角色，熟悉学生培养方案，与专业老师进行沟通，翻阅学生的教材……短短的几个月，我就从当初带班时对学生所学专业的"一窍不通"，变成了学生眼中的"无师自通"，与学生交流时"两张皮"的问题没有了，我的工作自信也就自然有了。所以，作为一个新入职的辅导员，我希望大家一是要有成长之心，既然选择了这份工作，我们就要静下心来，思考它，琢磨它，不断结合时代特点和学生的思维特点创新我们学生思想政治工作的手段和方法。在实际工作中我们要有本领恐慌意识，要在找差距、补短板、促提升上下苦功夫，坚持做到理论武装、学历提升、职业化专业化发展同步。二是要有工匠之心，要坚持立德树人，站在为党育人、为国育才的角度，做好学生的价值观培育与思想进步、学生的发展辅导与资源支持、学生的行为管理与行为研究、学生组织的发展与社会支持、学生的利益表达与权益维护、学生的社区建设与校园文化、学生的生命教育与和谐校园等工作。三是要有敬畏之心，一方面要敬畏我们的岗位，用心做好当下每一件事情。另一方面我们要尊重学生的主体性，自觉地敬畏学生，了解学生的思想特点、心理状况和行为规律，从学生的视角考虑问题，关注学生的学习体验，换位思考，倾听学生的成长体验和意见建议，并给他们提供整体一致的核心价值和优质的管理服务。

编者：您认为一名新时代辅导员应该如何陪伴"00后"的大学生健康成长？

李云辉："细节决定成败"，这句话同样适合学生工作，这也是我始终遵循的。"学高为师，身正为范"，榜样的力量是巨大的，什么样的老师就会带出什么样的学生。在工作中，我始终严格要求自己，为学生做好模范和表率。刚开始工作时，我所带的班级学生家境普遍比较优渥，有部分学生学习主动性不强，缺乏纪律意识。为改变他们这种懒散的生活习性，我每周带着他们集体晨读、自习，陪着他们模拟备考四六级，并为他们批阅作文，这样的事情一做就是两年。最后，学生四六级考试成绩名列全校前茅，考研率，特别是考上浙江大学、四川大学等世界一流大学的比例也创下了学院建院来的新高。

"学生工作无小事"，这是我一直信奉的。学生大学四年可能就找你办一件事，这件事对你而言或许是件小事，但对他而言可能是一件大事，这件事你办好了，学生会记你一辈子！这件事你若没办好，学生更会记你一辈子！"功不唐捐，玉汝于成"，我与学生交流时经常会说："新时代的大学生，应该成为时代的高才，要学会吃苦，学会运用各种方法和手段提升个人素质，提高适应社会的能力。与此同时，要勇于尝试各种新鲜事物，学会试错，从而找到更多适合自己的机会。"为此，我在自己所带的班级、学生组织中组建各种学习小组，"读书分享会""世界咖啡"等活动让学生们碰撞思维、演练口才、增长才干、激发思维素养和创造活力，很多学生因此而受益。

"心里始终装着学生"是对这份职业最大的尊重。工作之余，学生花名册是我翻得最多的案头资料，对自己所有的7个班级的214名学生的各类情况，我都能做到心中有数。自己所带的学生住院，我总是在工作之余陪伴其身侧。学生突发疾病，我都要及时赶到现场，并把他们送到医院，以至于附属医院急诊科的不少医生护士一看到我就能直呼其名。平时，只要学生和辅导员反映的情况，无论事情大小，我都会认真地把它们记下来，并想办法帮助解决。24小时开机，是我十余年来的坚持，有时半夜忽然电话来了，一看是学生，我就会马上披衣而起。有时即便休假在家，遇到学生困难，也会半夜开车到达学校。大卫·休谟有句名言"习惯是人类生活的伟大向导"，而时刻记得学生、装着学生已然成了我自己的习惯。

"随风潜入夜，润物细无声"，做好学生工作是没有捷径的，用心，才能走进每一个学生的心里，让他信任你，从而接受你。

编者：去年，全国都在如火如荼开展"不忘初心、牢记使命"主题教育活动，您作为坚守在高校思想政治教育工作战线十六载的思政工作者，您的初心是什么呢?

李云辉："世界上的工作有很多种，我认为最困难，最复杂的莫过于与人打交道，而学生工作又恰恰是其中最具挑战性、最有意义的，因为这个职业更具雕塑思维方式和价值观的意义，也是最能体现人生价值的职业。"自迈入大学门槛的那一刻起，我就与思政工作结下了不解之缘，做过学生干部、学生助理、辅导员，也先后分管过学生教育、辅导员队伍建设、校园文化建设和文秘机要等工作，每一个岗位，都给我带来不一样的人生体验。

陶行知先生说，教师的职务是"千教万教，教人求真"，学生的职务是"千学万学，学做真人"，这种"教学相长"的过程给人的感觉是奇特的。"学为人师，行为世范"，这是每一位教育工作者应该遵循的，做一名好老师，把学生装在心里，助力学生成长成才，平凡之处显真，平凡尽处不平凡。这，就是我的初心。因此，2006年7月，我辞掉了别人较为羡慕的美的集团的工作，选择留校从事辅导员工作。

马克·吐温说："如果你为了俯瞰大地上的各个王国而登上了雄伟的马特峰，竟在山顶上发现了草莓，这是件令人愉快的事。但，你不是为了草莓才去攀登上山峰的。"快乐并非是我们所追求的教育目标，但若大家都能以一颗快乐的心去体验生活，去从事我们的教育工作，我想，这样的教育应该是最幸福的，也是最快乐的!

编者：高校辅导员的素质能力决定着思想政治教育工作的成效，也影响着队伍职业化、专业化的发展。您认为辅导员队伍建设职业化、专业化应该从哪几方

面下功夫?

李云辉：要切实加强辅导员队伍建设，推动辅导员的职业化、专业化发展，确保辅导员工作有条件、干事有平台、待遇有保障、发展有空间。我觉得应从以下几方面做好工作：一是抓选聘、重源头，推进辅导员队伍选聘标准化。要高标准明确选聘条件，对应聘辅导员岗位人员的相关经历提出相应标准。严格规范选聘工作程序，逐步建设起一支数量充足、结构合理、素质优良的辅导员队伍。二是抓能力、强素质，推进辅导员队伍培养职业化。要通过培训提升素质，着力抓好辅导员岗前培训、日常业务培训、工作专题培训，依托全国、全省培训中心开展辅导员分层培训，提升辅导员职业素质和能力。要通过在职学习提升素质，设立专门费用，用于学历提升和人文社科专项课题研究，鼓励其向"专家化"方向发展。要通过实践锻炼提升素质，依托国家级培训中心和有关培训项目，选派优秀辅导员赴外校、国外学习，不断拓宽他们的工作视野，提高工作能力和水平。三是搭平台、促发展，推进辅导员队伍建设专业化。要搭建辅导员工作平台，在整合力量、凝练特色的基础上，建立若干辅导员工作载体，组建辅导员学习专业团队，集合集体的智慧，打造一批辅导员工作品牌，促进辅导员专业素质和能力提升。四是重激励、有关怀，推进辅导员队伍管理人性化。要落实辅导员岗位津贴，落实辅导员的教师和干部双重身份，允许专职辅导员自主选择入职管理类岗位或专业技术类岗位，辅导员评聘专业技术职务实行评聘指标和评聘条件的单列，将辅导员精品项目、论文、素质能力大赛等赛事中所取得的成绩折算成辅导员职称评定的相关业绩，攻读学位和进修都享受与专任教师同等待遇。

谭 潭

谭潭，女，汉族，1991年10月出生，江西进贤人，中共党员，传播学硕士。现任南昌大学信息工程学院团委副书记、专职辅导员。曾任南昌大学信息工程学院2015级、2017级计算机科学与技术系辅导员。曾获第六届江西省辅导员素质能力大赛一等奖、第五届江西省辅导员职业能力大赛一等奖，获得2017年全国暑期社会实践"先进个人"称号、2017年度江西省大中专学生志愿者暑期"三下乡"社会实践活动优秀指导老师称号，多次获得南昌大学优秀党务工作者、南昌大学共青团工作先进个人等称号。

永远年轻 永远真挚

◎南昌大学 谭潭

编者：谭老师您好，请问您当初为什么选择了辅导员这份职业？

谭潭：我出生在一个教师家庭，我的母亲、舅舅、阿姨都是教师，所以我从小就对教师这个职业十分熟悉，在他们的熏陶下，我对教师这个职业也非常向往。但具体把目标定位在辅导员这份职业，应该说，和我本科的辅导员有很大的关系。其实，大家对我的辅导员应该也很熟悉，他就是胡邦宁老师。在我本科期间，胡老师给了我很多帮助，尤其是在我迷茫无助的时候，给了我鼓励和信心，在我初生牛犊不怕虎的年纪给了我人生道路上的正确指引。胡老师让我觉得，做一个辅导员很有意义，在他的影响下，我也想成为一个能帮助他人健康成长的"摆渡人"。2015年，我研究生毕业，那时恰巧学校面向社会公开招聘辅导员，我也就参加了考试，并顺利留在了学校，走上了辅导员岗位。

编者：从您走上辅导员这个岗位到现在已经4年多了，现在您也成为我省高校辅导员的优秀代表，您能用几个关键字总结一下这几年来的感悟吗？

谭潭：您太客气了！要用关键字来总结感悟的话，我想应该是"苦、乐、幸"。

"苦"，应该是很多刚走上辅导员岗位的同仁们共同的感触。新入学的孩子们刚刚离开家庭，面对陌生的环境，我们辅导员就担任起了家人的角色。要当好家人，那就得"五加二白加黑"，手机24小时开机。失恋了怎么办？学习跟不上怎么办？是考研还是工作？小到买一根网线，大到人生抉择，学生们都会来咨询，我们都要一一解答。在做辅导员的日子里，我曾多次凌晨送生病的学生去医院；曾因为下班后要参加学生活动，总是一连好几个星期不回家；在我怀孕七个月的时候，我还在凌晨三点接到过保卫处的电话去接学生回宿舍……除了做好学生们的日常管理工作，辅导员还有其他的对口工作，"千条线一根针"的模式也让我们的工作琐碎又繁杂，确实很辛苦。

虽然做辅导员"苦"，但是也有"乐"。"乐"来自学生们一句句"谭姐"的亲切叫唤，来自他们在节日里温暖而真挚的问候，来自他们和你分享生命中的每一个小故事，来自他们传来的每一个喜讯，来自他们一点一滴的成长。当看到曾因成绩不佳想退学的学生顺利考取清华大学的研究生时，当看到学生们站在世界大学生超级计算机大赛的舞台上并获得不错成绩时，当看到学生通过电脑为山区孩子们进行信息化支教脸上洋溢着幸福的笑容时……我的内心无比欣喜，平日里再多的疲惫都一扫而光，取而代之的是无尽的振奋！

伴随着辅导员"苦乐年华"的，我认为还有"幸"。能时刻和这个时代最有思想、最年轻的鲜活生命碰撞，能时时刻刻使我保持内心的炽热与纯真，可以时刻不顾年龄保持着一颗年轻的心，这是我的幸运；能让我触碰可爱的灵魂，能和学生进行深度交流、能守护他们成长，见证他们的蜕变，这是我的幸运；能在和他们相处的过程中及时检视自己的不足，让我也不断进步，与他们共同成长，这何其幸运！

编者：我们都知道，辅导员是高校思想政治教育一线的工作者，您能不能和我们分享一下您是如何给学生的心灵埋下真善美的种子，帮助他们扣好人生第一粒扣子的？

谭潭：我经常利用班会、形势与政策课开展思想教育讲堂，结合时事和社会热点进行讲解分析，培养学生理性思辨能力的同时，让每个学生自觉以实现中华民族伟大复兴的中国梦为己任，做新时代的有志青年。

在这个信息化的时代，也需要我们牢牢占领网络主阵地开展思政教育。2015年9月，我牵头成立了学校第一间院级新媒体工作室，主要运营微博、QQ空间及微信公众号三大平台，内容主要是社会及学校热点、校园生活、学生风采等。工作室成立以来，创造了不少高质量的网络文化作品，例如点击量"10W+"的南大版《南山南》，激发了南大学子的爱校情怀，《你看过十二点后的南大吗？》，展现了南大学子勤奋好学的精神风貌。

我认为社会实践也是开展思政工作的有效途径。四年多来，我带领了60余名学生奔赴祖国各地开展社会实践活动，包括政策普及宣讲、信息化支教、精准扶贫、重走长征路等等，可以说是内容丰富、形式多样。四年多来，我带出了两支全省"三下乡"优秀服务队和一支全国"三下乡"优秀服务队。通过社会实践，学生们锻炼了本领，增强了才干，增强了社会责任感和使命感，坚定了理想信念。

此外，我还把思政教育和学生的实际需求结合起来。每年"迎新季"，我都积极组织开展名家讲座、"与信仰对话"等入学教育活动，夯实学生基础素养；"毕业季"里，我为班里的每个学生量身定做"毕业生求职计划"，一对一、面对面提供个性化指导；同时，还邀请系里的专业老师为大家做学科竞赛信息普及，鼓励他们有针对性地开展学科竞赛、创新创业实践，提升专业能力。

编者： 您认为辅导员工作对您最大的挑战是什么？您又是如何应对的？

谭潭：我们常说，辅导员要"常进学生门，常知学生事，常解学生忧，常暖学生心"。但正如我前面所说，辅导员可谓是"千根线一根针"，工作十分繁杂，尤其是近来还兼任团委工作，有的时候会抽不出时间去面对和了解每一位学生。要解决这个问题，除了做好工作上的平衡，我认为还有一点更重要，那就是发挥学生干部的积极作用，让他们成为我们和学生之间的桥梁，这也要求我们要选好和用好学生干部。

第一，要精挑细选，做好学生干部的选拔工作。学生干部是学生中的骨干和带头人，其品质、能力、素质直接影响着学生工作开展的效果。因此，选拔学生干部要坚持原则，把握标准，真正把政治素质高、原则性强、积极要求上进、工作热情足、有一定工作能力、责任心强、在学生中威信高的学生选拔到学生干部队伍中来。

第二，要精心指导、做好学生干部的培养工作。在具体的业务方面，要对他们进行精心指导，让他们明确要做什么、该做什么，还能拓展做什么。同时，还要通过多种途径和方式加强对学生干部的培养，例如通过举办讲座提升他们的思想政治理论水平，带领他们参加社会实践，增强责任意识和服务意识等等，这些都是必不可少的培训课程。但我个人在日常的学生管理工作中，更注重学生干部的个体性差异，人的个性千差万别，要区别对待以调动他们的积极性。

第三，要完善管理制度和激励机制。作为学生群体中的先进代表，学生干部的整体形象非常重要。无规矩难以成方圆，管理的执行靠制度来保障，因此要建立起公平合理的管理制度和激励机制，多方面对学生干部进行考核。对于表现好的、做出成绩的学生干部，要给予表扬和奖励，树立起典型，加以推广。对于表现不好的、工作成果不佳的学生干部，责其整改或替换。

编者： 您认为要成为一名优秀的辅导员，最重要的是什么？

谭潭：这个问题我想借用陶行知先生的一句话来回答，"不要你的金，不要你的银，只要你的心"。要成为一名优秀的辅导员，我认为最重要的就是要"用心"。辅导员的定位不只是老师，更是学生的知心朋友和人生导师。人不是机器，不可能靠机械的重复动作就起到育人的作用，师生之间只有心灵上的碰撞才是最好的言传身教，这就要求我们在工作中，用心去读懂学生，这样才能走近他们，体会他们，引导他们。举个例子，常常有人打趣说，对于在中途接手的班级学生而言，我们就像是"后爸""后妈"，怎么带也带不亲。在2017年的时候，我就在中途接手了两个班级，共85名同学。为了熟悉他们，我把他们的学籍卡翻来覆去地看了一遍又一遍，花了两天的时间把他们的样貌和个人信息记住，又用了一个月的时间和每个人都聊了一次天，把他们个人情况都摸清楚并记录下来。为了更加了解他们，我还经常去他们的QQ空间和微信朋友圈"溜达"，在掌握他们的思想行为动态之余，还能通过留言拉近彼此之间的距离……一个学期相处下来，我已经和他们打成了一片。辅导员工作只要用心去做，就能产生热情，就能承担责任，就能细致入微，就能培育引导好学生。所以我认为，用心最重要。

编者：要成为一名优秀的辅导员确实是不容易啊！另外，我也看到，您参加了两次辅导员职业能力大赛，并且都取得了很好的成绩，在这方面，您能不能同大家分享一下您的经验？

谭潭：说实话，最早确定要参加这个比赛时，我也非常慌张。一是因为对比赛没有概念，一无所知；二是自己参加工作的时间并不长，没有累积什么经验。但好在我也有参加过比赛的前辈，给予了许多帮助和指导，才让我的心态慢慢调整过来。所以，我认为平常心非常重要，而且要贯穿始终。

职业能力大赛对辅导员的政治素质和理论水平有很高的要求，这就要求我们在平时多读政策文件，多看时事新闻和评论，最好形成每天都浏览的习惯，这有助于政策文件在脑海中扎根。我现在每天都会抽出一个小时左右的时间做这件事，我推荐大家可以多多关注人民网的观点频道，还有微信公众号"微言教育"。虽然不推荐大家临时抱佛脚，但赛前突击还是非常有必要，赛前一定要把主要的文件再熟悉两到三遍，如果有可能，最好把它们都背下来。

此外，大赛还非常考验辅导员的业务能力，这不仅要靠临场应变，更要靠平时的积累。首先，我们必须夯实自身业务素质，系统地学习思想政治教育专业知识，根据辅导员的角色定位，掌握教育学、心理学、管理学、社会学等方面的知识，在谈心谈话和案例分析环节中，就可以很好地把自己所掌握的知识运用到问题的处理中；其次，我们也要注意问题的总结归纳，辅导员大赛中的题目都是来源于现实生活，我们要注意搜集、整理、分析学生工作的典型案例，了解处理问题的流程，思考问题带来的启示，将问题和方法归类；再次，我们要多加练习，例如谈心谈话环节就可以找学生扮演，"戏"越多越好，可以检视自己在处理问题时还有哪些不足，比赛时的现场发挥也不会那么紧张。

最后，我觉得多多吸取优秀前辈的经验十分有必要。现在便捷的网络给我们提供了很多学习的渠道，比如微信公众号中就有"萌哥有话说""饶先发""I辅导员""辅导员职业能力提升辅导室"等等，在比赛前夕，都会推出专门的辅导篇章，这对参赛小白来说，是非常宝贵的资料。而无论参赛与否，这些公众号上发布的优秀的文章，其中介绍的工作方法和折射的工作理念十分值得我们学习和借鉴。

编者：谢谢您的分享，相信这对很多准备参加大赛的辅导员而言是很好的启示。辅导员工作是一个充满青春与活力的工作，您永远同"早上八九点的太阳"打交道，在将来的日子里，您会如何调整自己，永远成为比自己小十岁甚至更多的学生的知心人？

谭潭：正如您说的，学生们都是早上八九点钟的太阳，这也是我无比热爱辅导员工作的一个重要原因。现在大家都叫我"谭姐"，也许以后就会有孩子们叫我"谭姨""谭妈"，易逝的是青春，转换的是角色，但不变的是初心。不管是"95后"，还是"00后"，或是将来的"10后"，变化的是学生，不变的是情怀。我想，在未来的日子里，只要秉承着为学生谋幸福的初心，保持着全心全意为学生的情怀，以永远年轻的心态，以永远真挚的情感对待学生，不断跟上时代的步伐，努力做到因事而化、因时而进、因势而新，除了与一批批孩子们的年龄差距会越来越大以外，我想我们之间不会产生思想代沟，不会出现情感隔膜，不会发生语言障碍。

编者：谭老师，我还有一个问题。您认为选择了辅导员这份职业，对您的生

活，或者您的人生产生了什么影响？

谭潭：四年多的辅导员生涯，让我更加懂得了什么是爱与责任。这让我在面对他人时，多了一份理解和尊重，在碰到困难和挫折时，多了一份迎难而上的勇气。我想辅导员这份职业让我变得更加乐观自信，更加淡定从容，能笑对人生，能为自己的人生负责。

编者：在采访即将结束之际，请您用一段话概括您对辅导员工作的认识。

谭潭：选择当辅导员，就意味着将无限的责任扛在肩头；选择做辅导员，就意味着将一直开启无私付出与奉献的模式；选择成为辅导员，就意味着走上了一条不断学习、不断探索的攀登之路。但辅导员的日子并不孤单，因为有一群可爱的学生时刻围绕在身旁，每一位学生都是一枚无与伦比的钻石，他们会让辅导员每一天都闪亮。

刘　平

刘平，女，汉族，江西九江人，中共党员，研究生学历，讲师，国家二级心理咨询师。现任南昌大学玛丽女王学院学生工作办公室副主任、玛丽女王学院学生党支部书记、玛丽女王学院15级辅导员。自2014年3月进入南昌大学从事专职辅导员工作至今，荣获全国高校辅导员工作优秀论文评选一等奖、全国第四届辅导员职业能力大赛复赛一等奖等国家级奖项3项，江西省第三届辅导员职业能力大赛一等奖、2019年度江西省高校十大"最美辅导员"等省市级奖项8项，南昌大学青年岗位能手、南昌大学辅导员年度人物等校级奖项26项。

平凡不平庸，平淡不平常

◎南昌大学　刘平

编者：刘老师您好，您从事辅导员这个职业已经6年了，您能说说走上这条职业道路的心路历程吗？

刘平：从本科生到研究生，我在南昌大学度过了七年的大学时光，担任南昌大学专职辅导员也已有六年，人生中最青春、最美好的时光都在这里。我选择成为辅导员，不仅仅是出于对母校的感情，还源于对教师这一职业的向往。

　　做一名人民教师是我从小的职业梦想，我本科、硕士读的都是中文系，研三时通过选拔奔赴海外孔子学院担任了一年的汉语教师志愿者，积累了宝贵的教学和管理经验，也坚定了我从事教育行业的决心。毕业后，我通过考核成为一名南昌大学专职辅导员。虽然已经在孔子学院任教期间积累了一些经验，但是最初担任辅导员一职时我还是遇到了很多意料之外的状况。

　　当因为材料撰写、学生奖助贷、评优评先、日常管理等各种事务忙得不可开交时，我意识到辅导员这一职业远比想象中复杂和忙碌，有太多细节需要把握。比如记住几百号同学的名字和特征就成为我工作中的一项挑战。当肩上扛起了更多责任时，我也曾焦虑过自己是否能把这份职业做好。不过担心归担心，我仍会积极、乐观地做好本职工作，会用心去学习、琢磨怎么把事情做好。值得一提的是，一路走来，我遇到了很多特别好的领导和同事，他们教给初出茅庐的我诸多宝贵的经验和方法，也给予了我很多机会，还会指出我的不足，让我少走了很多弯路，得到了很大锻炼和提升，这是我特别感激的地方。

　　我所在的玛丽女王学院是南昌大学与伦敦玛丽女王大学合作举办的临床医学（生物医学）本科双学位联合培养项目，学制五年，采用全英文授课。因此，同学们的学习压力普遍较大，对我来说，工作压力也会高于一般学院，我会主动找学习成绩不理想的同学谈心，这项工作需要我考虑很多因素，比如学生的心理承受能力、人际关系、性格特征、兴趣爱好、家庭背景等等。在培养学生干部时，我会很随和地与一些缺乏经验的同学交流，我不会太严厉地指责他们，针对做得不到位的地方，我一般会平心静气地和他们探讨，引导他们改进工作中欠妥的做法。我们把每次谈心谈话戏称为"喝茶"，同学们每次"喝茶"后都能有所进步，我们辅导员的目的就达到了。

　　从事辅导员工作后，我逐渐认识到，自己不能再只是依靠父母和师长的孩子了，而应当成为能够帮助自己的"孩子"——学生遮风挡雨的人。我对自己第一次拨打"校园120"的经历印象深刻。某次新生军训，一位女生忽然晕倒，我知道情况后第一时间拨打了"校园120"，并陪她去了校医院。那是我人生中第一次拨打急救电话、坐上救护车，心里或多或少有些紧张，以前觉得特别遥远的事情居然就在自己身边发生了。然而现在，冷静从容地处理各类突发情况已经成为我辅导员工作的必备技能。就这样，我追逐儿时梦想，积极面对职业道路，渐渐地完成了从学生到辅导员的转变。我认真做好各项工作，逐步熟悉自己的学生，给予他们关爱和指导，成为大家心中的"平姐"。

编者：担任辅导员期间，您遇到过一些"棘手"的事情吗？是怎样处理的呢？

刘平：作为一名辅导员，面对形形色色的学生和复杂多变的职业环境，总会遇上一些"棘手"的事情。比如有一次处理学生寝室矛盾，我积极调解矛盾双方同学的关系，希望大家可以互相包容、和平解决。但个别同学不理解老师的做法，还在QQ上发表了过激的言论。他们的质疑让忙前忙后的我感到了挫败感，做出很多努力之后效果不太理想，心里感到失落是正常的，但是作为老师，我不能就此放弃，而且更应该冷静处理。面对这样的困难，我一边向分管领导、经验丰富的老辅导员求教，一边也调整自己的心态和工作方法。不是每件事情都能做到十全十美，但我会尽最大努力去做，保持积极乐观的心态，不断学习怎样更好地从学生角度去思考问题，学习如何更好地理解并融入学生。最后通过反复谈心谈话，动之以情、晓之以理，那个同学意识到了自己的错误，主动删除了不恰当言论，也和室友握手言和。

还有一次，一位同学考试舞弊，学校拟给予留校察看处分。我告知学生家长后，学生父亲来到学校，情绪异常激动，并且出言不逊。我有礼有节地、耐心地讲解了事情发生的经过，告知他孩子确实违反了校纪校规，作为成年人应该为自己的错误负责任，同时这也是一次教训，给孩子的人生上了有意义的一课，并且只要孩子今后表现良好，可以撤销处分，不会影响正常毕业。学生父亲这才冷静下来，和我共同讨论怎么帮助孩子意识到错误并迎头赶上。这件事情给我最大的感触就是作为一名辅导员，面对的不仅仅是刚成年的学生，还有大自己许多的家长，提升心理承受能力、沟通能力、社会阅历等，都是辅导员职业生涯的必修课。

编者：作为辅导员，您处理过什么特别难忘的事情吗？

刘平：2018年11月，学院一名男生的外校前女友因感情问题来学校求复合未果，意图自残，我第一时间会同领导、同事控制事态发展，安抚学生情绪，带相关学生就医，同时通过艰难的努力联系上该生所在学校老师。为保证学生人身安全，我们彻夜未眠陪伴，次日做了大量耐心而细致的心理疏导工作，并为学生买来三餐，直至凌晨家长和老师来昌后顺利交接。此举得到了兄弟院校的高度肯定和赞扬，并向我校专门发来感谢信，同时学生家长也表达了深深的感激。这件事情是我人生中第一次直面关于生命安全的事件，也是第一次在外通宵未眠，我深深地感觉到作为一名辅导员肩上的责任有多大，我意识到关键时刻一定要敢于担当、乐于奉献，因为自己的一点付出，可能就挽救了几个家庭的幸福和未来，这不就是从事这份神圣职业的价值和意义所在吗？

编者：作为辅导员，您是怎么排解工作中遇到的压力的呢？

刘平：在成长的路上，每个人都会遇到各种坎坷。在面对巨大压力和挫折时，我会找同事、朋友谈心聊天，和她们来一个"爱"的抱抱，努力说服自己学会悦纳人生道路上的每一分酸甜苦辣，学会获取正能量。有空时我还会回家看看父母，尝一尝妈妈做的饭，和爸爸聊一聊聊家常，这些就是最简单却最宝贵的幸福。情绪低落时、委屈无助时，想想世界上还有很多爱我的人和我爱的人，心里会温暖很多。当然，如果实在觉得难受，也不妨独自哭一场排排毒，然后收拾心情重新出发。也许这样的生活很平淡，但在平淡之中自有丘壑，去体味平淡生活中的不平常，也是一份独有的浪漫。

编者：作为辅导员，您在工作中遇到了什么特别感动的事情吗？

刘平：是的，我收获了许多难忘的感动。我曾在我校第五届辅导员职业能力大赛的参赛宣言中这样写道："我是80后，有279个宝贝疙瘩（指我所带年级的279位同学）。"选手们的参赛宣言被推送到我校"香樟家园"微信公众号后，我发现了这样一句评论——平姐，你也是我们的宝贝疙瘩！当我无意间看到那条评论时，整颗心都被感动了，甚至有些泪盈于眶，感觉自己做的一切都值得了。工作至今，我还收到过许多特别的礼物——手绘画作贺卡、写满生日祝福的笔记本、班级全家福台历等等，这些用心准备的礼物都让我感动万分。我们辅导员做着自己分内的工作，从来没有要求过额外的回报。能得到同学们的认可，一句暖心的话，一个温馨的举动，就是莫大的荣誉。同学们快乐生活、健康成长就是对我们辅导员真心付出最好的报答。

编者：您在工作中取得了一些成绩，您能分享一下经验吗？

刘平：我参加辅导员职业能力大赛、辅导员优秀工作论文评选等比赛，获得过一些奖项，但这些并不是靠自己一个人努力得来的，而是整个团队的力量。学校、学工处、学院给了我很多机会，同时也有很多同仁并肩作战，大家一起努力、一起备赛，我们互相鼓励、互相督促，才有了后来的获奖。我想告诉大家的是，不要害怕麻烦，"星光不问赶路人，时光不负有心人"，前期的付出和努力都是值得的，如果有参赛机会，一定要珍惜，各类比赛是锻炼个人能力的绝佳良机。能够在办公室与学生侃侃而谈，和站在大礼堂的演讲席上面对几百号观众进行脱稿宣讲是有很大差异的。参赛、备赛、比赛的过程也是一个自我提升的成长过程。大家不但要在日常和学生、家长打交道的过程中留心观察和总结，还可以利用工作之余的碎片时间拓宽知识面，比如坚持每天看新闻、每天关注思政教育的前沿信息推送等。

很多人认为辅导员工作每年处理的事务就固定那几项，机械简单，实则不然。我们不断遇到新学生、新情况，不断出现新机遇、新挑战，唯有与时俱进，不断进步，才能在平凡的岗位上做出不平常的业绩，才能在平淡的生活中活出不平庸的人生。

尹文旺

尹文旺，男，1991年7月出生，福建南平人，中共党员，讲师，南昌大学经济管理学院团委副书记、专职辅导员。曾获第五届全国辅导员职业能力大赛复赛三等奖，江西省第四届、第五届辅导员职业能力大赛一等奖，江西省辅导员工作优秀论文一等奖，江西省"最美辅导员"提名奖，江西省暑期社会实践工作"先进个人"称号，"挑战杯"竞赛"先进个人"称号，指导学生获"挑战杯"竞赛国家三等奖、省一等奖，负责团委获评江西省"五四红旗团委"。

心向阳光 坚守情怀

◎南昌大学 尹文旺

编者：在2019年南昌大学"辅导员年度人物"答辩中，听说您以"做一个有情怀的辅导员"为主题，获得了全场最高分，也是在短短4年多的工作时间里第二次拿到这项荣誉。请问您认为辅导员的情怀是什么？

尹文旺：辅导员的情怀是什么，这也是我一直在寻找的答案。从2015年毕业后走上了辅导员工作岗位，这份工作对我来说既陌生又熟悉。陌生是因为我从来没有从事过辅导员工作，这也是我的第一份工作，是一种全新的挑战。熟悉是因为，本科开始一直担任学生干部，参与了较多的团学活动和社会实践，团委老师、辅导员们对我的个人成长都起到了至关重要的影响作用。保研后，我选择攻读了思想政治教育专业，这对我来说，或许就是本科阶段的"实践"向研究生阶段的"理论与实践相结合"的过渡。毕业后，我听从自己的内心，选择了辅导员这份职业。面对这样的选择，身边出现了不同的声音，我依然想说："我不后悔！"

王雨教授是我校材料学院原院长，他放弃了香港优厚的科研和生活环境，毅然选择回到南昌，回报家乡。正如在"辅导员年度人物"答辩现场我的感受一样：从香江到赣江，王雨教授用他的毕生行动诠释了学者情怀、科研情怀、家国情怀。虽然王雨教授已不在，但他"爱岗敬业、爱校如家、爱生如子"的精神却深深影响着我们每一位南大人。从他身上我似乎懂得了一些辅导员的情怀。我们可以努力成为千千万万个"王雨"一样平凡而伟大的教育工作者，在自己的岗位上兢兢业业，真诚地对待自己的工作，无愧于心，无愧于学生。这种情怀，缘起于"昨天的我"，影响着"今天的我"，指引着"明天的我"。

编者：我们注意到，您工作后的第一届学生是2013级，也就是在你成为他们辅导员的时候学生们已经大三了，这对你来说有挑战吗？你又是如何调整自己的？

尹文旺：的确，当时对于刚走上工作岗位的我来说，接手大三的学生是一种挑战。但从另外一个角度看，我很珍惜那一届学生给我带来的感动和帮助。对于辅导员工作而言，"陪伴"是很重要的一项工作法则。每个学生都是独特而有魅力的，在带班过程中，辅导员要发挥好"知心朋友"的作用，用真诚、爱心、包容去陪伴每一个学生的成长。例如，陪伴学生做自我兴趣的探索，以明晰求职方向；陪伴学生面对挫折和困难，收获成长；陪伴学生走好大学的"最后一公里"，更好地适应社会。所以，对于高年级的学生，我认为做好思想引导、尊重包容、成长陪伴是三个关键要素。

编者：似乎每一位辅导员都有自己的带班风格，有严厉型的、学者型的、朋

友型的……您现在带的是2017级的学生，他们基本都出生在90年代末，您认为在面对这样一群学生，带班的主要思路是什么？

尹文旺：虽然他们基本都是1999年出生的"小鲜肉"，但我觉得我和他们都是"90后"，因此在交流上没有大问题。不过的确由于时代的变化之快，在带班过程中一方面要看到他们的长处和优势，同时也要善于发现和总结他们的共性和不足。总的来说，我认为要做到懂尺度、有温度、拔高度。

懂尺度，就是要以思想引领为主线，以安全稳定教育和规则意识教育为基础，帮助学生坚定理想信念，树立标尺，明确底线，知晓规则。首先，要帮助学生扣好大学的第一粒"扣子"，规范入学教育，助力新生适应环境。在入学前通过QQ群和微信公众号加强对新生的理想信念和规章制度教育。发挥"学长小教员"的朋辈指导作用，即让老生代表、学生干部、学生党员给新生强化纪律，树立榜样，消除"上了大学即自由"的理念。创新第一堂主题班会课的内容和形式，探索翻转课堂主题班会模式，让新生们突破自我、站上讲台，通过游戏、互动、写信等方式帮助每一位新生真正了解并适应大学新生活。值得一提的是，我给2017级学生上的第一堂班会课也作为模板在全校推广使用。

有温度，就是要让有意义的学生工作变得有意思。一方面要打造一支"自主学习、自我教育、自我管理、自觉成长"能力强的学生干部队伍。在大一一年中，通过每周二晚上开展的"聚慧课堂"班委分享会，让每一位班长、团支书和助理成为主讲人，分享自己关于一本书、一部电影、一次旅行等内容的所思所想，并组织大家讨论发言。每周一聚、每周一主题、每周一分享、每周一成长，让学生干部在分享的过程中发挥主观能动性，自我成长。大一学年共开展了29期分享会，和学生们共同留下了美好的回忆，他们也称自己是"才华与气质并存的尹团"。另一方面，要让基础性工作映射出鲜活的生机，确保问题源头治理。固本强元，我们建立了班级"五大数据库"，即加强对"早点到、课堂考勤、晚归、晚查房、特殊学生"这五方面数据和资料的分析和管理，通过大数据更加全面、深入地了解学生、关心学生、引导学生，让一个个数据变得有温度。同时，把握每一次召开主题班会的机会，给学生开展主题教育活动。我始终认为，主题班会应跳出"事务性主题班会"的圈子，做到有思想、有主题、有内容、有效果，不为开班会而开班会，让学生们真正爱上主题班会，这也是树立辅导员品牌的一个良好平台。同时，积极发挥学生的朋辈引导，让学生作为主讲人走上主题班会讲台，和同学们分享自己的故事。近年来，我班开展了"我和我的祖国"、爱校荣校、文明礼仪、大学生恋爱与性健康、健身运动等众多深受学生欢迎的主题班会。还清楚地记得，一位学生大二转专业到其他学院了，她给我发了QQ消息说道："以后很难再上尹老师的主题班会课了，好怀念！"那一刻，我认为所有的付出都是值得的，因为学生工作的温度，让我和学生的距离更近了。

有高度，就是要将集体教育和个别引导相结合，有规划、有重点地培育又红又专的集体和学生。要打造重点团队，以点带面凝神聚力。我认为，培养学生就像"滚雪球"一样，把优秀的人聚聚到一块儿了，就能够凝聚更多优秀的人。例如在国际商务173班当辅导员时，我们聘请了甘祖昌将军之女甘公荣为班级导师，并于2018年赴莲花县看望龚全珍老人，开展"学习将军红色家风　致敬巾帼松筠之节——南昌大学传承红色基因红歌献唱老阿姨活动"团日活动，得到江西卫视等多家媒体的宣传报道。同时，也邀请了教育部副部长翁铁慧和团中央书记处书记徐晓指导团日活动。一次次的实践，一次次的成长，一次次的收获，让该班级获得学校先进班集体、五四红旗团支部、团日活动竞赛特等奖项荣誉。2019年暑假，我组织该班学生代表到莲花县看望班级导师，传承和学习红色基因，实践队获评全省"优秀暑期社会实践队"。班集体的整体风貌和班级每位同学的成长互相影响、相得益彰，国际商务173班截至目前（大三上学期），获市厅级及以上奖项200余项，学生党员比例为13%，学生干部比例为73%。同时，我利用暑假时间组织"才华与气质并存的尹团"赴泉州开展暑期社会实践，寓教于乐，体验生活。在社会实践的过程中通过合适机会和每一个学生谈心谈话，在生活中化解问题，帮助学生解答了困惑，也增进了团队感情。活动受到了多家媒体的宣传报道，实践队荣获全校"优秀社会实践团队"称号。

编者：听说您在工作半年多时就拿到了全省辅导员素质能力大赛一等奖的好成绩，次年再次获此殊荣。现在回想起来，请问您有什么想要分享的吗？

尹文旺：我想对每一位同仁，尤其是刚入职的辅导员同仁们说，当你有机会参加辅导员素质能力大赛时，一定要把握机会，"参加它！参加它！参加它！"

之所以有这样的体会，是因为我认为两次的参赛经历，对我来说都是宝贵而独特的成长路程。初生牛犊不怕虎，刚入职的辅导员同仁要把握最饱满的激情和勇气去参赛，因为从某种程度上说，刚入职的辅导员参赛成本是最低的。另一方面，参赛的过程也是能够让我们在辅导员这个圈子里结交朋友、交流经验、提升能力。

还有一方面，我感触更深的是，我通过比赛更加深刻地认识了自己。其实第二次的参赛并没有那么顺利，在第一环节中的成绩可以说非常不理想，甚至有可能遭遇滑铁卢。那时候我的心情非常沮丧，也感受到来自各方的压力，甚至开始怀疑和否定自己。而恰恰在最困难的时候，就是我们成长和触底反弹的最佳时机。在领导、同事的关心鼓舞下，在自己心态的逐渐调整过程中，我慢慢分析形势，研究比赛战术，抛开杂念，放手一搏。最终以微弱优势奋起赶超，拿到了一等奖。

如果没有这两次比赛，或许我不能够那么快速地适应辅导员工作岗位；如果没有这两次比赛，或许我不能够那么快速地提升辅导员工作素质；如果没有这两次比赛，或许我不能够那么快发现，身边有这么多互相支持的领导、同事；如果没有这两次比赛，或许我不能够收获这么多学工同仁的真挚友情；如果没有这两次比赛，或许我不能够那么快速地发现，我是多么热爱辅导员这份工作！

编者：您在学院还担任团委副书记，并获评了江西省"五四红旗团委"，团学工作这么繁忙，会影响到您的辅导员工作吗？你是如何调整的？

尹文旺：如果说把辅导员比作一套房子，带班工作就像"硬装"，而对口工作就像"软装"，做好了"软装"，能更好地服务和提升"硬装"。通过团委工作的创新和实践，把握和顺应新时代新青年的新要求，能够让辅导员工作更加饱满。换言之，我认为辅导员工作和团委工作是紧密相通的。

作为团干，要牢牢把握共青团组织青年、引导青年、服务青年、维护青年合法权益的基本职能，团结和带领广大团员青年高举团旗跟党走。多年来，我们注重发挥青年大学生的主观能动性，打造了"学年千分"新生班级挑战赛、"红色阶梯"引领计划等一系列品牌活动。例如，"学年千分"新生班级挑战赛是我们的一大品牌，至今已经开展14年了，通过开展班级文化风采大赛、智乐大赛等系列活动，让新生班级个个参与、活动人人受益，营造了"和谐、合作、阳光、向上"的班级文化。经过多年的探索，我们的团学活动更"走心"、更"入心"、更"暖心"，改革成果也赢得师生的广泛好评。学院团委获评全省"五四红旗团委"，多次获评学校"五四红旗团委""共青团工作先进单位""挑战杯优秀组织奖"，连续11年获评团日活动"优秀组织奖"等诸多奖项和荣誉。

编者：我们了解到您是作为重要成员之一负责学院的教育部第二批"三全育人"综合改革试点工作，这也是江西省目前为止唯一一家试点单位。同时你也参与了学院教育部第二批新时代全国党建"标杆院系"的申报和建设工作。参与这两项国家级改革试点工作，您有什么收获和经验吗？

尹文旺：2019年，我所在的经济管理学院先后获批了教育部第二批"三全育人"综合改革试点院系和教育部第二批新时代全国党建"标杆院系"项目，很荣幸全程参与了这两项国家级改革试点工作的申报和落实工作。我认为，一个好的工作环境和平台对于辅导员的个人发展很重要。学院拥有良好的工作基础，营造了和谐的幸福文化，提供了包容的工作氛围，能够让每一个师生在学院得到锻炼和成长。

自项目获批以来，在领导的带领下，和同事、学生们一起制定方案，分解任务，落实责任，将学院"一系一赛一品一社团"的"三全育人"模式落地、落实。将辅导员工作结合到"三全育人"综合改革中去，召开专题班会、班委会，宣讲相关工作计划和安排，提升学生主人翁意识，让学生明白个人的发展和学院的发展密不可分。打造了"三全育人"文化阵地。建成"江西省党员活动示范室"2间，新生班级文化建设特色基地1个，学生会办公室1间，计量经济研究会学术交流室1间，创客空间2间，心理咨询室1间，打造了"三全育人"文化长廊、"红色阶梯"引领计划长廊合计近200平方米。开展系列主题活动30余场，接待教育部、团中央、省教育厅等领导30余次。在几次接待过程中，我和同事们的接待和讲解工作赢得了各级领导和客人的一致好评，这一方面提升了自己的综合素质，另一方面也为自己是一名经管人、一名学工人而骄傲！

编者：对于今后的工作，你有什么打算吗？

尹文旺："因事而化、因时而进、因势而新"，我认为学习是一个永远不能丢的目标，学习、学习、再学习！辅导员的工作永远在路上。

编者：有很多学生和同事对你的评价是"阳光"，能和我们聊聊是什么让你表现得这么"阳光"呢？

尹文旺：当然是，我亲爱的、热爱的，学生！

张楠熙

张楠熙，男，汉族，1991年9月出生，山东东营人，中共党员，机械工程硕士。现任南昌大学外国语学院专职辅导员，曾获2019年度江西省思想政治工作论文评选一等奖、第六届江西省辅导员素质能力大赛二等奖，南昌大学辅导员年度人物、优秀党务工作者、优秀辅导员等称号，负责南昌大学辅导员工作坊——"渠田十日谈"的项目建设，已注册为专业人才教育工作委员会高级礼仪培训师。

无问西东　只问初心

◎南昌大学　张楠熙

编者：张老师您好，首先想请问您，当时为什么会选择这样一份工作？

张楠熙：小编您好，其实我是一名理工科出身的学生，跟思政工作确实不对口。在毕业择业的时候，其实也考虑过高薪酬的一些工作，也经过了一些考虑，但是最后选择辅导员纯粹因为一份热爱，一份对学生工作的热爱，这份工作带给我的成就感和幸福感，不是薪酬所能比拟的。如今，真的感谢当时"命运的安排"让我走进了这个"太阳底下最光荣的"职业，让我成为一名高校辅导员。

编者：谢谢张老师，事实证明，您的选择是正确的。作为一个刚入职没几年的"90后"辅导员，您具体是怎么去做的呢？

张楠熙：谢谢小编。2019年9月23日，陈宝生部长在全国高校辅导员优秀骨干培训班开班仪式上强调，高校辅导员要充分认识到辅导员队伍在落实立德树人根本任务、推动高等教育健康发展中的重要意义、重大责任和光荣使命。一是从工作作用的角度全面认识辅导员的"辅"。要从辅导员岗位的特殊性出发，做好党委工作的助手、教师教学的助手、学生学习的助手。要从辅导员工作主辅二重性出发，做思想政治工作的主攻手、学生管理的主导者、学生成长的主心骨。二是从工作方法的角度深刻认识辅导员的"导"。要加强政治领导、思想引导、情感疏导、学习辅导、行为教导、就业指导，守护学生的人生航向，坚守阵地，引导学生正确处理各种关系、解决学习中遇到的难题，旗帜鲜明，体察入微，引导学生科学做好人生规划，顺利走向社会。三是从岗位身份的角度清晰认识辅导员的"员"。要在"两个一百年"奋斗目标的历史交汇期，在推进教育现代化、建设教育强国、办好人民满意教育的进程中，承担伟大工程的施工员、伟大事业的质检员、伟大斗争的战斗员、伟大梦想的服务员的职责，培养能够担负民族复兴大任的时代新人。工作以来，对于"辅导员"这三个字，我有三点感受，一直以来，激励鞭策我把工作做好：

一是"辅"之以心，做学生的知心朋友。"辅"之以心，指以心动人，用爱心感化学生，用奉献心打动学生，用上进心影响学生，用真诚心转化学生，用信心激励学生。在2016年全国高校思想政治工作会议上，习近平总书记强调，必须"围绕学生，关照学生，服务学生"。这对高校的学生思想政治教育工作提出了殷切期望，也为我指出了今后工作的方向。在工作中，我一直将特困生、后进生、有心理问题学生这三类学生作为我的工作重点，我给他们定为"发展学生"。通过教育和耐心细致的工作，让一个个"发展学生"跨越了生命的鸿沟。

二是"导"之以行，做学生的人生导师。"导"之以行，在做好学生日常管理工作的同时，坚持"发展引导、心理疏导、学业指导和行为督导"成长塑造模型，根据学生在发展过程中各阶段生理、心理、思想方面的不同特点和成长需求，将教育管理与学生成才相结合、课内教育与课外活动相结合，动员各方力量，有针对性地给予专业性、模块化的指导。构建"立体式"的生涯辅导体系，按照夯实基础、重点发展、提升层次、培育精英四种模式对不同学生进行生涯教育，让学生各展所长，明确发展方向，提升素质和能力，就如学生前行的灯塔，引导学生找到成才的方向。

三是"员"之以梦，做学生的励志鸡汤。现在朋友圈里特别流行发"鸡汤"，其实很多鸡汤是没有用的，我们每个人只有活成自己，才是真正的正能量。"学高为师，身正为范"，教师的学识只能满足学生一时的求知愿望，真正打动学生内心的，是辅导员的人格魅力。注重从小事做起，从自我做起，率先垂范，做出表率，争取做到以高尚的人格感染人，以和蔼的态度对待人，以丰富的学识引导人，以博大的胸怀爱护人。凡要求学生做到的，自己首先做到，安排劳动工作时，和学生一起做，劳动中没有过多的指派。为了让学生养成良好的时间观念，每次开会我会最早到达；为培养学生严谨的治学态度，我总是以一丝不苟的态度呈现在学生面前。教学生讲文明，时时注意自己的言行，始终坚持以身立教，因为我们深知学生的眼睛是最亮的，他们最关注的是辅导员的一举一动。

编者：辅导员与学生相处的日子里有苦也有甜，可以给我们分享一下，您与学生相处以来，印象最深刻的事情吗？

张楠熙：先回答第一句话吧，辅导员与学生相处的日子确实有苦也有甜。苦在哪里？学生确实不少，要做到"一对一"，是件不容易的事情。刚接手班级的时候我花了很大的精力去认人，学生确实疑惑，老师你为何这么晚还不回家，因为辅导员作为最直接、最基层、坚守在第一线的思想政治教育工作者，面对各种复杂的工作，必须要接牢"上面千根线"，做好"下面一根针"；学生确实有事，他可能会24小时随时找你，我们的手机时刻不能关机；学生确实有太多需要辅导员帮助的地方，文能提笔指导学生，武能肩扛学生去医院，没有什么困难是不能向辅导员开口的；学生又不好开口，认为辅导员是老师，不好意思说，不敢说，不愿意说。那么我们有时候还需要打破与同学之间的代际"沟壑"，真正走进学生的内心，成为学生的知心人，倾听学生的心里话。

话说回来，现在越来越感谢自己能够一直坚守教师这个职业。与学生相处的时光是甜的，是幸福的，我现在已经完全爱上这个职业了，之所以爱这个职业，不是因为它令人羡慕的"寒暑假"，而是因为帮助学生解决困惑，使他们走出阴霾的那种"传道授业"的成就感，是因为帮助学生"扣好人生的第一粒扣子"，看到他们都成长成才的满足感，是因为走进学生内心，他们愿意把你当作"知心人"的幸福感。我觉得这种感觉比什么都重要。

我是一个正在带毕业班的辅导员，这种成就感和幸福感更是强烈。最近收到好多学生的消息，很多都是告诉我说，通过自己的不断努力而找到了自己心仪的工作，说实话听到他们的这样的好消息后，我也非常替他们高兴，而且还有一种小小的"成就感"。

编者：做辅导员以来，您认为对自己有哪些提升呢？

张楠熙：辅导员是一项很锻炼人的职业。总结起来，我认为对于自己的"脑力""脚力""笔力""眼力"都有提升。关于"脑力"，辅导员面对的工作任务的复杂程度、工作的困难程度，都是很大的，我认为是不允许出错的，要精准，那么对于"脑力"是一个考验；关于"脚力"，辅导员是需要24小时随时出现在学生身边的，很多老师都会跟学生同吃同住，当学生需要你时，第一时间赶到，那么对于"脚力"是一个考验；关于"笔力"，辅导员做的是育人的工作，我们要思考如何把工作做好、做精、做到位、做出特色，这份工作需要一个强大的"笔力"，描绘一幅育人的"蓝图"；关于"眼力"，那么就是把握学生的笑容、怒容、愁容，确实需要一个好"眼力"。

编者：南昌大学推出了辅导员"12345"工作体系，工作要求中提到了"跟学生说上'心里话'，走进学生'心窝'里，成为学生的知'心'人。遵循'三心'工作逻辑"，你觉得应该如何走进学生的内心呢？

张楠熙：我认为应该是把握望闻问切的规律，提高育人工作的"基本功"，才能做到走进学生的内心。本领不会凭空而来，面对新时代新形势，我们不能新瓶装旧酒、穿新鞋走老路，必须以甘当小学生的姿态，努力学习新知识、研究新情况、掌握新方法，不断提高做育人工作的基本功。一是通过"望"，看对方言行有什么反应，情绪有什么波动，工作状态有什么变化，从而做到心中有数，牢牢掌握思想工作的主动权。二是通过"闻"，对于听到的各种信息，要去粗取精，去伪存真，把握真谛与要害，把握新生的"笑容""愁容""怒容"，坚持"一把钥匙开一把锁"，不放过做思想工作的任何时机。三是通过"问"，刨根问底，弄清对方的思想症结在哪里，才能找到破解思想扣子的方法。同时要多培塑亲和力，磨炼"婆婆嘴"，努力与新生实现心心相印、同频共振，善于在对话交流中摸清新生思想底数，把思想工作做到位。四是通过"切"，把握新生的"脉象"，将看到的、听到的、问到的相关信息融为一体，系统归纳，善于由此及彼、由表及里，深入分析，面对问题拿出预见性强、准确度高的解决办法，切实抓住关节点和突破口。

编者：看到您在全省论文评选、素质能力大赛中都有获奖，那么您觉得应该从哪几方面努力提升自己呢？

张楠熙：谢谢小编。本人自认为工作以来，跟其他的优秀同仁差距还很大，这里就谈自己的一点小建议，或者说一直以来我认为，应该坚持下去的理念！

一是无问西东，只问初心。有句话是这样说的："不忘初心，方得始终。"在新的时代，在新的常态下，辅导员的初心，我认为它具有新的内涵，概括起来是这样：立德树人、勇于担当、与时俱进、风清气正。辅导员就是要在立德树人中成就学生，也成就自己；在勇于担当中，自省、自知、自立、自强；在与时俱进中，求新求变；在风清气正中，坚持本我。习近平总书记关于教育的重要论述很多，谈"初心"谈了很多次，我认为这都是我们转化为工作动力的"新课题"，对这份事业饱含热情和期待，教会青年大学生如何成长，以爱岗敬业的实际行动，为立德树人的根本任务贡献力量。

二是无问西东，只问匠心。如果说"初心"是根，那么"匠心"就是水，是肥，只有独具匠心的浇灌，我们辅导员的伟大事业才能开出绚烂的花朵，结出丰盛的果实。李克强总理说"要培育精益求精的工匠精神"。辅导员工作也应该有"工匠精神"，坚持"匠心营造"，坚持做到"四个知道"，知道学生在哪里，知道学生在干什么，知道学生在想什么，知道学生需要什么。我们要学会把握学生中的风吹草动，从学生的喜怒哀乐中、细枝末节的言行中，掌握学生的内心变化。如今已经是"互联网+"的时代，要想牢牢抓住学生的心，必须拥有开放式的学习心态，用他们喜闻乐见的方式融入他们，这里不单单指的是新媒体手段，还有与他们交流的方式、方法，都应该与时俱进。关注时代发展，关注社会发展，关注"90后""00后"的大学生，他们现在在想什么，在关注什么，用新的思想、新的手段、新的方法，与时俱进，做好大学生思想政治教育工作。

三是无问西东，只问潜心。前面说到，辅导员是最直接、最基层、坚守在第一线的思想政治教育工作者，面对复杂的工作，我们自身的素质能力是思想政治工作质量的保证。教育者先受教育。一方面我们应该潜心求索，潜心钻研，多去钻研一些课题，多去研究一些问题，尝试着写论文、博文，锻炼一下"笔杆子"；另一方面现在上级教育主管部门给我们创造了很好的条件，有培训、有交流，我们应该多出去走一走，多去听一听课，看看别人是怎么做的，可以和前辈学、可以和书本学、可以和学生学、可以和网络学；还有一方面，现在辅导员也有很多素质能力大赛等展示自我风采的平台，很多辅导员也开设了个人微信公众号，我们为什么不努力尝试下，让自己成为一个"网红"辅导员呢？

编者：最后，请用一段话概括您对辅导员工作的认识。

张楠熙：辅导员这一份职业，对于学生而言就是春天的花，秋天的果，夏天的水，冬天的火。但愿我们辅导员的努力，有如拂过渠田上空的春风，抽穗结实，又有如冬日里的暖阳，和煦人心！

王　静

王静，女，汉族，1983年8月生，中共党员，讲师，现任江西师范大学公费师范生院团委书记。2010年至今，10年专职辅导员之路，在公费师范生院培养了近千名公费师范生扎根江西红土地。她既是"未来师者"人生导师，也是"未来师者"的培养工匠，更是"记使命、勇担当"的"师者榜样"。她先后获得江西省"最美辅导员""优秀共青团干部"等荣誉称号。2019年4月，中国教育电视台《我是辅导员》专栏节目播出王静老师的事迹，喻她为播散"梦想种子"的"蒲公英"辅导员。2020年她荣获"第十二届全国高校辅导员年度人物"称号。

用心播散"梦想种子"的蒲公英

◎江西师范大学　王静

编者：王老师您好，您为什么想当老师，有没有什么人对自己有什么影响？

王静：可以说老师这个职业一直是我心目中的理想职业吧。刚上大学那会，咱们学校门口有一尊女教师的雕像，那种知性、大方、优雅的形象一直停留在我脑海里，那个时候就很向往成为那样的女性。而且我觉得老师这个职业很了不起，不仅是传道授业解惑，更重要的是做育人的工作，给人指引方向、给予力量。在学生心目中，老师是一种比父母更有威信和说服力的存在，是一种很有影响力的职业。回想自己的读书阶段，很庆幸自己遇到了很多的好老师，现在我也想把这份幸运带给更多的人。

编者：据说您当时学的是物理专业的，是可以成为一名物理老师的，但为什么后来又选择当了一名辅导员？

王静：其实从上大学开始，我一直没有停止过教学，从最开始的做家教，到后来在辅导机构做老师，再到后面去贵州义务支教。老师是一个我相对熟悉的领域，但是辅导员职业对我来说是一个全新的领域，很想去尝试和挑战一下。我大学里的辅导员对我影响挺大，十八年过去了，我依然对她印象深刻，她是黄碧茹老师，一位比较年长的辅导员。上大学时同学们用手机的不多，联络也没有像现在这么方便，她每天早晚都要到寝室转一转，监督男生起床、查看大家归寝情况、监督学生日常学习情况。那时候感到辅导员的工作太琐碎了，想着好不容易离开家离开父母，现在又有一个人来管着了，慢慢地，她的到来成为我们生活必不可少的一部分，大家已经习惯了她的管束。后来大三的时候，她突然缺席了，同学们就像丢了妈一样特别着急，四处打听，后来才知道她患了胃癌，一直瞒着我们，过了个暑假回来没多久就离我们去了，那时候打击特别大，我们全班同学都到她的墓地去看她，好多同学简直就是跪在那泣不成声了。她对我们的照顾、用心，真的不亚于父母对我们做的。所以那时候就想，如果我也能成为一个辅导员，一定要像黄老师一样，做个用情用心的好辅导员。

编者：王老师，您是江西省首届公费师范生的辅导员，是培养未来老师的辅导员，这一点对您来说是否具有不同意义？

王静：公费师范生是一个自带属性的群体，他们高考填报志愿时就知道自己未来的职业目标。公费师范生政策的目标就是要吸引优秀的生源报考师范，并培养他们成为扎根江西红土地的优秀教师，他们不仅能"下得去"，还能"留得住、教得好"。咱们江西有100个县区，有很多地方都很缺老师，如果一批批的公费师范生都能留在江西，那么咱们江西的教师队伍会越来越强，教育事业也会越办越好。成为公费师范生的辅导员，让我又找到了当老师的感觉，但同时也感到责任很重大，作为未来教师的辅导员，当然首先自己得能成为一个学生们的榜样，为他们今后成为一个好的老师埋下一颗健康、充实的种子。我想这一点对我来说是非常有意义的。

编者：谢谢王老师，我们也为您而感到骄傲。但是当老师真的没那么简单，不光要有爱心、有责任，还要有很多教师职业的基本技能，那王老师是怎样培养这些未来的老师们的？我看您每天早上还要带着他们跑步，为什么一定要公费师范生去跑步？

王静：首先呢，我们对公费师范生教师养成的一个理念就是为他们植入四大基因：理想、激情、意志和习惯。其中跑步这件事就是一个锻炼意志、培养习惯的好办法。其次，在江西，各个地区很多中小学都是住宿制，而中学教师尤其是班主任，就不可避免地每天要陪学生早起跑步，所以在大学开始养成晨跑的习惯就是让他们能够尽快适应工作后的节奏。现在我的很多毕业到岗的学生几乎都跟我说过很庆幸在大学里养成了早起晨跑这个习惯，否则光早起一点就会难倒很多新入职的老师。现在我陪着他们跑步，除了以身示范以外，在一定程度上也是一种互相监督、互相促进。

编者：除了跑步外，还有"三笔字"的练习，这些对于现在这些"90后"，甚至刚刚入学的"00后"们，他们是跟互联网接触最多的，能够安下心来练字吗？

王静："三笔字"是师范生必备基本功，虽说现在互联网很发达，中小学教学环境也很先进，多媒体在实际教学当中非常普遍，但即便是这样，那块黑板永远是教师施展才华的一方天地，粉笔字就如同老师给学生的第一印象，写得一手好字，在学生心目中，你是很有威望和话语权的。我们有一个做法就是，每周都会把学生的作品展示在学院的长廊上，不光是展示好看的，写得不好的一样展示，所以大家为了不丢脸，都会加倍努力练字，因为这一挂就是挂一个礼拜，全校师生上下课都会途经咱们院的那个长廊，所以这也算一种激励吧。

当然除了练字，我们还要求学生get（掌握）很多技能，比如出黑板报、做广播站、学一门体艺特长……这些都是实现"校中校"的一种做法，也就是在我们的大学校园里模拟一个中学的真实环境，让他们今后不仅仅是成为一个"教书匠"，更能成为一个多才多艺，有人格魅力的老师。现在这些技能在他们中学的很多课余活动中就派上了大用场，很多毕业的学生就会跟我说，中学里平时开展的活动很丰富，比如大合唱、诗朗诵、话剧表演等等，就是因为在大学锻炼得多了，现在应付起来也如鱼得水，而就是这种"什么都会点"的老师在学生当中就非常受欢迎。

编者：我们了解到，王静老师开了一门演讲课，深受同学们的欢迎，王老师，这堂课为什么有这么大的魅力？

王静：其实最初我只是辩论团的指导老师，因为自己在大学的时候也是校辩论团的，相对有一些经验。后来因为教师资格证考试改革，无论是普通话测试还是面试环节需要，语言表达能力和逻辑思维能力都非常重要。所以学院就把演讲通关测试没通过的一些学生集中让我培训，我也是在培训的过程中才慢慢发现一些共性的问题，当然，无论什么问题，最重要的还是敢于开口。我记得最开始培训的时候氛围还是挺尴尬的，感觉课堂就是我的独角戏，我也在不断摸索教学方法，想各种办法激励学生。先是成立一个班级公共基金引入奖励机制，再对他们进行分组引入竞争机制，最后布置任务引入活动机制，比如个性自我介绍、分组做演讲预演、打模拟辩论……渐渐地，课堂氛围就越来越好了，我经常和学生讲，三尺讲台就是老师的舞台，你不仅要衣冠得体，还得站上去就要能说会道。大家也比较喜欢这种上课的风格，后来干脆就开了这么一门实训选修课。

编者：除了这些作为一个老师来说最起码的基本功外，更为关键的是师德的培养，在这些公费师范生们还处在萌芽阶段的时候，教会他们成为一名合格的老师，可能是至关重要的。王老师是用什么样的行动去影响自己的学生的？

王静：现在"90后""00后"的学生接触的信息是多元的、复杂的。他们需要的不是大道理，而是看得见摸得着的事实。师德培养也不是光嘴上说说就有的，而是让他们去实践去体会。我很喜欢给学生讲自己支教的故事，选择支教，其中一个很重要的原因是这种经历会让你体验不曾体验过的生活、思考一些不曾真正思考过的问题、感悟一些不曾感悟到的道理，也见到自己没有见到过的世界。我们学校的支教点是贵州望谟县。望谟县隶属黔西南布依族苗族自治州，十多年前交通还不发达的时候得先坐火车，再转汽车，汽车在盘山公路还要开上六七个小时才到。支教经历让我深刻明白为什么"再穷不穷教育"的道理，有些时候你会感到在生活富足的今天，也许读书只是一种生活方式，它可能并不是唯一的出路，但对于山里的孩子来说，读书就是改变命运的一种捷径。我分在了望谟民族中学教高一物理，那个学校是当地最好的学校，每天早晨走在田边的小路上，看着耕牛在田里劳作，孩子们踩着满是泥土的鞋跑着进学校，那种感觉很美妙。虽然我只教了一年，但是和孩子们之间已经十分亲密，回来之后很长一段时间都还保持着信件往来，印象比较深刻的就是当时教的高一班里其中一个学生后来高考考上了贵州师范大学，他写信告诉我这个好消息，说他以后终于也可以当一名老师了，字里行间我都能感受到他内心的激动。还有一些初中毕业的孩子，家里经济条件很差，父母说义务教育读完了，就不让上学了，那个时候我们就挨家挨户做思想工作，帮助联系助学人士，最终都让他们回到了课堂，他们看我们的眼神就如同看到了希望那样放着光彩，重回课堂的他们是多么开心和自由。那个时候我感到一名老师对学生的影响真的很大，现在做了辅导员，我也无时无刻不在想自己的一言一行都有可能影响学生，所以脑子里那根弦始终不敢放松。

编者：在王老师成为辅导员之后，也开始带着学生们继续支教，可以说这是一种传承，您能感受到您的学生们在支教后的变化吗？您希望通过支教让他们学到什么？

王静：带着学生支教确实是深受自己支教经历的影响而做的一件事。记得在贵州支教的时候，我们的队友班上有一个叫"晶晶"的女孩，她曾经写过一篇作文，作文很短，只有几句话："我想说说我的爸爸，我很想念他。我的爸爸是我最爱的家人，我的记忆里总是有他流着汗背着我种田的情景……但是在我开始上小学后他就出去打工了。虽然我不知道他去了哪儿了，但从小到大我都知道他为了家里能盖新房，为了能让我过上更好的生活才不回家的，我很想念我的爸爸，我要好好学习将来努力赚钱，接爸爸回家。"短短几句的作文却让我们看得很感动，在向他们班主任打听后才知道，"晶晶"是留守儿童，爸爸在深圳打工，妈妈很早就过世了，她平时和爷爷奶奶生活在一起，爸爸在她小学出去打工后就再也没回来，只是每个月寄钱回家，但她对爸爸从来没有埋怨，而是感恩。有一次家访我们去到了"晶晶"的家里，我当时问她你有什么愿望吗？她说："我爸爸十多年没有回过家了，一直在外面打工赚钱养我，我想给他寄一条家里晒的老腊肉，奶奶说爸爸最爱吃了，他走了那么久应该很想念家乡的味道……"当时我们二话不说，一口答应帮她实现这个愿望。这件事对我的触动很大，我想，支教跟其他公益活动不太一样，不是捐点什么或者帮点什么，它更多的是一种心灵的交流。我了解留守儿童内心对爱的渴望，所以我选择的支教点都是乡村里的教学点，因为这里大部分的学生都是留守儿童，志愿者在这种氛围里更能感受到教育的力量和教师在孩子们内心的重要性。五六年下来，我感受到参加过支教的学生内心更柔软了，更懂得如何去爱学生。这就是我想通过支教让他们学会的东西。

编者：看到自己的学生遍布在江西的各个区县，在最基层当着一名老师，肩负着为国家培养人才的重任，也带着您当初的梦想和您对他们的希望，这一刻，是不是觉得自己很幸福？

王静：是的，其实从前年第一批学生实习开始，我每年年底的时候都会去看他们，听他们上课，跟他们聊一聊工作中的事情。每次都能感受到他们的进步，变得越来越沉稳，上课越来越老练，学生们也越来越喜欢他们。每当听到各个学校的校长或者教育局领导对他们竖起大拇指啧啧称赞，我就特别高兴，就像听到别人夸自己孩子特别争气时的那种感受。平时每每看到他们在自己的QQ空间分享动态，我都特别关注，有时候看着他们为了工作劳累得打吊瓶，或者是跟孩子们一起分享比赛成功的喜悦，又或者是看他们晒自己的教师节礼物，我都感同身受。这种幸福感就像是有人总让你牵挂，而也有人总牵挂着你，念着你，想着你，看到你的时候就有说不完的话，这就是幸福。

编者：那么，作为一名辅导员，您对您已经成为老师的学生们，还有现在的学生们有什么想说的话？

王静：一个人如果被冠以老师的称呼，那么他确实不需要付出多大努力就能赢得别人的尊重，因为老师是天底下最光辉的职业。但这个便宜可占不了一辈子，如果想一直得到尊重，那么就请一直深爱自己的学生，一直保持对教育的激情，一直不忘自己的教育梦想。也许现在我能给你们的是有限的，但是未来你们能给自己学生的却很多，因为你们也成为那个播散梦想种子的蒲公英，用爱和知识培养一代又一代国家英才。

汤美丽

汤美丽，女，中共党员，讲师，博士在读，全国教育系统先进工作者，第十一届高校辅导员年度人物入围奖获得者，江西省高校十大"最美辅导员"，新时代赣鄱先锋，江西省高校优秀共产党员，第六届全国高校辅导员职业能力大赛决赛三等奖获得者，获省级辅导员职业能力大赛一等奖2次，二等奖1次。现任江西师范大学商学院党委委员，2016级专职辅导员。她把对"美丽"的理解很自然地融入辅导员工作中，用心用情构建"引、练、导、战"的"美丽四步"工作法。

扎根角色 争做时代筑梦者

◎江西师范大学　汤美丽

编者：汤老师您好，2019年您获得了全国教育系统先进工作者称号，据了解，全国仅有三名辅导员获得了这项荣誉，而您是全省唯一获得此项殊荣的辅导员，对于这项荣誉您是如何看的呢？

汤美丽：谢谢，能获得此项殊荣，我感到非常荣幸，也备受鼓舞，我想这不仅是对我个人工作的极大的肯定和鼓励，也是对辅导员这份职业的认同和重视。我更感觉到，辅导员作为大学生思想政治教育的骨干力量，作为高等学校学生日常思想政治教育和管理工作的组织者、实施者、指导者，近年来越来越受到各级部门的关注、认可与重视，在推进辅导员专业化、职业化、专家化的道路上，全国涌现出了许多优秀的同行，和全国、省内优秀的同行相比，我还有许多不足，需要不断向国内、省内的优秀同行学习。

编者：汤老师，您从2011年起从事辅导员工作，现在已经快九年了，当初您为什么选择了走上辅导员的职业道路呢？可以分享一下吗？

汤美丽：当然可以。我从小就立志要当一名教师，为追逐自己的梦想，进入大学后，我学习的就是师范类的专业。为了提升教学实践技能，2006年曾赴兴国高兴中学支教半年，2007至2008年赴贵州望谟民族中学支教一年。在逐梦的路上，我对教育有了更多的理解，也有了很多思考。韩愈在《师说》中曾言："师者，所以传道授业解惑也。"作为一名教师，一方面应传道授业，另一方面，更应该解答学生疑惑，陪伴学生健康成长，助力学生实现人生梦想。带着这样的初心，2011年研究生毕业后，我留校成为一名辅导员，也可以说是圆了我的教师梦。我很愿意成为学生成长成才的人生导师和健康生活的知心朋友，这些年来，我也努力地提升自己，努力成为学生成长成才路上的陪伴者和引导者。我也非常愿意将我的一生献给教育事业。在辅导员的角色和岗位上，继续筑梦之旅。

编者：您刚才说，这些年，一直在努力提升自己，努力成为学生成长成才路上的陪伴者和引导者。在九年的辅导员生涯中，您是怎么做的呢？您觉得一名辅导员应该具备怎样的技能？您又是如何提升辅导员的职业能力的呢？

汤美丽：坐而论道，不如起而行之。在追梦圆梦的路上，一切的空谈都是苍白的，只有实干，踏踏实实，身体力行，潜心耕耘，才能桃李芬芳。所谓"学高为师，身正为范"，要给学生一杯水，老师首先要有一桶水。习近平总书记说，现在，一桶水的要求是不够的，教师要有一潭水。对于辅导员而言，如何成为拥有一潭水的学问之师，在《普通高等学校辅导员队伍建设规定》《高等学校辅导员职业能力标准（暂行）》《新时代高校教师职业行为十项准则》等文件中都有具体的要求。43号令中明确指出辅导员的主要工作职责是思想理论教育和价值引领、党团和班级建设、学风建设、学生日常事务管理、心理健康教育与咨询工作、网络思想政治教育、校园危机事件应对、职业规划与就业创业指导以及理论和实践研究九大内容，在《高等学校辅导员职业能力标准（暂行）》中也指出，辅导员应掌握的职业知识包括基础知识、专业知识和法律法规知识。

要全部掌握这些内容，是有很大的难度的，所以作为一名辅导员，要保持不断学习的习惯，坚持学习。我提升自我的方式主要有以下几种：

一是通过日常的政治学习，加强个人政治素养。我担任了学院的党委委员，学院每周一下午都会举行党委中心组学习。学校学生处也会定期开展辅导员政治理论的相关学习，学生会还会汇编一些学习资料，再加上网络资讯的发展，平时，我也会从人民网、新华网等权威媒体学习最新时事和党的方针政策。

二是通过考取相关证书，加强基础知识的系统学习。以考取国家二级心理咨询师为例，心理学是教育学的基础学科，学好心理学，对辅导员工作的开展具有极大的帮助，在参加了心理学相关知识的学习后，对于化解寝室矛盾、指导学生人际交往、组织班级团体建设都有极大的帮助。2018、2019年在学习了萨提亚家庭治疗的相关知识后，我成功地帮助了3位患有抑郁症的学生，陪伴他们顺利地渡过了难关。

三是扎实开展日常事务工作，加强实务知识积累。如面对党员发展工作，党组织发展一名党员至少需要2年以上时间，每个党员的材料不少于17份。为了掌握每一个步骤，我翻遍了党内相关条例，及时向老前辈请教，做到了对党员发展流程了然于心。在学生就业的工作中，也是如此，如何更好地指导学生就业，如何了解就业中需要关注的政策及对策，这些都需要在日常工作中扎扎实实地积累。

四是参加辅导员相关的竞赛和课题研究，总结工作提升能力。入职这9年中，我参加了8届校赛，3届省赛，2次片区赛，1次国赛。多次参赛的经历，让我真切感受到辅导员能力大赛是一个载体，是一个平台，也是一面镜子，这个载体促使我们去思考辅导员专业化职业化的发展。

所谓处处留心皆学问。困难最怕"有心人"和"认真人"，想要提高职业能力途径有很多，如果说最重要的途径是什么，我认为就是"世上无难事，只要肯攀登"。

编者：您提到了通过参加辅导员职业能力大赛提升个人工作能力，您个人也多次在辅导员职业能力大赛中获得优异成绩，您能介绍一下这方面您的心得吗？

汤美丽：辅导员职业能力大赛是教育部思政司推动辅导员专业化、职业化的一项重要举措。在这个平台，全国的辅导员们可以交流碰撞工作理念与经验，我上面说，大赛是一个载体，是一个平台，也是一面镜子，这面镜子会让我们不断反思自己的不足，以赛促建，辅导员职业能力大赛便是促进辅导员队伍专业化建设的助力器。所以，与其说辅导员职业能力大赛是一次比赛，我更愿意将其看作是一次学习与交流的机会。

有很多辅导员问我如何才能在辅导员大赛中取得好的成绩，我的回答就是：厚实的积累和平和的心态。厚实的积累，一是工作经验的积累，在赛场上时常可以见到一些工作了十几年的辅导员前辈们，他们站在赛场上，自然有一种"腹有经验气自华"的自信与沉稳，在案例分析的环节，出现的案例大部分是日常工作，有了日常的工作积累，应对起来自然是绰绰有余的。厚实的积累，二是理论知识的积累，如何将日常的工作进行归纳总结，并能探索相关的规律，这就需要理论知识的积累，所以平时应多看看《人民日报》、新华社、学习小组等平台的相关资讯，提升个人的理论水平。积累做在平时，再加上赛场上平和的心态，取得好的成绩就不难了。

编者：辅导员是开展大学生思想政治教育的骨干力量，可以结合工作实际，谈谈您是如何理解和实践辅导员"思想理论教育和价值引领"的职责的吗？

汤美丽：这个问题很重要，思想理论教育和价值引领是辅导员的首要职责，青年学子正处于人生的"拔节孕穗期"，要给学生心灵埋下真善美的种子，引导学生扣好人生第一粒扣子，需要精心引导，思想上的引导尤其重要。在引导青年学子成长中，我们需要将一些宏观的命题讲得让学生能够入耳、入脑、入心，最好是在实践中让学生体验到，将思想政治的"小课堂"与社会实践的"大课堂"结合起来。2018年至2019年，我担任江西师大习近平新时代中国特色社会主义宣讲团团长，组织学生赴革命圣地井冈山、延安进行学习宣讲，组织学生进机关、社区、农村、企业、中学等基层对习近平新时代中国特色社会主义思想以及党的十九大精神开展宣讲。宣讲活动分别得到新华社、《人民日报》、《光明日报》等权威媒体的报道。当我们在井冈山聆听到龚全珍老阿姨的教诲，老阿姨说"我们一定要强大起来，我们的国家也就有希望，我们的人民有希望，青年一代有出路，有前途"，我们备受感染；当我们在梁家河体验习近平总书记的知青岁月，我们深受鼓舞；当我们在西安交大与香港和澳门同胞一起交流，我们更觉当代青年肩上使命重大……在一次次的实践中，理想信念的种子在青年学生中慢慢生根发芽。宣讲回来后，学生说，宣讲团的宣讲活动于他们而言是最生动的思想政治课堂。

在实践思想理论教育和价值引领过程中，每个辅导员都有自己不同的做法，我想只要紧紧围绕习近平总书记所说，思想政治课教师具备"政治要强、情怀要深、思维要新、视野要广、自律要严、人格要正"这六个要素就可以做出有个人特色的思政工作。

编者：都说辅导员工作是头上千根线，底下一根针，辅导员的工作时间被日常琐碎的事务给占据了，在紧张的工作之余，辅导员要如何做出有特色的工作呢？您是怎么做的呢？

汤美丽：时间管理确实是一件不太容易的事情。我平时的做法是运用管理学中时间四象限法则，将事情进行分类，提高工作效率。同时也发挥好学干的作用，在锻炼学干的同时，化解工作压力。

做有特色的工作，每个人的侧重点不同，我认为创新的思维非常重要。有人创新工作平台，有人创新工作载体，有人创新工作方法，还有人会创新思维方式。如在探索创新工作平台中，在担任商学院本科生第一党支部书记期间，我带领支部进行支部学习平台和方式创新，党支部的"创建支部'微博课堂'拓展党员教育阵地"案例获得全省创新案例一等奖，党支部创新学习方式也得到了党员的一致认可。

我一直认为学生是教师最宝贵的财富，在辅导员工作中，我个人觉得做有特色的工作需要紧紧地围绕学生、关照学生、服务学生。因为我带的是商学院的学生，结合专业特色，我将工作重点放在了创新创业指导上。一是鼓励学生参加创新创业竞赛，让他们在比赛中加强专业学习。我所带班级学生获得2016年创青春全国创业大赛金奖，实现了江西"创青春创业实践挑战赛"风险投资类金奖历史性的突破，填补了江西该类别赛事的金奖空白，这也让我备受鼓舞。二是鼓励学生创业实践，让学生在实践中实现梦想。我现在所带的已毕业的学生中，有10余人在创业路上，年营业额均超过千万，创造了良好的经济效益和社会效益。每每看到学生成长成才，成为对社会有用的人，内心也十分满足。所以我想，不管是什么特色工作，都不能忘记培养学生这个根本。

编者：汤老师，可以感受到您对学生浓浓的关爱之情，想请教您，您觉得做辅导员工作中最重要是要做到什么？辅导员这份职业最大的收获又是什么呢？

汤美丽：不只是我，我相信每位辅导员同仁都是心系学生的。做辅导员最重要的是什么呢，我想还是对学生的"爱"。两年前，在一次辅导员工作论坛中，我曾以《辅导员之歌》歌词中的最后一句"用爱与智慧为青春导航"作为题目进行了发言。可以说，从入职至今，我始终认为没有"爱"的教育是无法进行的。

一是热爱职业。巴菲特曾经说过这样一段话："我和你没有什么差别。如果你一定要找一个差别，那可能就是我每天有机会做我最爱的工作。如果你要我给你忠告，这是我能给你最好的忠告了。"我对这段话的理解是，面对职业生涯，我们要选我所爱，爱我所选。我们选择了辅导员这份职业，便应该好好地接受、认同并热爱这份职业。

二是关爱学生。《小王子》中曾描绘到，人与人之间的关系的本质，是一种"相互驯养"的关系，而驯养，就是建立关系，就是建立爱与责任的关系。从事辅导员这份职业的幸福感正是来源于与我们建立了联系的学生，来源于从事学生思想政治工作的成就感。师大有位蒋梅鑫老师，他担任辅导员工作有20多年的时间，在学生当中德高望重。有年轻的辅导员请教他，问他与学生相处最难忘的事情是什么，蒋老师说，是有一次他生病住院了，他的学生们围在他的床边轮流照顾他，他很担心学生们耽误课业，要赶学生走，但学生们心心念念老师的病情，坚决不走。用蒋老师的原话是"赶都赶不走"。回首这段往事，我很清晰地感受到蒋老师眼里流露的那一份幸福。很多辅导员同仁都有这样幸福的瞬间，我也还记得教师节收到满满的祝福短信的欢喜，记得学生学有所成给我带来的快乐，记得帮助学生解决危难时的成就感……古人说，春种秋收，我们只有对学生和工作投入关爱，才能收获到意想不到的幸福，这是身处在辅导员角色中的职业幸福感。

编者：可以感受到，汤老师对辅导员的职业有很深的认同感、归属感和幸福感，可以分享让您印象最深刻的几件事情吗？

汤美丽：每个辅导员都有讲不完的学生的故事，让我印象深刻的事情很多，让我感动的事情也有很多。有我去学生家访时迷路了，有深夜接到学生哭泣的电话，有陪伴学生走了一圈又一圈的操场……也有学生对我的肯定，说我"人师易得，经师难求"；有学生对我的认可，在毕业德育答辩时，说我像"妈妈"一样；有学生给我画画，有学生在我生病时给我送药……我们经常说我们为学生付出了很多，但是得到的也很多。所以我想，教学相长，教师和学生是互相成就的。

编者：听了这段话，深受启发。在采访即将结束之际，请您用一段话概括您对辅导员工作的认识。

汤美丽：席勒说，人生真正价值并不在人生的舞台上，而在我们扮演的角色中。习近平总书记说，在这个属于奋斗者的新时代，人人都是追梦者，人人都是筑梦者。我们在这个伟大的时代，作为一名辅导员，就应该在辅导员的角色中，守好一段渠，种好责任田，扎实筑梦。

付妍妍

付妍妍，女，中共党员，思想政治教育博士在读。江西师范大学马克思主义学院专职辅导员，团委负责人，本科生党支部书记，创业指导师，国家二级职业指导师，全国首批"黄大年式教师团队"成员。工作中以"红色班级"建设为抓手，传承红色基因，引领学子成长，培育和践行社会主义核心价值观。学生思想教育和引领工作特色鲜明、成效突出，学院"建设红色班级工程"获批教育部全国高校辅导员工作精品项目，红色文化教育成为全国高校著名的活动品牌。

用红色文化引领梦想　以爱之名守护成长

◎江西师范大学　付妍妍

编者：付妍妍老师您好！我知道在您工作中，价值引领是您一直以来放在工作首要位置的，您是如何始终如一坚持做到的呢？

付妍妍：您好！思想理论教育和价值引领是我近年来在工作中一直放在首要位置的。将价值引领放在工作的首要位置，一方面是对我们教育工作者落实立德树人根本任务的要求，另一方面也是在2017年10月1日起施行的教育部43号令《普通高等学校辅导员建设规定》中辅导员的九大工作职责的第一条就明确列出的："思想理论教育和价值引领"是辅导员的主要工作职责。高校学生也正值价值观形成的关键时期，正如习近平总书记指出的："青年的价值取向决定了未来整个社会的价值取向，而青年又处在价值观形成和确立的时期，抓好这一时期的价值观养成十分重要。这就像穿衣服扣扣子一样，如果第一粒扣子扣错了，剩余的扣子都会扣错。人生的扣子从一开始就要扣好。"所以，我们作为高校辅导员，作为给青年扣扣子的人，应始终坚持社会主义办学方向，引导学生、关爱学生、服务学生，将对学生的价值引领放在工作的首要位置，坚持用马克思主义理论武装学生头脑，不断推进马克思主义时代化、大众化，增强学生对于伟大祖国的认同、中华民族的认同、中华文化的认同、中国共产党的认同、中国特色社会主义的认同，通过运用贴近实际、贴近生活、贴近学生的方式方法开展工作，让学生能够正确认识世界和中国发展大势，正确认识中国特色和国际比较，正确认识伟大抱负和脚踏实地，正确认识时代责任和历史使命，将学生培育成为又红又专，德才兼备，全面发展的中国特色社会主义事业合格建设者和可靠接班人。

　　编者：是的，学生的价值引领在辅导员工作中非常重要，那如何将价值引领工作做细、做实、做深入，让同学们愿意接受？您有什么好的方法么？

　　付妍妍：我们江西拥有着丰富的红色文化资源，在日常的价值引领工作过程中，我将红色文化融入辅导员工作的始终，用好历史这本最好的教科书，"把红色资源利用好，把红色传统发扬好，把红色基因传承好"。鲜活的红色文化资源是我们辅导员以习近平新时代中国特色社会主义思想为指导，培育和践行社会主义核心价值观，推动辅导员价值引领工作的最佳教科书和优质载体。通过打造红色文化宣讲团、习近平新时代中国特色社会主义思想大学生宣讲团、习近平新时代中国特色社会主义思想研究会和红色班级工程开展系列红色文化价值引领工作。

　　编者：您能和我们详细分享一下，具体在红色文化教育方面，您是如何开展工作的吗？

　　付妍妍：目前，我手头的各项学生工作和学生活动均是围绕红色文化来开展的。一方面是对于价值引领工作的坚持，另一方面也是因为各类红色文化教育思想引领工作的开展，可以完全契合并且对接我所带的孩子们的第一课堂的学习。我所在的学院为马克思主义学院，本科生专业只有思想政治教育专业，学生毕业最直接对口的就业就是思政教师，毕竟是师范生。结合我院考研率一直都趋于较高水平，学生相对倾向于考研，对科研学业有一定的需求。工作中，我将红色文化教育方面的工作直接对标人才培养目标，让学生成为能"说"会"写"的专业人才，对于问题能有深入的思考和一定的科研能力。所以，在活动开展方面注重"读""写""讲""研"能力的培育。"读"，组织学生进行红色经典阅读、马克思主义经典著作的阅读。让学生通过阅读来增强理论功底，扩展知识面的同时，让学生对于红色文化有更加深入的认识。"写"，组织学生开展读后感的征集，结合关键时间节点，开展主题征文活动。比如，在2018年改革开放四十周年之际，我们就开展了改革开放四十周年的征文活动。通过"写"的训练，同学们在写的过程中，让红色文化等理论知识不仅仅停留在认知层面。同学们通过大脑的深入思考和加工，将理论认知转变为文字的过程，解决了学生对于红色文化的情感共鸣的问题。"讲"，组织学生开展讲述红色故事、红色主题演讲、红色主题宣讲等系列活动，每年都会围绕有关主题开展两次，受到了同学们的一致好评。同学们通过"讲"的形式，表达能力显著提高。同学们不仅仅要自己撰写演讲稿、研讨稿，更要通过外在的肢体语言的表达自我。"讲"的锻炼，让同学们在今后的生涯中能够有站在讲台上的讲述能力、教学能力。"讲"解决了同学们对于弘扬红色文化的品德意志的问题。"研"，我们组织青马读书会、研讨会、学术论坛、学术征文活动，让本科生融入研究生、博士的学术活动中，鼓励本科生在省级期刊上公开发表学术论文。通过发表论文、参与学术讨论，以及邀请专业课教师、博士生导师参与到我们的活动中来，让同学真正有机会践行红色文化理论知识，解决学生自主传承红色文化意愿问题。同时，我们还在打造"红色志愿讲解员"的红色志愿服务活动项目，让同学们有机会能够走到红色场馆中去，成为红色讲解员，真正践行红色精神，成为红色基因的传承者和践行人。

"读""写""讲""研""志愿服务"在我们学院的红色文化教育方面,已经形成了完备的大学生思想政治教育内在矛盾转化过程的闭环,有效地促进了学生的思想政治教育"知、情、意、信、行"的内在矛盾转化,真正形成了全员、全过程、全方位育人的三全育人格局。

编者:感谢您详细的分享,从您的分享中也能听到很多思想政治教育的专业知识。了解到您现在正在攻读马克思主义理论专业,思想政治教育方向的博士学位,请问您当时是怎么想到要考博的呢?现在对于我们辅导员考博也有专项计划,您有什么经验可以和我们分享的吗?

付妍妍:首先,我想和大家分享一下当时我自己的考博的心路历程。最初促使我考博的并不是因为大家所想到的想要转教学岗,或者为了要一个博士学位。促使我考博最直接的一个原因就是我在工作中,尤其是在办研讨会,参与编写校稿书籍的时候,发现由于自己的专业知识的欠缺,显得非常吃力。我的大学本科和研究生都学的是人力资源管理专业,在马院工作,浓郁的学术氛围和上进严谨的工作作风,是促使我考博的主要因素。当时,准备考博,也就是简单地想着要通过读博,提升自己的理论知识水平,能够多看一些专业书籍,能够在导师的带领下,将思想政治教育做得更深更实一些。所以,我经常开玩笑形容自己是"考着玩儿一下,学点知识"。其次,对于考博的经验分享我想给大家说的是"一定要坚持,多看权威期刊,关注时政热点,把握经典著作,英语是王道"。"一定要坚持",考博其实是一个很辛苦的过程,很多考博的同仁,考了几年都没考上,很重要的一个原因是没有制订复习计划,每日坚持复习看书。考博不是一蹴而就的事情,尤其对于我们辅导员在职考博,每日坚持复习非常重要。自己考博的将近一年的时间里面,除了有自己制订详细的复习计划,每日上下班地铁上背单词,下班之后,每天均保持了约五小时的复习时间。那个时候我家宝宝才一岁多,就早上起来早一点,晚上晚睡一点,无论怎样,都坚持看书复习。"多看权威期刊",权威期刊在学术界就意味着学科前沿和学科动态。在专业课答题和准备中,权威期刊是必备。热点事件,理论前沿专家学者们在其中都有非常详细的阐述性文章,这个在我们答题的时候,是可以用来借鉴和参考的。权威期刊是我们在答题时非常好的资料来源。"关注时政热点",很多学校马克思主义理论专业的专业基础课和专业方向课出题都是不回避时政热点的。所以,熟悉了解当年的时政热点,对于专业课的准备是非常重要的,比如我考的那年,考完之后发现基本上当年的所有方向专业课都考到了习近平总书记在纪念五四运动一百周年大会上的讲话这个点。"把握经典著作",马克思主义经典著作是所有马克思主义理论专业学生的基本功,所以把握经典著作在考博中的地位是不言而喻的。尤其是对于重点经典篇目的学习,建议可以从经典著作的导读开始看,会容易理解一些。最后一点"英语是王道",英语是每个学校必考科目,而且大部分学校直接计入进入复试的总分排名。所以,英语非常重要,不能忽视英语的复习。当时我在准备考博的时候,在英语上就花了很大的功夫,每天复习时间上,有一半在复习英语。这里特别提一下就是,作文、翻译、阅读我个人感觉真的是需要花时间去训练的。再次,对于辅导员专项考博计划的报考,我想提醒大家的一点就是要了解所要报考学校的辅导员专项计划情况,比如我当年报考的学校,考试题目、毕业要求与辅导员专项没区别,然而前两年复试分数线反而比普通招考的复试分数线要高,这个分数线一般是根据当年考生的报名情况来定的。因为是单独划线,如果考的人素质都很好,分数线就会更高一点,当然也有年份要更低的。所以这个要自己根据自己了解的情况来决定报考类别。

编者:我知道您和学生的关系都非常好,您能和我们分享一下,您担任辅导员工作以来,是如何做到真正走进学生心中的?

付妍妍:2010年我第一次踏上工作岗位,那时我只比学生大三四岁,那会儿,我带的学生是大一新生。面对刚刚离开父母的学生们,我坚持每天六点半起床陪学生出操军训,经常下寝室陪学生谈心,陪伴学生度过第一个中秋节。我九年来的工作经历告诉我,真正走进学生的心中,与学生建立良好的情感连接非常重要。

编者:与学生建立情感连接,您是如何做的呢?

付妍妍:对于和学生形成情感上的连接,我认为"尽快"是非常重要的。首先,要见好学生第一面。人与人的相处有一个晕轮效应,第一次与学生相见,我们辅导员除了要注意自己的仪态，还要能够给学生以亲切感，让学生感受到愿意与你相处，有话愿意与你分享。其次，要开好第一次班会。第一次班会，要和学生建立规则和边界感，同时在班级当中形成"家"的氛围，让同学们在有爱的班级氛围中建立归属感以及情感连接。再次，在学生新入学的时候，尤其是新生进校的时候，是和学生建立情感连接的关键时期。抓好这个时期，可以让我们有事半功倍的效果。我的做法是对于新生班级，一是带着相机陪他们军训；二是陪他们过第一个节日，也就是中秋节。陪孩子们军训，可以通过陪伴，建立情感链接。同时，相机这个道具的作用在于可以给孩子们拍很多珍贵的军训照，这样在军训之后也能够和同学们有说不完的话，聊不完的事。陪孩子们过中秋节，一般来说这会是进校之后的第二周。一方面能够很快地通过班级活动，使班级凝聚力得到很大的提升；另一方面，"每逢佳节倍思亲"，和班级同学们在一起过节，有温暖的氛围，情感连接自然而然就增强了。我个人而言，通过我所带的三届学生来看，我的办法实际效果还是不错的。

编者：学生称呼您为"最潮辅导员"和"知心大姐姐"，您能和我们分享一下您和学生相处中最难忘的两件事情吗？

付妍妍：那我就分享两件事情。一件是我刚参加工作，做博客、微博网络阵地的时候巧用微博日志，秒杀学校活动门票的事。那是在2011年，微博刚兴起不久，博客在那个时候也和现在微信一样火。2010年我开始运营我的新浪博客，那会儿写工作手记、工作周记，在博客上和同学们分享班级事务，进行价值引领，开展各类线上主题活动，同时也通过博客不断探索一些有趣的和学生互动的方式方法。那年，正好学校邀请到了一个NBA的球星来校做活动，同学们参与积极性非常高，但是分到每个班级的门票还不到两张，有的班级甚至是一张。面对一票难求的情况，我在博客上开辟了一篇博文，专门用来秒杀门票，晚上七点开始线上秒杀，评论区从七点开始的前11名同学将获得门票。门票秒杀活动效果非常好，得到了同学们的普遍认可，有些同学虽然没拿到票，但是也觉得参与这个活动非常有意思。也正是因为这个活动的开展，那会儿在微博上，同学们称我为"师大最潮辅导员"。另一件是近年发生的事情，是学生生病，也是我人生中第一次收到病危通知书。这个孩子当时是因为发烧，从早上开始，到晚上更严重了，我那会儿就让同学们送去医院。结果这个孩子刚到医院，还没进医生诊室就晕了过去，抬进去诊室没多久，医生就下了病危通知书。这个时候，医生问孩子的既往病史和药物过敏史。我立刻给家长打电话，但是家长地方口音非常严重，没有办法沟通。好在也就是在这个时候，我想起我曾经让班级同学们填过一次既往病史和药物过敏史，我打开我的手机邮箱，找到了这份材料，才能够和医生顺畅沟通。医生用上了药，很快孩子便恢复了意识，脱离了危险。所以，随身带上学生的相关信息资料，尤其是既往病史和药物过敏史资料，对于学生生病的应急处理非常重要。

编者：在学生工作中，确实每个辅导员都有过陪学生去医院的经历，在这里我想向您表示致敬，同时也致敬我们广大的辅导员同仁们，说一声："辛苦啦！"

付妍妍：谢谢，说到学生生病，我还想和大家分享一个我学生的案例，对于辅导员同仁们也非常有借鉴意义。学生生病一定要重视，要充分地以学生为中心，围绕学生、关照学生。是在2018年，这个学生由于耳朵痛，反复去医院看了大约三周，还没好，反而加重了。我有天加班写个东西写到了凌晨一点半，在刷朋友圈的时候发现这个孩子发了条说说："头痛欲裂，我已经三天都没吃下去东西了，吃什么吐什么。"这个时候，我就立刻联系了我的班委，了解孩子情况，也给这个孩子发了消息。但是，估计孩子睡着了，没回复。班委群里团支书没睡着，回复了我具体情况："中耳炎，一直在用药，但是没好，傍晚还去了一附院看急诊，还是效果不大。"这个情况，我了解之后，我就交代班委，并且给孩子留了言："再有不舒服，随时去看，随时给我打电话。"第二天早上，我安排班委带着这个孩子挂了一个耳鼻喉科的专家号，医生看完之后的结果还是说回去吃药即可。但立刻赶到医院的我，看这个生病的孩子状态特别不好，特别蔫。那时，我就想着，如果是我家孩子，这个状态肯定是不能回家的，吃药已经反复三周多了。所以，我就和医生沟通，看有没有更深入的办法能够确诊病因或者减轻孩子症状的。医生说如果要确诊，就要做头颅CT，但是CT要一定费用。这个孩子是贫困生，我一边和家长沟通，一边和学院沟通，给孩子解决费用问题。后面是CT排队拍片、等结果，再到耳鼻喉科专家看完之后，主任依旧说看不出问题，如果真的担心，就带着片子去神经内科看看吧。再后来，我迅速地挂了神经内科的主任号，医生看完之后立刻说要办理住院，这个学生的病情都不能算轻了。这个时候已经是从早上的八点折腾到了下午的五点。后来，这个孩子还做了腰椎穿刺，初步诊断为颅内感染。医生给我描述病情的时候说："一个小感冒，也可能引发颅内感染，这个容易引起免疫系统方面的紊乱，一旦处理不好很容易免疫系统全面崩溃，后面就很难了。"这个时候，我突然间特别庆幸在那一整天我的"固执"，因为担心学生的情况，在做CT的时候以及为了当天取到CT结果，反复多次与医院沟通，历经了五六个小时，受了许多的白眼和冷遇。最终，孩子基本上得以确诊，收治入院，住院一个月接受系统治疗才得以恢复正常。事后，学生家长在给我写的感谢信中写道"做到了孩子亲生父母未能做到的事情"。

　　编者： 听了让我非常感动，也让我感受到了您对于学生的关心和爱护。确实，教育就是一棵树摇动另一棵树，一朵云推动另一朵云，一个灵魂唤醒另一个灵魂。辅导员就是高校学生成长路上的指导者和引路人，不断围绕学生、关照学生、服务学生，把握学生成长成才规律，才能成为学生成长路上的人生导师和知心朋友。您在工作中，坚持价值引领，用爱守护成长，把每一位学生当成自己的孩子来呵护，给了我们许多可以借鉴的经验和启发。非常感谢您的分享，谢谢！

程　思

程思，女，汉族，中共党员，江西南昌人，硕士研究生，讲师，国家二级心理咨询师，国家二级职业指导师，国家二级创业咨询师，现任江西师范大学软件学院2017级辅导员，学生党支部书记。先后获得江西省高校辅导员素质能力大赛一等奖，江西省大学生科技创新与职业技能竞赛优秀指导老师，校优秀共产党员，先进党务工作者，"巾帼建功"先进个人，学生工作先进个人，就业工作先进个人，暑期"三下乡"优秀指导老师等荣誉称号，指导学生获得专业职业创业各类竞赛奖项30余项，承担省级课题研究4项、校级课题3项，发表论文10余篇。

做眼里有"光"的思想政治辅导员

◎江西师范大学　程思

编者：程老师，您好，做眼里有光的思想政治辅导员，这是您的信念吗？能和我们说说您是如何理解这句话的吗？

程思：您好，是的，这是我一直以来坚守的信念，我也一直努力地去实践着这个目标。

"做眼里有光的思想政治辅导员"这句话实际上是来自我的一位学生与我的

一段对话。2018年11月7日，公众号"南航徐川"中转载了一篇题为《辅导员，你的眼睛里要有光》的特约稿。我的一位学生将推送链接转发给我，并留言："老师，这篇文章写得特别好，我觉得您的眼睛里也有光……"当我看到这句话时我既感动又感慨，感动的是学生给我如此高的评价，感慨的是我自知做好一个眼里有光的辅导员任重且道远，目前的我做的还远远不够。于是我又反复品读了这篇文章，这触发了我很多思考，也让我的职业信仰受到了更透彻的洗礼，于是至今我都把这句话视作自己在工作中追求的那束光。

如果说到我对这句话的理解，首先是树立和坚守这样一份职业信念。当人们追随生命中的光芒时，总是首先以仰望的姿态注视并敬畏。作为教师，从走上这个职业舞台开始，我们就成为这样一个被学生仰望的角色，更甚者作为思想政治辅导员老师，我们是教师中那一批最有可能撼动学生灵魂，直达学生心灵，改造学生思想的人。于是要担当得起学生们的仰望，我们身上一定要有光。只有努力发光，我们才是值得学生仰望和追随的一束光，才能做好学生健康成长之路上的指导者和引路人。

其次是不断丰富辅导员眼中"光"的内涵。辅导员眼中的这束光首先要是充满爱的，是温暖的，积极的，散发着正能量的，这是这束光的主基调。也许每一个辅导员眼中的光都各有不同，还可能包含其他的色彩。但当和学生交流的时候，一个老师心中有没有爱和温度，学生一下子就可以感觉出来。因为，有爱的辅导员，眼睛里才是有光的。苏联教育家马卡连柯有一句名言："当你对某个学生用尽了所有的办法，还不见效，感到实在没有办法的时候，其实还有一个办法，那就是爱。当发觉爱也不行时，说明爱得不真，爱得不够。"这让我想起我曾带的一名13级男生。在他大二期间，我刚接管了他所在的班级，性格孤僻的他就立即向我提出要退学。经了解，原来这名男生在大一时就抱着"读书无用，退学打工"的想法，想过退学。于是，我找到他谈话，可艰难的是往往谈话一个多小时，他都一言不发，拒绝与人沟通。即使这样，我仍耐下心找他一次次谈心，与他谈社会就业现实，职业生涯规划，一谈常常就是两小时。他虽然很安静不搭话，但慢慢从拒绝沟通到默默聆听。这名男生同时还是单亲家庭，父亲没有文化无法沟通，我又辗转联系上关心他的爷爷和姑姑，定期和他们交流，共同做他的思想工作。就这样，劝学教育一做就是两年，直到他顺利完成所有在校课程，毕业后考入了云南大学攻读硕士研究生。看着他的成长，我悟出一个道理：思想的成长也许会来迟，但只要有爱与温暖，它绝不会缺席。

在爱的主基调下我们还需要不断丰富这束光的内涵，增强这束光温暖人、引领人的力量，比如价值理念、精神品质、人生信仰、职业理想、创业梦想……这既要求我们辅导员不断提高自身职业素养和专业能力，加强自我发光的能力，也要求我们关注学生成长成才的各方面需求，丰富我们思想引领的内涵和本领。因此辅导员眼中的光既饱含热烈、关切、期盼的爱，也充满着坚韧、梦想、拼搏的感染力量，还蕴藏着指导专业的实践蓝图和职业化的顾问建议。

编者：既然你树立了这样一份职业信念，可否请你谈谈如何走上辅导员这条路的，并在此坚守了近十年的时间呢？

程思：老实说，选择走上辅导员之路还是机缘巧合，但在此坚守了近十年却是在初心和责任驱使下职业生涯的最终选择。

我是法学专业毕业，毕业后考上过公务员，任职过检察官，最终走上了高校辅导员的职业道路，许多人困惑不解，甚至刚入职辅导员的我也曾不以为意，认为辅导员可能只是我未来职业道路的一块铺路石而已。然而命运让我选择了辅导员工作，也让我扎根在了辅导员工作中。当我接触到职业生涯规划、心理咨询后，我也慢慢理清了自己何以放弃了检察官岗位，坚守辅导员事业。其中既有因缘际会，更有我的价值追求、性格特质等因素的决定性作用。同时有了这样的体会也让我一步步地从此探索到更多辅导员职业的宝贵价值，更加让我在工作中从摸索到坚定了自己在辅导员职业中的初心与责任。17岁的马克思曾写下这样一段旷世名言："如果我们选择了最能为人类谋福利而劳动的职业，那么，重担就不能把我们压倒。因为这是为大家而献身，那时我们所感到的就不是可怜的、有限的、自私的乐趣，我们的幸福将属于千百万人，我们的事业将默默地，但是永恒发挥作用地存在下去，面对我们的骨灰，高尚的人们将洒出热泪。"而我的辅导员初心就是去做这样一份为学生谋幸福的职业，给求学若渴的学生以更广阔的眼界和无边际的梦想，给有人生困惑的学生以指引，给有学习倦怠的学生以力量，当我一次次发现自己只要走上讲台就能孜孜不倦，发现自己只要面对学生就能爱心满溢时，我开始确定自己的初心和坚守下去的决心。

其实让我能找到初心和打定主意坚守下去还要感谢两个人，一个是我大学本科的辅导员，2009届全国辅导员年度人物廖元新老师。作为他的第一届学生，他用他的行动为我们演绎了如何做一名有心、有爱、有行动的辅导员老师。在当时新校区偏僻，办学及校园活动开展条件不足的情况下，他带着我们270名学生办活动，看电影，开主题班会，演话剧，扎根学生寝室，和学生促膝谈心，假期家访，事无巨细，并且所有工作做到270名学生全员覆盖无一人遗漏。至今他的职业精神和工作格局依然潜移默化地影响着我。

另一个要感谢的是我亲爱的7岁女儿。2013年在迎接她呱呱坠地的同时，我也迎来了我人生中的另一个重要角色———一名伟大的母亲。"为母则刚"，母亲的角色让我对我的人生有了全新的思考，这样的思考更渗入到了我的辅导员工作中。当我思考如何做一个更有能力更有担当的母亲时，我同时更深刻地认识到仰望我、依赖我的不仅有我的女儿，还有那些走进校园身无依靠渴望关爱的学生们，他们也是需要我担当和付出的孩子；当我学习耐心教导女儿，体会她渴望被认可、渴望不因她懵懂犯错而放弃她时，我体会到所有将学生送进校园的家长们的心情和每一个学生都应是与自己的女儿一样得到平等对待，被爱且不被放弃的孩子；当我作为母亲在努力探索成为女儿成长的人生导师和知心朋友的同时，我更深层次地理解了，如何践行辅导员努力成为学生的人生导师和健康成长的知心朋友这一理念。所以我给年轻的辅导员老师们分享一个我自己的工作小秘诀，那就是生个娃吧，哈哈……成为一名母亲或是父亲，站在人生的一个全新高度去审视自己以及看待与理解青年学生，未来我们还需要迎接更多更青春活跃的"00后""10后"的学生，理解他们，贴近他们，关爱他们，也许这个办法能帮上忙。当然仅供参考，哈哈。

编者：能否和我们分享一些你工作中的宝贵经验吗？

程思：经验不敢当，总结一些自己工作中的感想和努力方向吧。一是不断自我修炼。不论从思想政治理论水平，还是从职业素质能力来说，自我的提升都是为了更好地完成引导学生成长成才这个重要任务。要提升就离不开学习和实践，我特别感谢江西师范大学为辅导员提供了宝贵的学习平台，给予我们辅导员职业发展广阔的空间和机会。学校为加强辅导员专业化、职业化队伍建设，专门成立了"辅导员工作坊"，根据辅导员思想理论、职业素质、学术科研、心理辅导、文化素养等不同发展方向打造了多支不同类型的职业素质能力研修组。辅导员工作坊秉持着"走出去、请进来"的学习发展理念为辅导员队伍营造了热烈而浓厚的学习氛围。学校利用全国首个"高校辅导员日"、"全国高校辅导员发展研究中心学术论坛"等活动契机，给予了辅导员们走出去与更多来自全国各地的优秀辅导员交流学习的机会，让全体辅导员都能亲身参与其中，开拓工作眼界，学习优秀经验。另外在辅导员工作坊及素质能力研修组的共同努力下，我们每周定期举办活动，将多位思想政治教育领域的专家请进我们的活动中指导我们的学习与讨论。我很有幸担任了其中素质能力提升研修组的负责人，我们坚持每周学习，通过讨论学生案例，现场演练，完成会后实践任务，甚至将谈心谈话、案例分析、公文网文写作等工作实践环节搬到讨论会上分享工作思路和破题技巧，在专家前辈的指导下、同事伙伴的争论中不断思考总结。老师们常常将自己工作中的疑难杂症带到学习会上来共同探讨，收获很多。我也是在这样丰沛的学习和交流中取长补短，总结出自己的工作体系和经验方法，也让我有幸能在2018年首次代表学校参加江西省高校辅导员素质能力大赛并获得一等奖的好成绩。

二是做有温度的教育。这其实与我前面说的眼里有光的辅导员首先要充满爱是一致的。"做好老师，要有仁爱之心。好老师要用爱培育爱、激发爱、传播爱，通过真情、真心、真诚拉近同学生的距离，好老师应该把自己的温暖和情感倾注到每一个学生身上。"这是总书记的殷切嘱托。当然关爱有很多形式，每个老师也有不同的方法。从2010年至今我带过四届学生共1177人，平均每年所带学生都在250人以上，每年的元旦我都坚持给每一位学生写贺卡，送上专属于每位学生的鼓励和祝福，年年如此，让学生能感受到老师的关注与关爱。每一个学年我坚持在全体学生大会上面向所有学生宣读"辅导员誓词"和工作承诺，这既是对学生期盼的许诺，也是向学生传递关爱和温暖的表达，更是作为辅导员的一次示范性思想教育，教育和传承人与人之间的友爱之心，对人生的责任与担当。其次不同成长需求的学生群体或个人更需要有温度的教育。每一届学生我会根据学生的学习情况、情趣爱好、思想状况等设立不同的促进小组进行系列团体辅导，比如后进生的学习小组每周进行难点答疑和学习反馈，读书会每周结合生活实践分享读书感悟，成长促进小组每周围绕思想动态和成长实例讨论价值观与方法论……记得其中有一名17级的男生对本专业缺乏兴趣一度自卑沮丧，却唯独对文学写作充满热情，在读书分享会中找到了同道知己，找回了自信心，也明确了今后攻读文学硕士的目标。

编者：2019年3月18日，习近平主持召开学校思想政治理论课教师座谈会并发表重要讲话，再次强调办好思想政治理论课，最根本的是要全面贯彻党的教育方针，解决好培养什么人、怎样培养人、为谁培养人这个根本问题。可否分享你的实践做法？

程思：解决好培养什么人、怎样培养人、为谁培养人这个根本问题是所有高校思想政治教育工作者都在积极探索和努力实践的重大课题，也是我们辅导员思想政治教育工作的核心导向。我只能是分享一点个人的思考和工作做法。

第一是培养学生自我教育、自我引领的能力。"00后"青年成为新一代大学生，他们表现出自主意识强，自我认同感高，自主学习能力强等特点。因此，作为他们的"知心朋友和人生导师"，引导他们在社会实践和专业实践中进行自我认知，促进其对自我未来发展的深入思考，从而使之完成自我成长蜕变，这是我目前工作中做的一部分尝试。一是让党的思想浸润心灵。发挥党支部的战斗堡垒作用，建立健全党员管理机制，实施入党积极分子"百分制"和党员"志愿小时制"培养考评的办法，组织学生党员下到班级，下到学生群众中开展理论宣讲，以点带面推动理想信念教育在学生群众中扎根。在学生党员队伍的志愿服务推动下，班级学生的入党申请比例逐年上升，入党积极分子及党员素质逐年提升，我们也使思想成果惠及更多的学生群众。去年在党支部的带领下，我们与班级共同开展的"儿童盲校帮扶计划"等多次活动也得到了学校的高度认可。二是将思想政治教育融入竞赛实践中。我带的学生是软件专业，学生常年在专业技术、创新创业各类竞赛中学习锻炼。为能引导学生提高思想素质，坚定"四个自信"，我将思政教育和党员教育融入进竞赛培养中，比如在"互联网+"大赛的参赛团队上建立临时党支部，将党支部活动与竞赛培训活动共同开展，既在竞赛成长过程中保障平稳心态、增添思想动力，又在日常活动中提高思想站位，增强思想素质。2019年，我所带的"互联网+"创新创业大赛的三支竞赛团队在"竞赛临时党支部"、融合思政教育的培养模式共同推动下获得三项全国铜奖、三项全省一等奖的好成绩。

第二是发挥江西红色文化资源优势，筑牢大学生思政教育基础。江西丰富的红色文化资源是江西本土高校天然的思想政治教育素材。讲好红色故事是学生喜闻乐见的思想政治学习方式。"五四青年节"我在班级中讲江西革命青年，"七一""八一"为学生党员讲井冈山革命故事，"改革开放四十周年"我在班级中讲江西四十年的变化，"建国七十周年"我和同学们一起观看阅兵式，并畅谈江西为国家做出的卓越贡献。引导学生用技术绘制"江西红色故事"的宏伟画卷是实践"课程思政"专业融合的方法尝试。我在与专业课程老师合作下将红色文化素材带入专业教学课堂，引导高年级学生在进入软件开发工作室教学阶段后将红色文化素材融入软件项目的成果展示，将红色文化宣传网页制作、红色文化资源搜索引擎等技术项目列入学生一学年工作室课程的期末考核课题。既发挥了学生的专业专长，促进学生的专业学习，同时在专业学习中进行惠及自我的思想教育，更好地传播了红色文化。通过这些方式，让思想政治教育成为学生思想上的"洗礼"，让红色基因真正融入学生的思想中，使他们把成为社会主义合格建设者和接班人作为一个坚定的行动自觉。

编者：程老师，听说您很快就要迎接第二个宝宝了，首先恭喜您，同时也想问问您，即将成为拥有二孩的妈妈了，那么随着家庭责任的加重，对您来说辅导员工作是否又是一次新挑战呢？您将如何应对呢？

程思：是的，这的确是一次新的挑战，但我想我不畏惧甚至很期待。我前面说到第一次当妈妈给我带来了面对辅导员工作时更坚定的力量，让我树立了更崇高的信仰。我想成为一个拥有二孩的妈妈，一定会让我思想更成熟，对待辅导员工作的思考也会更进一步。所以我不畏惧，很期待。当然面对新的挑战，周围的情况会发生变化，但我想这不会太影响我的工作，反而促进我做出调整，更积极地去改进工作方法，让自己的工作方法更高效。我想只要有心、用心，即使跨过千山万水，我的辅导员事业都可以永远做下去的。

编者：谢谢您，程老师，能说说您想最后表达的一段话吗？

程思：思想的教育与成长是实现自我成长，走向卓越的动力源泉。我想这句话不仅是我用来鼓励学生的，更是用来激励自己的。当我在工作实践中逐渐体会到教育的力量和价值时，我越来越意识到"思想政治辅导员"的身份何其珍贵，也体会到能发挥出自我价值为更多的学生带去成长与进步是一件多么幸福的事情。我依然坚守着自己的信念，做眼里有"光"的思想政治辅导员，这束光不用太炽热，能温暖学生身心，呵护学生成长就够了，这束光不用太耀眼，能穿透黑暗指引学生前行的路就够了！

李临彧

李临彧，女，汉族，1990年10月生，中共党员，硕士研究生学历，讲师。现任江西财经大学法学院团委副书记，负责全院共青团工作。五年多来，已陪伴2000余名法学学子健康成长，培养了40多名优秀学生成为中国共产党预备党员，带领百余名青年志愿者赴全省16个市县（区）进行普法宣传和法律援助，撰写了10万多字的学生成长笔记，主持并参与相关省级校级课题项目数项，个人也收获全国高校辅导员职业能力大赛复赛二等奖、全省学校共青团"微团课"大赛特等奖、全省高校十大最美辅导员、全省"七五"普法中期先进个人等近20项国家和省级荣誉。

从"爱"字出发，从"实"处落脚

◎江西财经大学　李临彧

编者：李老师，您好！去年3月在北京召开的学校思想政治理论课教师座谈会，对学校思想政治工作提出了新要求，指明了新方向。作为来自一线的基层辅导员，您能分享一下您的感受吗？

李临彧：谢谢。作为一名基层辅导员，在认真学习总书记在学校思想政治理论课教师座谈会上的讲话精神后倍感振奋。政治要强、情怀要深、思维要新、视野要广、自律要严、人格要正——这是习近平总书记对广大思政课教师提出的希望，也是我们全体高校辅导员未来努力奋斗的方向。

"要用新时代中国特色社会主义思想铸魂育人。"会上习总书记的一句话令我尤为印象深刻。青少年阶段是人生的"拔节孕穗期"，最需要精心引导和栽培。我们在开展思想政治教育工作时，不仅要"锦上添花"，更要"正本清源"，要巩固和坚定学生已有的正确思想和价值取向，更要及时回应学生在学习和生活中所遇到的真实困惑，从而不断提高他们的思想政治水平和道德文化素养。

当然，打铁还需自身硬。面对新形势和新挑战，作为辅导员的我们必须认真学深学透，全面推动习近平新时代中国特色社会主义思想进教材、进课堂、进头脑。不断加强自身的理论武装，把深入学习宣传习近平新时代中国特色社会主义思想作为重大政治任务，深刻理解其科学内涵和精髓要义，深刻感悟马克思主义真理力量；要把正确的政治方向、价值导向贯穿到教育、管理和服务的全过程，持之以恒地弘扬社会主义核心价值观，努力做中国特色社会主义共同理想和中华民族伟大复兴中国梦的积极传播者和坚定践行者。

编者：无论是党的十九大，还是"不忘初心，牢记使命"主题教育中，总书记多次强调"初心"，作为一个基层辅导员，您的初心是什么？是什么样的因缘际会让您选择了辅导员这个职业？

李临彧：成为一名高校辅导员应该说和我的家庭影响密不可分。我的父母都是高校教师，父亲更是从大学毕业留校后一直在一线从事学生工作。从小到大，我耳濡目染地感觉到身为高校教师桃李满天下的无上光荣和无尽幸福，也就自然而然地有了成为其中一员的职业目标。攻读研究生时我选择了思想政治教育专业，三年里我在导师的指导下对于大学生思想政治教育进行了一些深入的专业学习、课题研究以及实践摸索，我内心对于这份选择更加坚定。

习近平总书记在党的十九大报告中指出："中国共产党的初心和使命，就是为中国人民谋幸福，为中华民族谋复兴。"在真正成为一名高校辅导员后，我愈发感觉到肩上责任的沉甸甸。我们是开展大学生思想政治教育的骨干力量，是立德树人的最前沿工作者，与学生直接面对面，对学生的成长成才将会产生重要的影响。我想辅导员的初心就是在回应国家、民族对于青年人勇担复兴大业的殷切期盼。十九大报告指出："青年兴则国家兴，青年强则国家强，青年一代有理想、有本领、有担当，国家就有前途，民族就有希望。"这就是马克思主义青年观的生动体现，是中国共产党对青年的期盼，也是历史对青年大学生的期盼。辅导员归根结底就是要做好党的青年学生工作，团结凝聚青年大学生坚定自觉地听党话，跟党走，这是辅导员的初心，是辅导员工作的"根"和"魂"，绝不能动摇。

编者：参加工作四年多，您完成了不少课题和项目，也收获了许多思想政治教育相关的奖励。您和我们分享一下，一开始接手这份工作时候的心态，又是如何进行调整的呢？

李临彧：我是2015年7月硕士研究生毕业后正式参加工作，自认为现在应该算是勉强完成了"菜鸟"这一级别的修炼。回想起四年多前，其实当时的状态可以用"措手不及"来形容。虽然我硕士时攻读的就是思想政治教育专业，某种程度上可以说是与高校辅导员对口的专业。但一方面，才刚刚结束自己学生的身份，就要马上适应大学老师的工作，其实挺难的；另一方面，对于未来工作的学校和学院没有那么充足的了解，也加剧了我的焦虑情绪。但这些经过努力都可以一一克服。

要完成角色转换，真正进入高校辅导员的状态，我个人觉得这里的状态包括两个方面。首先是意识转变，我很幸运因为父母都在高校工作，尤其是父亲一直都在一线从事着学生工作，所以我对高校辅导员积累了不少了解，暑假的时候我更加主动地与父母、以前的班主任、从事辅导员的学长学姐们交流，也浏览了不少相关的书籍和报道，我内心对于高校辅导员的认识更加丰满立体了，到九月开学的时候我已经很自信，我已经完成成为一名高校辅导员的心理建设；其次则是状态转变，这个需要接触实际工作才可以完成。从九月开始一直到学期末，对于我这个新手是考验一个接着一个，大大小小的活动，琐琐碎碎的事务，从手忙脚乱到有条不紊，真的很累很累但确实值得，因为可以感觉到自己的飞速成长，这应该是忙碌工作之外最令人高兴的事情。

编者：作为一线思想政治工作者，您在处理学生工作方面有什么秘诀和方法与我们分享呢？

李临彧：我喜欢和学生在一起，他们身上涌动着的，永远是年轻向上的活力。所以我在处理学生工作时的秘诀就是"陪着他们一起年轻、一起学习、一起进步、一起长大"。

与学生们相伴成长，就是要持续关注新一代大学生的思想动态，坚持价值观的引导，让他们能够扣好"人生的第一粒扣子"。为了进一步激发青年大学生理论学习的积极性，我构建了青年思想引领的"24+12+6"学习制度：全体学生党员保证全年24学时党课学习，全体共青团员保证全年12学时团课学习，全体学生保证6学时政治理论课学习。为了增强课程的知识性和吸引度，我主动破题，对传统教学模式进行大刀阔斧的改革，采取圆桌授课、沙龙互动、课题探究等新方法，邀请校内外专家进行指导，形式内容的创新深受学生欢迎。坚持每学期为每一个团支部上一次团课，现已累计上团课近百节，其中"青春激荡的岁月——《习近平的七年知青岁月》读书分享会"精品团课获评江西省首届学校共青团微团课大赛特等奖（省属本科组第一名）。当然思想政治工作更要"正本清源"，要及时回应学生在学习和生活中所遇到的真实困惑。为了拉近与学生的距离，必须保障通畅的师生沟通渠道，我所在学院在全校率先推行"三师导学"工作模式，我先后担任了四个年级共150余位同学的政治导师，经常利用下班、周末的时间与同学们面对面探讨社会热点、畅谈专业发展、交流为人处世之道，为他们提供悉心的帮助和指导。

与学生们相伴成长，就是要持续关注新一代大学生的身心特点，为学生成长保驾护航，让他们找到属于自己人生的闪光时刻。在日常工作中，我们能感觉到从"90后"大学生到"00后"大学生的明显变化，尤其是思维方式、表达方式。他们乐于思考，也勤于表达。打个比方，以往一项工作布置下去他们会按部就班地完成，但现在他们会在一开始就更加主动地提出自己的意见和想法。此时如果我们认真去倾听，就会发现这将为我们的工作带来多少惊喜和改进。当我们在日常的思想政治教育工作中，不是走过场而是真正赋予年轻人"主人翁"的地位，我们将会被他们每一个人所散发的光芒所震撼。

编者：您参加过很多省级、国家级辅导员职业能力大赛，工作论文、工作案例、微团课等方面的赛事。您对于高校辅导员新人，有什么专业化、职业化发展的建议吗？

李临彧：提建议不敢说，毕竟我自己也还在这条道路上跌跌撞撞地摸索着。但就自身经历来讲，我认为辅导员在入职的前3到5年，是提升职业技能的黄金时间。年轻人的冲劲应该花在这些有意义的事情上。我们这一代人其实处在很好的时代，因为我们的职业成长具备了非常丰富的主客观环境。从中央16号文件到31号令，从《辅导员职业能力标准》的颁布到辅导员思想政治教育在职博士培养制度的设立，再到职业能力大赛、工作论文、案例等赛事的举办，这一切都为我们这支队伍的专业化、职业化发展提供了机遇和平台，我们一定要牢牢抓住这些机遇提高自己。

这几年，在忙碌的工作之余，我时刻没有忘记充电。参加全国辅导员示范培训班让我了解了许多高校思政领域的前沿热点问题；参与省级课题研究使我的科研能力得到拓展和延伸；撰写工作案例和论文鞭策我认真总结工作中的经验教训。当然，最令我难忘的还是两次参加全国辅导员职业能力大赛的经历。可以说，它根本上改变了我对这份职业的认知，也让我意识到要更好地为学生服务，就必须沉下心来不断充实自己。只有不断地"将辛苦转化为成果，把经验上升为科学"，才能突破工作中定式和传统的束缚，真正做到教学相长，在陪伴学生成长成才的过程中也收获自己的进步和发展。

编者：在与一线辅导员交流的过程中，我们常听到"事多""心累""不被理解"这些词，您谈谈是否在平时的工作中也遭遇过这种心情？又是如何进行调节并且在这条道路上继续前行的呢？

李临彧：的确，在我们辅导员的日常交流中，这些小抱怨都是经常出现的。但回头想想，也许这就是我们选择这个职业必须承担的吧。当然，支持我们一直饱含热情做这份工作最重要的原因，还是因为我相信，高校思想政治教育是真正"爱的教育"。

我们现在提倡"工匠精神"，在所有的精工制作中，最珍贵、最不可替代的就只有一个字，那便是人。辅导员工匠精神的内核也只有一个字，那就是爱。从为每一名学生答疑解惑开始，从开展好每一次第二课堂活动开始，从干好每一件琐碎的工作开始，从"爱"字出发，从"实"处落脚，凝结成为我与学生之间亦师亦友之情。当看见学生豁然开朗地走出我的办公室，当毕业的学生用第一个月工资给我寄来一份小礼物时，当学生遭遇困惑第一时间想到我时，这份被学生信任、尊重和喜欢的感觉让我深知自己付出的意义。

编者：在采访即将结束之际，请您用一段话概括您对辅导员工作的认识。

李临彧：感谢辅导员这份职业，让我得以在青春岁月里陪伴这么多青年学子一起成长；感谢这份职业，让我钦佩在学生工作一线这么多前辈数十年如一日的辛苦耕耘。从2015年7月正式入职到今天，虽然只有短短的四年多时间，但我对高校思想政治教育这片沃土已经产生了深厚的感情，对辅导员的工作有了愈发清晰的认识，对肩上的育人使命也有了更加强烈的认同。在今后的工作中，希望你我并肩同行，继续坚定信念、情系学生，努力当好大学生的人生导师和知心朋友，做一名让组织放心、受学生欢迎的辅导员，为中华民族的伟大复兴梦贡献自己的一份力量！

（扫码观看人物介绍）

廖春妍

廖春妍，女，汉族，1989年2月生，江西赣州人，中共党员，硕士研究生学历。江西财经大学团委兼职副书记、国际学院学工办主任，学生第三党支部书记，GCDF全球职业规划师，国家二级心理咨询师，国家二级职业指导师。先后获全国辅导员年度人物入围奖、全国校园网络通讯站优秀指导教师称号、省优秀共青团干部称号、省最美辅导员提名奖、省辅导员优秀博文一等奖、省社会实践优秀指导老师称号、省校报好新闻消息类二等奖、省教育工委演讲比赛三等奖等省级以上荣誉，以及辅导员年度人物、十大优秀班主任、服务十优等校级表彰30余项。

引领致广大　关怀尽精微

◎江西财经大学　廖春妍

编者：廖老师您好，祝贺您荣获"第十一届高校辅导员年度人物入围奖"，看了您的资料，了解到您在辅导员的岗位上已经工作8年了，您能和我们分享一下您的工作理念是什么吗？

廖春妍：转眼已经工作8年了，时间过得可真快！常常和同事们开玩笑说，做辅导员，年年18岁……谈不上工作理念，就是工作时间越长，越有一些感悟，我常常忆起《中庸》中的"致广大而尽精微"，虽原意是指求知好学的高明境界，既要宽广博大，又要精细详尽，但我认为放在辅导员工作中也同样适用。辅导员是大学生思想政治教育的骨干力量，思政教育离不开高层次的引领，辅导员也是学生日常管理服务的中坚力量，管理服务离不开精细化的关怀，所以"广大"和"精微"是我学生工作中常常思考的两个方面，也是我不断努力的两个方向。

编者：您在工作的第二年开始主持学院团学工作，在团的岗位上获得了很多的认可，收获了"全国五四红旗团委""全国高校社会主义核心价值观示范团支部""江西省优秀共青团干部"等荣誉。在团的工作方面，您有哪些好的经验可以和我们分享一下吗？

廖春妍：首先，团队和环境非常重要。江财对团学工作非常重视，给了我们想做、敢做、能做的工作环境；入职以来我先后在信息管理学院、国际学院担任过辅导员，这两个学院都是团学工作基础扎实、特色鲜明的学院，团队氛围非常好，能够在积极向上的环境中学习，在奋力进取的团队中成长，是我的幸运！

其次，顶层设计也很重要。"身在兵位，胸为帅谋"，从事团学工作不能沉湎于完成一件件单独的工作，办完一个个独立的活动，而是要站在全局的角度去看问题，去谋划工作，要围绕立德树人根本任务、人才培养中心目标，从机制、体系、项目着手去谋划、推进工作。

编者：那么您在学生培养工作中构建了什么样的体制机制呢？

廖春妍：我们构建并推动"三四四"三全育人长效机制，即联动"第一课堂""第二课堂""第三课堂"，统筹"迎新季""成长季""毕业季""校友季"四个阶段，打造"立品引领""厚学博览""开放创新""爱国弘志"四大工程。

编者：很多高校都在探索"三个课堂"联动的方式和路径，您和您的团队是如何做的呢？

廖春妍：立足团学工作，我们以"第二课堂成绩单"为突破点，2015年，我们修订并落实了"第二课堂"成绩单制度，把"第二课堂"的实践活动以学分制的形式写进了学生培养方案，成为必修课程，系统化地解构了"第二课堂"并进行了绩点赋值。在"第二课堂"的设计上,我们坚持让"第二课堂"成为"第一课堂"的延展和有力支撑,同时在"第二课堂"的活动中引入校友、企业、创新实践导师等社会力量,引导学生进入"第三课堂"的体验与实践中,而所有的实践都可以在"第二课堂"成绩单上进行体现,最终成为学生综合素质提升的成长记录。

编者:您在"第二课堂成绩单"推动过程中有没有遇到什么问题?是如何解决的呢?

廖春妍:虽然有了学分制的政策,但对于全院2600多名学生来说,数据统计仍然是一块很大的"天花板",因此好的平台是关键。我们是全省首家引入PU(口袋校园)的学院,同时我们依托中央专项资金,打造了"国际助手"学生成长服务平台,实现了100%组织入驻,100%活动上线,形成了学生自主运用的OA(办公自动化)系统,通过活动发布、管理、评价、绩点认证、"第二课堂"成绩单输出这样一套全流程信息化操作把"第二课堂"的学分制落到了实处。

编者:您提到了"四大工程",这"四大工程"有何寓意?又是如何落地的呢?

廖春妍:国际学院的院训是"立品·厚学·开放·爱国",因此"立品引领""厚学博览""开放创新""爱国弘志"的四大工程就是对应了院训的四个内涵。"第二课堂成绩单"是一个很好的指挥棒,但是要激发学生深层次的热爱,就必须在内涵上下功夫,于是我们进行了团学活动的供给侧改革,经过科学地规划,将最好的活动载体,精心策划后以"四大工程"的高品质服务提供给广大团员青年。

在"立品引领"工程中,我们设计并实施了"品读大学　品择人生"系列活动,以"一封家书"、"品行之星"、"文明天使"宣讲、"修身手册"、"从'一封家书'到'家国天下'"主题团日等活动,引导同学回归传统、思行合一。

在"厚学博览"工程中,我们指导学科竞赛、学术科研、读书沙龙类活动等,指导成立学科竞赛中心,帮助800余人次分别在NIBS环球案例大赛、QP案例分析大赛、全国企业竞争模拟竞赛等省级以上比赛中获得荣誉。

在"开放创新"工程中，我们立足涉外类专业特色，开创"国际文化节"，通过"悦享国际"分享会、"韵味国际"读书沙龙、"Global Festival"全球盛典、"心随影动"大赛、双语求职大赛、"模拟联合国"等主题活动培养学生国际视野。

在"爱国弘志"工程中，我们成立了全省首个"中国传统文化研究社"，举办国学普及"大讲堂"、传统文化分享沙龙、"传入我心"年度大会、江西传统文化资源寻访等活动，面向中外学生传播中国传统文化。

当然，供给侧的改革不能是一厢情愿，只有需求方买账的供给才是科学有效的供给。为了解决这个问题，我们推出了"雄鹰计划：大家来揭榜"，让学生团队自主揭榜学院重大活动项目，把工作对象转变为工作力量，让我们的供给侧改革与学生的需求紧密相融，走得更远。

编者：您提到引入社会力量助力学生成长，有没有什么好的做法可以推荐呢？

廖春妍：在全国上下"大众创业，万众创新"的热潮中，我们设计并实施了"UP计划"暨大学生综合素质提升与创新实践教育计划，通过"UP计划"，我们引入社会成功人士担任"UP导师"，这些导师来源于经历丰富、视野开阔、热心奉献的国内外学术界人士、企业管理人员、金融业高管、创业企业家、人力资源从业人员等群体，涵盖多个工作领域，我们将他们定位为"一支有情怀的人生教练团队"。通过"1+2+3+X"的运行模式，围绕"信""品""知""爱"的教学模块，"UP导师"们不断推出了一堂又一堂深受学生欢迎与喜爱的实践课程，从教室到草地，从企业参访到仪式现场……哪里有"UP导师"们的独具匠心，哪里就是"UP计划"的情景课堂。

更加值得一提的是，我们的导师都是零薪酬公益授课，而且和普通的双创导师、客座教授不一样，我们的导师直接对接到每一个班级，直接关注到每一位学生，所以深受学生喜爱。截至2019年12月，我们的"UP计划"已顺利完成了102个场次的实践教学授课，授课以团体辅导、企业参访、课程讲授、时政辩论等形式进行，共覆盖5500余人次，获得了学校、学院领导、企业导师、学院学生的高度评价。

编者： 非常感谢您的分享，令人受益匪浅！看得出来您对团学工作充满了热情，相信您在班级管理方面也有很多心得吧？我之前关注过江西财经大学微信公众号上的一篇推文《牛！32人！》，讲述的是您所带的2019届毕业班国内外升学人数达32人，超过班级人数一半，在您的指导下，32位同学分别被约翰·霍普金斯大学、伦敦大学学院、中山大学、厦门大学、中国社会科学院等名校录取。能跟我们分享一下您的带班心得吗？

廖春妍： 说到心得，可能只有一点，就是相信每一个班级都是不一样的，每一个孩子也都是不一样的。我坚持根据班级特征个性化定制班级引导方案，我所带的第一个班级，同学们热爱学习但班级氛围不活跃，于是我以团队活动、集体荣誉引领班级建设，带领班级斩获国家级、省级、校级奖励十余项，孵化"大创"国家级项目一个，华为、"四大"会计师事务所等高质量就业14人。我带的第二个班是中途接手的，只带大四一年，于是在学生个人谈心谈话方面下功夫，在职业规划、就业指导上帮助同学慎重分析，深受班级学生的欢迎与喜爱。2019届的这个班是我带的第三个班，班级氛围很活跃，热爱电子竞技的男生很多，于是我成立了各种学习小组和兴趣小组，让同学们在多个团队里自由融合，其中最受欢迎的是"电竞小组"呢！

编者： "电竞小组"？不少辅导员对于学生沉溺网络游戏的问题非常头疼，您反而成立"电竞小组"？

廖春妍： 对学生综合素质的培养，情商是很重要的一环，而自控力又是情商的重要组成部分。网络游戏对当代大学生来说具有很强的诱惑力，中学时期寒窗苦读时老师许下的"到了大学随便怎么玩儿"的空头支票又深入人心，堵不如疏，即使严禁他们玩儿他们也会玩儿，不如让大家抱团组合，在团队中互相支持、互相配合。以前我查寝的时候偶尔会看到学生玩儿游戏，见我来了立刻站起来很紧张，生怕我批评他，我总是说"坐下接着玩儿，别坑队友"，然后先跟别的同学谈心，等他玩儿完了再和他聊近期的学习生活情况……我的学生都知道，只要不耽误正事儿，我不限制他们玩儿游戏，我经常说劳逸结合，每个人要对自己的时间精力的分配负责，要对自己的计划和未来负责，所以孩子们也很争气，没有出现过沉溺网络游戏的情况，事实上，"电竞小组"的不少成员，最终都顺利考取了研究生呢！

编者：真是特别的带班经验！确实对于"00后"的同学们来说，堵不如疏确实是做好思政工作的好方法……接触下来我发现您和学生们关系特别亲近，经常叫您"廖女神"，您能跟我们分享一下这个称呼背后的故事吗？

廖春妍：在这个女生即女神的时代，我想同学们喊我"廖女神"首先是对我颜值的安慰和鼓励（笑）。记不清楚是从哪一届学生开始这么喊的，确实时间很久了，大家叫我"廖老师"或"廖女神"都很常见。其实我不太介意学生如何称呼我，曾经还有一位同学偷偷叫我"小廖"，于是我就开诚布公地在会上说，其实不介意大家如何称呼我，叫"小廖"我觉得很亲切，不过在学校咱还是叫老师吧，毕业了叫"小廖"没问题，我一定答应。说完这位同学就不好意思地笑了，直到现在我们都还经常联系，只要来南昌出差他都一定回学校看我。

对于年轻的辅导员来说，年龄与学生相近，一个亲切的称谓可以拉近彼此的距离，帮助自己顺利地和学生打成一片，但同时也要注意，越是年轻的辅导员越是需要用自己的工作能力、人格魅力在学生中建立威信，因为我们不仅是陪伴者，更是引领者。

编者：那么您认为，一个优秀的辅导员应当具备什么样的特质呢？

廖春妍：记得以前看过一个有趣的公式："辅导员的工作=民工的体力+领袖的头脑+文员的文笔+打字员的速度+侦探的洞察力+外交官的口才+教师的知识+医生的常识+特种兵的适应力+神经病的忍耐……"这体现了学生、家长、高校乃至社会对辅导员的角色期待，所以一个优秀的辅导员需要具备的特质有很多，而我认为，最重要的一个特质是乐善沟通，首先要"乐于"，即以和学生交流为乐，其次要"善于"，善于沟通包括输入和输出两方面的能力，既要善于倾听，能够共情，也要善于表达，积极引导。

编者：那么您在"乐善沟通"方面有哪些好的做法呢？

廖春妍：沟通的目标是"心贴心"，为了实现这一目标，最好的沟通一定是"面对面"的沟通，无论"00后"多么乐于利用聊天软件沟通，"面对面"的沟通始终是最真诚、最温暖、最高效的沟通方式，在面对面的过程中，我们不仅能够听到对方的言语，还能够获取到对方的非言语符号，眼神、表情、动作、姿势、穿着造型都可以体现学生的个性、特征和当下的心情，这是电话、QQ、微信沟通所不能比拟的。当然，在思想政治工作中，学生的关注点在哪里，我们的阵地就在哪里，针对"00后"独特的网络属性，我们的思想政治工作也从线下同步至线上，"键对键"的引导也是必不可少的。借力网络丰富思想政治教育的可读性也是我乐于尝试的工作内容，我指导开通了"江财国际""江西财经大学国际助手"微信平台，整合与学生息息相关的资讯发布让信息全天候、全覆盖，现已逐渐成为国际学子的资讯通。而我自己也愿意通过键盘的敲击，或分享成长，或答疑解惑，或启发引导……《真正的战斗从大一下学期开始》《棱角磨圆 滚得更远》《守护心中火种》《阅读的快感》《学生会一年，你是否得到六个"力"》《你也可以成为别人的天使》《守·望·相·助》……我希望通过文字体现我对学生成长成才的思考与建议，把思想政治工作人文化、生活化、精细化，让越来越多的同学产生共鸣。

编者："面对面"＋"键对键"＝"心贴心"，这确实是做好思政工作的必备素养。您提到了"输出"和"表达"，咱们都知道，要给学生一杯水，老师要有一桶水，那么在繁忙的日常工作之余，您是如何进行自我提升的呢？

廖春妍：的确，在辅导员的岗位上，更加需要时刻磨砺自己引领的能力。在自我提升方面，我认为可以从三个方面着手：

第一，在系统培训中提升。江财历来重视辅导员的成长，给辅导员的学习进步搭建了广阔的平台。工作以来，我先后参加了全国高校辅导员示范培训班、全球职业规划师（GCDF）培训、国家二级心理咨询师培训、国家二级职业指导师培训、SYB创业导师师资培训、美国太平洋研究院"高绩效思维模式"培训、北京大学思想政治骨干培训班等一系列培训，考取了GCDF全球职业规划师、国家二级心理咨询师、国家二级职业指导师等证书。

第二，在沉淀梳理中提升。辅导员的工作常常是热热闹闹的，但沉静下来专注梳理也是很重要的，将工作中的经验和心得进行总结和提炼，形成文字材料，撰写工作论文，积极申报党建专项课题、思政专项课题，这对走辅导员专业化道路裨益良多。工作以来，我执笔撰写的项目获得了"江西省教学成果奖二等奖""江西省高校党的基层组织建设创新成果一等奖""江西省高校辅导员工作精品项目提名奖"，参加省级党建课题一项、校级课题两项，申报并结项"优秀校园文化成果"四项。

第三，在岗位锻炼中提升。在高校，辅导员队伍是年轻富有朝气的群体，偶尔会有一些借调挂职的锻炼机会。刚工作的时候，我就借调到全国青少年井冈山革命传统教育基地参与筹建工作，在来自团中央的领导们的指导下工作，我也完成了我的"入职教育"，对自己的工作方式开始有了一些思考。2016年，我借调到校党委组织部"两学一做"办公室工作，虽然当时学院的工作同步进行，双倍的工作量成为巨大的挑战，但在时间管理、压力管理和顶层设计方面给了我很多的帮助。这两次短暂的岗位锻炼经历给我的职业生涯注入了新的活力，让我了解了"全员、全程、全方位育人"既要兼接地气，也要高屋建瓴。

编者： 我们了解到在您的职业生涯中，曾经有一段特殊的经历——"轮椅上的辅导员"，方便和我们分享一下您的这段经历吗？

廖春妍：2017年6月，我在协调学院毕业典礼事务中意外受伤，导致韧带断裂，经过暑假的住院治疗、休养，直到开学还无法恢复行走。为了方便工作开展，在学校党委学工部的帮助下，我住进了学生宿舍，在半年时间里，学生迎着朝阳推我上班，就着夜幕接我下班，即使行动不便，学生工作的各项会议，我仍全部参加，大大小小的活动，我都尽量到场，同学们都愿意来我的宿舍坐坐，和我这个特殊的"邻居"聊聊自己学业、生活、未来规划方面的困惑，虽然常常聊到深夜，但离开时，大家的脸上都是带着笑意与满足的……虽然在轮椅上，但我讲完了"学习十九大精神"的微团课，完成了创意迎新工作的策划、准备与落实，完成了迎新晚会全球直播的全过程指导，完成了跨校区运动会的组织工作，完成了"大学面对面""Blurt Out"系列大赛等一系列团学活动的策划与组织……

虽然在旁人看起来是"身残志坚"，但我更愿意理解为，得益于领导、同事、同学们的帮助，我只是在尽力做好我的本职工作而已。

编者：感谢您的分享，您是一位有爱心、有情怀的辅导员，在采访即将结束之际，还有没有什么话想要跟我们新进的辅导员分享的呢？

廖春妍：辅导员工作是一份育人的事业，能够在一个影响人、帮助人的岗位上努力奋斗，这本身就是一种幸运。初入辅导员岗位，一切都是新奇的，常常能够感受到"升级打怪"般的兴奋。难的不是解决问题，而是在有所经历和积累后不倦怠，不"堕落"。胡适先生说，毕业工作后，"堕落"的类别有两种，一种是容易抛弃学生时代求知识的欲望，二是容易抛弃学生时代理想的人生追求。能够做好事务性的工作并不困难，难的是从零敲碎打的事务中总结学生教育管理的规律，从一地鸡毛的琐碎中牢记"为党育人，为国育才"的目标，而这也是我不断努力的方向。

周海燕

周海燕，女，汉族，1983年12月生，中共党员，副教授，武汉大学思想政治教育专业博士。2007年7月研究生毕业后走上辅导员岗位，现任江西财经大学工商管理学院党委副书记，曾任江西财经大学软件学院辅导员、分团委书记。国家二级心理咨询师，国家一级就业指导师，曾荣获全国思想政治工作论文二等奖、全省思想政治工作论文一等奖（2次）、全省党建优秀论文一等奖等省级以上荣誉12项。主持并结题5项省级课题，在CSSCI来源期刊发表论文3篇。她坚守初心，始终保有工作热忱；她倾心付出，呵护学生健康成长；她以身示范，引领青年向上向好。在平凡的岗位上，她用心耕耘，用情育人；在立德树人的工作中，她用温暖呵护青春，用真爱点亮心灯。

用温暖呵护青春 用真爱点亮心灯

◎江西财经大学 周海燕

编者： 您所工作过的软件学院，在学科竞赛方面取得了很好的成绩，特别是去年一举获得过全国特等奖的好成绩，是"挑战杯"30年历史上江西省第2个特等奖，科技发明类第1个特等奖，能和我们分享一下您在学生专业竞赛方面的经验和心得吗？

周海燕：我2007年7月来到江西财经大学软件学院从事辅导员工作，当时学院上下达成共识，学科竞赛是提升工科大学生人才培养质量的有效办法，于是我们坚持"以赛促学、以赛促教、以赛促用、以赛促创"，将学科竞赛融入人才培养的全过程。基于学院原有的"项目牵引式"人才培养模式（该项目获江西省教学成果一等奖），我们拓展为"软件工厂"+工作室的人才培养模式，搭建了"互联网+"协同育人大舞台，以竞赛为导向，有效地做到"三课堂联动"，形成了符合学生特色、深受学生喜爱、有一定影响、独具创新创业特色的人才培养模式。当时我们提了一个口号："让创新成为学院不变的风景"，有一定的影响和示范作用，主要有：

第一，以赛促学，让学生在实战中脱颖而出。我们从2009年开始组建学生竞赛团队，从2014年开始连续四年参与主办江西省手机软件设计竞赛，2015年承办全省计算机作品赛，组织同学参加"挑战杯"、"双创"、物联网设计大赛等10余项各类学科竞赛，每年约有30%的学生获省级以上学科竞赛奖励，特别历年来学校"互联网+"、"大挑"、"小挑"三大赛事的国家级奖励，近半数在我当时工作学院。时任省长刘奇来学校调研时，对我院"随芯所欲"创新创业学生团队给予高度肯定。我院学生毕业设计连续三年以第一名成绩获学校十佳设计；连续三年代表学校参加教育部大学生创新实验项目全国展出；连续三届代表学校参加全国"挑战杯"大学生科技作品竞赛并荣获佳绩，最终登上最高领奖台，这都是我们师生多年苦心经营、默默奉献的硕果。

第二，以赛促教，在省内首倡"软件工厂"式人才培养模式。我们组织学生参与学院教师工作室，推动本、硕、博学生协同学习，创建了一个全国性的基于竞赛平台的新型科技人才协同培养联盟，探索了通过模拟软件企业运作模式进行软件人才培养的新方法，形成了一种软件研发全生命周期的体验式实践教学模式，缩小了学生实践能力与毕业后工作能力需求之间的差距，大大提升了学生的创新创业能力，有力地促进了学生的考研和就业工作。

第三，以赛促用，应人才之所需，供市场之所求。以学科竞赛为载体，促进学生全面发展；以学科竞赛为契机，促进教师队伍建设，这是培养创新创业型人才的重要路径，归根结底是为经济和社会发展服务。面向互联网创业教育，学习创新者的窘境、精益定位等思想，我们推动实习基地建设，内引外联，产学研合作、企业出资、学生参加设计，先开发，边试用，边吸引社会资源，积极培养下一代优秀"互联网+"创新创业人才，开发了多款有价值的手机软件，如豹考通APP、卓导APP，为高考填报志愿、研究生招生提供了很有价值的参考。

第四，以赛促创，以科技竞赛作为"双创"教育工作的重要载体。以《基于人工智能的研招助手安卓APP——卓导》为例，该作品成功获批大学生创新创业项目立项，成功获批2017年教育部产学合作育人项目，为当时省内唯一获批谷歌支持的同类项目，成功荣获江西省"互联网+"大学生创新创业大赛的二等奖，现已成功入驻学校众创空间。从中可以看出，我们对好的学生项目的培育思路是：获得课题支撑——参加学科竞赛——成为创业主体。在创新创业的大背景下，我们在努力以科技竞赛实现作为"双创"教育工作的重要载体，将创新创业贯穿于人才培养的全过程，融入教育教学改革的实践中，构建可持续的创新创业教育新思路，实现"以赛促创"的目标。

编者： 我们了解到，在多年的辅导员工作中，除了学科竞赛，您还特别重视实践育人的工作，那么您认为辅导员在实践育人中充当了什么角色呢？您觉得实践育人的重要性体现在哪呢？

周海燕：习近平总书记多次强调，青年要成长为国家栋梁之材，要读万卷书、行万里路，既多读有字之书，也多读"无字之书"，注重学习人生经验和社会知识，注重在实践中加强磨炼、增长本领。工作以来，我坚持每年带领学生参加暑期"三下乡"社会实践活动，迄今已参加过22支队伍的实践活动，同时，我始终坚持以宣传教育、示范引领、实践养成为基本途径，重视围绕学生专业特色组织开展形式多样的学雷锋志愿服务活动，如"IT帮"电脑手机义务维修活动等。

辅导员是学生日常思想政治教育与管理的实施者、组织者和指导者，作为大学生的"筑梦人"、"系扣人"和"引路人"，辅导员承担着大学生就业创业、社会调查、公益活动、志愿服务、勤工助学等多项实践育人环节的具体组织与指导工作。辅导员工作在落实立德树人根本任务的第一线，需要结合新时代育人要求，大力开展实践育人工作，推动育人成效的提升，回答好"为谁培养人、培养什么样的人、怎样培养人"这个根本问题。

我认为，实践育人的重要性主要有：一是大学生需要通过走入社会释疑解惑。"无人不网、无处不网、无时不网"的时代，大学生需要走入社会，走近百姓，在社会实践和志愿服务过程中认识国情、了解社会，长知识、增才干。二是立足于大学生主体需要。当代大学生的主体意识和自我中心意识越来越强，大学生需要走出校园，参与实践，来获取推动自身发展的外动力。三是立足于大学生社会需求。大学生在参与社会治理或者是提供人民群众迫切需要的公共服务的过程中体现参与感、获得感和成就感，来实现人生价值和社会价值。四是思想政治教育工作实效性提升的需要。比起"疾风骤雨"式的说教，实践育人以"春风化雨"般的潜移默化，更满足学生成长发展需求和期待，往往能取得更为持久和深远的教育效果。

编者：聊完实践育人，我们说说辅导员的另外一项重要工作：思想引领。听说您是江西省共青团"青年讲师团"成员，请您谈谈宣讲的感受好吗？

周海燕：有幸被学校推报为江西省共青团"青年讲师团"成员，为省内高校的学生、地市区团委的同志们宣讲新理论新思想，我觉得责任重大，使命光荣！思想理论教育和价值引领是辅导员的主业。确定主题进行宣讲，用大学生熟悉的语言和方式把理说透，把事讲实，和青年学生以及其他战线的同志学在一起，讲在一起，悟在一起，对我而言也是一个很好的成长机会，深受启发。在宣讲后，我指导学生在我们学院发起了"我和我的祖国共奋进"喜迎新中国成立70周年主题活动，通过组织开展特色鲜明、形式多样的系列活动，营造共庆祖国华诞、共享伟大荣光、共铸复兴伟业的浓厚氛围。开展寒假社会实践，让大学生们利用寒假以"寻味""寻踪""寻根"为三大主线，记录时代变迁，感受风土人情，抒发个人层面家国情怀。同学们通过随手拍和随手记的形式，将能够反映新中国成立70周年以来的人和事以影像、图文的形式记录下来，在这过程中，学生们积极主动地学习、传播和践行党的理论，让身边人讲述身边事，让身边事教育身边人。让学生在活动开展中体验，在情感维系中感悟，在情怀传承中成长。这种引导学生多读"无字之书"的形式，让大学生思想认识有了很大的提高，思想政治教育的实效性也进一步增强。

编者：刚刚您介绍了通过主题活动开展思想引领工作的意义，那么思想引领工作还有一个重要的契机，就是新生开学时期的入学教育，您是怎么做好这项工作的？

周海燕：要做好思想引领工作，时机非常重要。大学一年级相对而言是最具不稳定因素而最具可塑性的时机。辅导员要牢牢把握住这个关键期，从学生一进校就多接触、多了解、多关心、多引导，围绕提升专业认同感开展工作。我们根据学校收集的新生数据表格，调研整理学院新生"大数据"，有针对性选择入学教育的形式和方法。例如，在软件学院我们连续三年举办新生入学实训暨创客大赛，培养学生创新意识和创造思维；在工商学院连续两年为新生送一本管理相关书籍，引导学生爱上大学。此外，结合心理学专业知识，我为所带班级学生设计了一堂特殊的入学教育课："房树人"绘画测验——画出你内心的世界，在专业老师的帮助下，根据学生的画来解读学生的性格、成长史等，也有利于在第一时间找出心理有问题的学生，收效甚好。此外，我还在学院层面构建家校互动微信平台，拉近了4000多名家长和学校的距离，为做好新生适应工作解决后顾之忧。

入学教育还有一个重要的工作内容，就是大学生职业生涯规划。自2014年起，我在新生职业规划教育中以增加课时、小班授课方式，坚持给每个学生建立职业生涯发展规划档案，主要包括学生的计划和目标（以学期为单位）、达到目标的途径和方法等，以学期为单位，学生对成长档案的计划和内容进行修改和补充，班主任对照完成情况进行总结评价和反馈评分，为学生工作的开展提供依据和方向。对于一些特殊群体，还需要把工作做得更细致一点，我现所在学院有22位新疆维吾尔族学生，语言、生活、学业水平差异很大，部分学生来到大学后难以适应，职业生涯规划中我们加上"陪伴计划"，安排学工老师分年级对接，建立"半月谈"制度，填写谈心谈话日志，全面了解每一名学生的生活习惯和学业情况，得到了少数民族学生的认可和信任。

编者：除了入学教育之外，辅导员的思想引领工作大都在日常用力，您在平时的工作中都有哪些具体做法可以和我们分享一下吗？

周海燕：古人说：亲其师，信其道。学生必须足够信任辅导员，才能主动自觉地接受其引导与教育，开展思想引领工作才能够游刃有余，得心应手。怎样让学生信任辅导员呢？首先，辅导员要注重个人修养，以身作则、宽严有度，让自身的人格魅力成为凝聚学生的榜样。其次，正如苏霍姆林斯基说："真诚与关爱才能了解人的内心。"情感于认知的重要性从来都是不言而喻的，真心关爱学生的辅导员最能获得学生的信任。有了这两点作为基础，日常思想政治教育也至关重要。日常管理工作或许烦琐，但做好了可以乐在其中。这么多年的思想政治工作，我最大的收获是辅导员要尊重学生的主体地位，以他们的需求和问题为导向，有针对性地开展工作。

举个例子，我在学生日常管理工作中实施"预警教育"，具体分为学习预警、心理预警、纪律预警三项内容。每学期期初，我会清理出所带学生中成绩挂科的学生名单，与他们——谈话，引导他们端正学习态度、帮助他们制订学习计划、指导他们掌握正确的学习方法，并与任课教师沟通，对后期学习情况进行跟踪，建立学生成长档案，督促学生完成好学业。每周固定星期三中午，我会主持召开学生干部座谈会或学生代表座谈会，或学生信息员座谈会一次，了解学生的思想动态、各方面想法，定期疏导、解决问题。每天还会对查寝、查堂的情况进行整理，发现缺课、晚归的学生，及时谈心谈话，了解情况，积极预警。敦促学生改变不良行为习惯，为走入社会打下良好的基础。2012级学院有位新疆籍学生，基础不好学习比较吃力，我严格落实"学业预警"制度，和她共同协商制订学习、生活计划，2016年毕业时，她以第一名的成绩通过了当地事业单位的招聘考试，家长非常高兴，第一时间给我发来了短信，当时真的特别有成就感，那一刻，所有的辛苦付出都不算什么了。辅导员就是在琐碎的日常事务中走进学生心里，融入他们的成长过程，成为知心朋友和人生导师的。

所以说，爱与责任是做好日常思想政治工作的"催化剂"。作为辅导员，我保证手机24小时在线，随叫随到，学生突发疾病时的送医照看，心理出现问题时的耐心陪伴，对贫困学生与学习后进学生的及时帮扶，为休学学生复印保留当时学期所有课程笔记及课件，在得知维吾尔族学生阿依努尔父亲因心肌梗死需要治疗费用时，我拿出1000元钱交给学生，以尽绵薄之力。点滴小事让学生感受到关爱，也赢得了学生的尊重与敬爱，师生和谐友好关系的建立，极大地提升了思想政治教育的效果。

编者：真是脚踏实地育人，真情真意暖心啊！您到了工商管理学院后，还需要负责校友工作。学院校友工作覆盖面广，层次多，您是如何通过校友工作助力学生就业工作的？

周海燕：就业是最大的民生工作，实现更充分更高质量的就业是我们学校历年来的目标，而在国家一流专业的建设指标中，毕业生的质量是非常重要的部分，这要求我们必须要做好校友工作，助力就业工作，使人才培养形成良好的闭环。

先说说校友工作。我们坚持致力于让校友愿意回家成为一种传承，让校友反哺母校成为一种文化，让"敬业乐群、臻于至善"成为每一辈江财人的人生信条。为服务好广大校友，毕业时我在各班级设立校友联络员，每年10月2日举办校友节时，开展返校"六个一"项目，包括校友座谈会、"重回课堂"、主题班会、再拍毕业照、足球友谊赛、校友捐赠等，让校友感受到母校浓浓的深情，也能在这个感恩的过程中更好反哺母校。

再说说校友工作与就业工作的对接。多年来，我坚持推动校友企业实习项目，利用走访校友企业契机，与近100家校友企业签订相关专业课程见习、毕业实习的意向性协议。寒暑假期间组织学生到英国宝诚集团香港分公司、深圳"奈雪的茶"等校友企业实习实训，帮助同学们了解当下企业发展状况及其管理运营模式，开拓视野。连续10年开展校友企业专场招聘会，每年近100家企业来校；持续近3年的企管课堂，成了校友回馈母校、发挥榜样指引作用的实践基地；举办了就业季职业导师活动，成功邀请10名校友回校担任首届学生"职业导师"，与100名大三学生分别组成就业创业指导小组，从简历修改到就业意向，为学生量身定做职业规划，让学生在求职大潮中有目标、有规划、有自信。五年来，学生就业率始终在90%以上，双困生就业率达100%，连续多年荣获全校就业工作先进单位。

编者：刚刚听您介绍了这么多的情况，觉得辅导员真的是多面手，要有丰富的知识积累，您也攻读了武汉大学思想政治教育专业博士，能和我们分享一下辅导员专业化职业化的努力方向吗？

周海燕：我已经在辅导员的岗位上坚守了13年，也许下一个13年，再下一个13年，我会依旧坚守在这个岗位上，要使自己保持工作的热情和激情，朝专业化职业化的方向发展是我自己职业生涯中必须要努力的方向。我们学校也鼓励辅导员以"做懂理论的实践者"为目标，努力实现从"能干实践型"向"专业研究型"的定位转换，在职业化、专业化发展方面不断深入开展理论研究和实践探索。在繁忙的工作、授课之余，在学校、学院领导同事鼓励与支持下，我再次回到校园，在武汉大学攻读思想政治教育专业博士学位，努力寻找辅导员工作理论与实践的契合点。

为了提升专业化水平，我也积极参加各类专业培训，通过了国家二级心理咨询师和国家一级就业指导师考试，获得了职业指导师职业资格，连续10年坚持大学生心理健康教育、职业生涯规划与就业指导课程授课。近五年，我主持团中央立项课题1项，省级党建思政课题4项，校级课题10项，在各类刊物发表学术论文5篇，其中3篇为CSSCI核心期刊。创新党建工作，开通"党员来了"微信公众号，系上了党群关系的新纽带，被推荐参加教育部举办的"两学一做"支部风采展示活动；推行党支部"标尺推进法"，使党员教育管理得到强化，形成的工作案例上报省教育厅，所在支部荣获2019年全国党建工作示范样板支部。同时，我坚持撰写新闻报道评论，既让学院工作有声音、有身影、有形象，也是对日常党建思政工作的不断总结，并将这些成果及时应用到实际工作，提高了工作实效。

编者：您刚刚提到，会在辅导员的岗位上一直坚守下一个13年，再下一个13年，只有怀着崇高的使命感与责任感，辅导员的琐碎才会幸福，辅导员的坚守才有价值，最后能谈一谈您作为辅导员的感受吗？

周海燕：我最直观的感受就是"责任重大，使命光荣"。始于初心，忠于使命，十三年来，我一方面真切感受到辅导员对于大学生成长的重要性，另一方面也清晰地感受到党和国家对辅导员队伍越来越重视。功崇惟志，业广惟勤，辅导员一要站得高，一定要站在国家、民族的角度来开展思想政治教育工作，也就是解决"为谁培养人"的问题。习近平总书记在十九大报告中指出，青年兴则国家兴，青年强则国家强。青年有理想、有本领、有担当，国家就有前途，民族就有希望。在对学生进行教育的时候，要立足对学生家国情怀的培养，要让我们的学生把人民和祖国放在心中，将自己的理想和国家的发展融合在一起，成为社会主义的合格建设者和可靠接班人。二是要沉得下，一定要深入到学生中去，了解学生所思所想所困，了解个体的差异，特别是当代大学生是网络"原住民"，要做好他们的思想引领必须走进他们的心灵，把思想教育做进网络，既能面对面，也能键对键；坚持"线连线"、做到"心贴心"，推动思想引领工作与信息技术高度融合，主动走入学生的"朋友圈""微博库""抖音库"，让思想政治教育真正走入学生的生活。三是要说得话，笔力与嘴力是我们开展思想政治教育工作最重要的武器。做辅导员要有"颜值""言值"和"研值"，分别对应的是亲和力、感染力和吸引力，在工作中要善于思考、勤于总结、多有创见、多有成果，要想征服学生，就必须有征服学生的能力。

春种一粒粟，秋收万颗子。做辅导员工作最大的收获，来自学生平常的问候、节日的祝福，课堂教学的掌声、课外收获的欢笑，面对面的促膝谈心、网络空间的实时互动，入校时的腼腆点头、离校时的含泪拥抱……一点一滴，动人心弦。我深深觉得，在陪伴学生成长的同时，我自己也一直在不断地成长，我的成长带给学生力量，学生的成长也赐予我继续前行的力量。我将继续用坚守诠释辅导员立德树人的重任，用执着彰显辅导员三全育人的担当！

严荷君

严荷君，女，中共党员，硕士，国家二级心理咨询师。现为华东交通大学人文社会科学学院专职辅导员、团委书记，曾在江西省委教育工委宣传部、江西省教育厅社政处挂职锻炼一年。曾获第七届全国高校辅导员素质能力大赛三等奖、第六届江西省高校辅导员素质能力大赛一等奖、2019年江西省十大"最美辅导员"，主持省人文社科课题一项。

相信美好，与自己赛跑

◎华东交通大学　严荷君

编者：严老师您好，从事辅导员工作以来，您最想感谢的经历是什么？

严荷君：您好！谈起从事辅导员工作，应该从2014年8月成为一名保研辅导员开始。五年多，我最想感谢的经历就是辅导员大赛，从辅导员职业能力大赛到辅导员素质能力大赛，我都参加过，那是一份遇见美好、挑战自己、认知职业的最宝贵经历。校赛、省赛、片区赛、国赛，每个阶段、每次经历，都让我真真切切感受到与自己赛跑的历程，从而塑造更好的自己。大赛是在强化以赛促学、以赛促建、提升辅导员工作针对性和亲和力，促进辅导员队伍专业化职业化发展的目标导向；是在倒逼我们学习，把比赛作为能力提升的一个抓手，最终回归到解决好为谁培养人、培养什么人、如何培养人这个根本，就是提升我们的育人能力。因此，我最想感谢的就是那段为了一个目标而去努力奋斗的经历。

编者：是的。奋斗是青春最亮丽的底色，这样难忘的经历会是您成长路上的宝贵财富，也会给您的工作和生活带来一些改变。

严荷君：最初，我的概念里辅导员是处理学生"无穷无尽"的琐碎事务，用爱心、耐心、责任心陪伴学生健康成长，仅此而已。辅导员大赛，促使我去学习了很多政策文件、原著经典、习近平新时代中国特色社会主义思想等，领悟了高校辅导员的角色定位和职业认知，使命担当与无上荣光。我很幸运在进入思政工作领域的一开始，就深知我们的工作不是仅仅停留在帮学生简单处理事情，新时代辅导员最重要的是"育人"，是思想引领，是立德树人，为国家输送合格的人才。正是将这样的信念和理念融入日常的工作中，才遇见更好的自己、更好的学生。这也一直影响着我，会有平日里的碎片化学习、文件系统学习，总书记的"金句"总会多看两眼，好句子也努力背下来。我有个习惯，喜欢做笔记，将自己喜欢的"金句""片段"摘抄到本子上，我把它称为"思政小本本"，无论是比赛还是平时写材料，都成为我的"宝典"。

编者：所以说，任何一份荣誉的背后都是需要付出很多的。相信您也会将这些所得所获运用到工作中去，让自己的专业化职业化道路更进一步。

严荷君：我一直认为自己是幸运的，越努力，越幸运。大赛来源于日常工作，又高于日常工作，反馈于日常工作。比如案例分析环节，本质问题是解决学生的思想根源问题，经过日常积累和现场比赛，在平时的工作中我们就会更深入思考"此时此刻"和"那时那刻"的问题，更能成为一名"引路人"，而不仅仅是一名"管理员"。谈心谈话环节，更是考验我们对学生的"情感疏导"与"人文关怀"，记得2015年校赛结束后，跟着我省知名"心理大师"舒曼老师上了一段时间"焦点解决心理教练问题"课程，学会了"教练"的"积极关注"，使得在赛场上谈心谈话环节更加具有"亲和力和针对性"，在平时工作中更能尝试拥有"教练状态"，还由此激励自己考取了国家二级心理咨询师，提高自己的心理育人能力。理论宣讲更是在平时给学生开班会、上团课时，更加注重将一个观点、一个政策用学生喜欢的语言讲清楚、讲明白，形成微宣讲。习近平总书记指出教师承载着传播知识、传播思想、传播真理，塑造灵魂、塑造生命、塑造新人的时代重任，这个重任需要我们高校辅导员不断练就"真本领"，适应时代发展的需要。

编者：高校辅导员是学生成长成才的人生导师和健康生活的知心朋友，做好这份工作，还需要深厚的情怀，用心、用情、用力地陪伴和引导学生的成长成才，您可以和我们分享下您在学生工作中的好做法吗？

严荷君：爱好成为职业，是一种幸福；适合支撑职业，是一种长久的幸福。从本科时期"带班党员"，硕士期间学校首批"保研辅导员"，到毕业后成为"专职辅导员"，我一直喜欢做学生工作，因为它最大的美妙就在于和学生的逆生长，我们用青春去对抗时光。与学生建立"信任关系"是我们工作中的重要基础，而建立这种亲近关系的前提是互相了解。我比较重视"谈心谈话"，并且是"先入为主"，新生入校后，迅速建立学生档案册，了解学生基本信息、基本情况，细心观察新生报到几天的学生表现并结合新生心理测试反馈结果，将学生粗略分为谈话"轻重缓急"几类；在班级群里发布"预约谈话"通知，这个"谈心坊"通常能被"秒杀预约"，缓解了很多学生惧怕找老师谈话的尴尬，符合很多新时代学生不愿当面交谈的心态；一部分性格内向型的就"主动出击"。这一轮谈话下来，所有学生的基本情况、家庭情况、性格特点大致可以了解，用心记下每个学生的"专属特点"，走访宿舍、后期谈话时都会是建立更好关系的"突破点"，我已经试了3届学生，效果还比较好。大学本科四年的"学业生涯规划"和"职业生涯规划"是至关重要的，新生入学第一次班会、大三就业动员班会和毕业前最后一次班会是我会花比较多心思去筹备策划的，阶段性地指导并帮助学生确立大学生活目标，用心帮助每个学生修改求职简历，设计面试方案，毕业前与学生"聊聊真心话"，以一颗赤诚的"90后"真心紧贴"90后""00后"学生的真心，收获的便会是一片真情。

编者：您谈到的职业生涯规划，应该是大学生最关心的话题，每个学生都想在毕业后有一个好的去向和选择，也是家庭的美好愿望。就业是民生之本，大学生就业更是本中之基，这方面您的具体方式是什么？

严荷君：为学生提供高效优质的就业指导和信息服务，帮助学生树立正确的就业观念，是高校辅导员的重要职责和工作内容之一。就业不是一蹴而就的，也不是临到了大四才开始介入的，这是贯穿于整个大学四年的，尤其是大学前两年奠定思想根基。如今，新生入学前都会加入各学院新生群，暑期我就会在群里推荐学生认真研读《读大学，究竟读什么》这本书，使其对大学有个初步的概念和想法。第一次班会以"四年后的我"为主题，这个主题贯穿于整个大学生活，各个阶段再转化为"积累""实践锻炼""优秀学生干部""打破舒适区""挑战自我"等话题，通过与学业导师、系主任的共同合作，通过邀请专业校友返校开展"明日之星讲坛"朋辈教育等方式，使得学生整个大学过程心里一直有一个理念和目标，潜移默化受着影响，并为之付出努力。大三转折期，开始全面动员，将同专业学生分为"考研团""就业团""考公团"等小组，因材施教，精准施策，找寻各类帮助和指导，进行"各个突破"，鼓励学生"抱团取暖""学会共享，互联互通"。在这样的"大环境"和"小氛围"之下，大部分学生至少能做"行动派"，勇敢去尝试自己的选择。每当学生毕业前收到硕士学校、公务员单位、国企等offer，第一时间给我发来信息时，心里是无比的欣慰和满满的祝福。

编者：感谢您的真情分享，相信您的这些好做法和经验也是自己慢慢打磨积累起来的，您是通过什么方式让自己从职场小白到有了这些经验的辅导员呢？

严荷君：比起同行的很多前辈，我的经验并不丰富。每个老师都会有自己的一套带班理念和方法，但不变的我想应该是以"开放包容"和"躬身入局"的态度去做思政工作。多向身边优秀的同仁学习、分享，结合自身实际，进行改良和定制。在全国高校有太多值得我们学习的同仁，比如曲建武、徐川、李萌、王银思等，在我们身边有太多我们可以借鉴交流的前辈，他们有十几年、二十几年的学生工作经验，只要我们用心去发现、谦卑去学习，都是我们的"宝贵财富"。

当然，时代在改变，在这个互联网的新时代，还需要我们"躬身入局"，加强理论功底，遵循新时代大学生成长发展的规律，勇于改革创新，做到因事而化、因时而进、因事而新。我刚从事辅导员工作时，自卑、胆小，开班会前都要写好逐字稿，反复练习。每一堂班会用心准备，让学生看到你努力的样子，也与学生共同赛跑进步，第一次参加学校的辅导员大赛就是想让学生看到他们的老师虽然个子小，但也会努力释放能量，给他们树立一个好榜样。

编者：心里有爱，眼里有光，有深度、温度地培养学生，是我们思政工作者的使命。我们了解到您还有一年在省委教育工委、省教育厅挂职锻炼的经历，能与我们分享下对您的影响吗？

严荷君：是的。我非常感谢学校给了我这个难能可贵的机会，在省委教育工委宣传部、省教育厅社政处学习锻炼了整整一年，用一年时间做了一生难忘的事。本科、硕士七年时光我都在校园里度过，在从校园学习到校园工作的时光里，能够体验另一番生活，到负责思政工作的省直部门学习，对自己的未来发展也是莫大的帮助。从学习领会教育部的文件政策到协助部门同事制定我省相关政策文件，严谨、细致是必备的品质，与各高校工作人员进行沟通、联络，热情、耐心是必要的品质。不断坚持学习是部门的共同约定，这也是对我进行理论知识积累形成一个隐形的鞭策。挂职结束后，回归校园，回归基层岗位，潜移默化地影响着我的工作方式，更加学会将"顶天"与"立地"相结合，更加学会思考、领悟国家的大政方针，并将之融入日常思想政治教育中，以小见大，用学生喜闻乐见的方式去"讲道理"，引导学生，也是提升自己。我更加明白，无论是省直部门，还是学校基层岗位，都是教育工作者，"顶层设计"和"落实落地"的分工不同，但都在全面提升思想政治工作水平，为培养又红又专、德才兼备、全面发展的建设者和接班人而努力奋斗！

编者：这应该就是在坚持立德树人的根本任务，坚持全员全过程全方位育人。您的经历让您也成长收获了很多，您除了带班工作，也和很多辅导员一样做着一些兼职业务工作吧？

严荷君：多经历一些的青春是充实的、丰满的，奋斗的青春最美丽。我们都是在过着平凡的人生，不过是用不同的情感添加一些不平凡。在同行里，大多数辅导员都是身兼数职，成为"多面手"，虽然繁杂，但不同的历练也是自我提升，找寻自己职业生涯的"突破口"，帮助自己走向专业化、职业化。学院党建和团委工作就是我这两年在做的，工作虽然烦琐、复杂，时常还会面临一些挑战和难度，但也符合辅导员职业能力标准的要求。党建和团委两块的工作，也会倒逼我去学习党建业务、共青团实务等基础理论知识，还能促进自己所带的基础班级在党团建设方面更加系统、专业、全面。熟练掌握基本业务后，我就会带着学生共同思考如何打造党建工作特色、共青团工作特色，经常带着学生进行各类社会实践，走出校园去探索学习，这不仅促进工作的开展，更是在具体实践中培养人的过程，尤其是培养全面发展的学生干部，这会给自己带来挺好的幸福感和成就感。我们身边也同样有很多前辈，擅长资助工作、综治工作等等，并能在相关领域发表学术文章，这都是相互促进、相辅相成的。尤其是这也增加了很多与学生接触的机会，每周二下午下班后，我都会与学生会主要学生干部开碰头会，他们能反馈很多学生动态信息给我，也能帮助我了解到很多学生群体中热门的话题、关注的问题等，我们每周也会就一个活动、一个话题进行头脑风暴，这是学生助我成长，也是我在育人的相互过程，提高了我们的沟通协调与组织能力。

编者：这就是做思政工作享有的独特性吧，了解学生所思所想，与学生共同关注、共同成长，是一件多么美好的事情。相信每个选择做好辅导员工作的老师，都是永葆着这样一颗年轻的心。

严荷君：是的，与学生在一起，能够保持永远年轻，永远热泪盈眶。所以我很感谢学校在我毕业前制定了"保研辅导员"这个政策，也很欣慰我的5名学生后来也选择了这条路，我们共同怀着感恩的心，将这份美好的情怀传承下去。从2010年入校就读到如今2020年，我来到华东交通大学已有10个年头，我见证了学校的迅猛发展，学校也陪伴了我长大。一路很多的恩师帮助、呵护、指导着我，我也希望通过自己的努力，护送一批又一批合格的大学生走出校园，将来回报社会、报答母校。今年，我将送走第四批毕业生，在学生离校前，我还是会用心召开最后一堂班会课——"青春不毕业"，从四年前的你到毕业后的你，用心告诉学生不管将来走到哪里，都不要忘记根，要永远保持一颗善良、正直的心，做一个堂堂正正的中国人。时常和学生一起给生活一点仪式感，是为了让学生和自己都清楚知道，不同的阶段，我们需要停下来、慢下来思考，下一步该如何与自己赛跑，塑造更美好的自己。

编者：立德树人有道，春风化雨无声。就是在这润物细无声中，学生感受到了学校、老师的点滴之情。最后，关于辅导员素质能力大赛，您可以为下一届参赛的老师们分享一些备赛经验和技巧吗？

严荷君：好的。高校辅导员素质能力大赛每两年举办一届，初赛由基础知识测试、网文写作和案例分析组成，决赛由谈心谈话和理论宣讲组成。每个环节都有固定的时间限制，只有每个环节都"不偏科"，最后成绩才能出众，核心准备是日常积累和日常训练。一是，基础知识测试（含网文写作）时长2小时，主要考察我们对基础知识的掌握程度以及阐述问题的能力，网文写作则是考量辅导员进行网络思想政治教育的素养和能力，"得基础者得天下"就是表明了基础知识的重要地位，因为它奠定了后面所有环节的基础。因此，准备参赛的老师要"静心""恒心""精心"，首先要根据大赛文件静下心来一一梳理出所有可能涉及的文件、知识点、书籍，推荐黑龙江人民出版社近期出版的《新时代高校辅导员素质能力提升理论与实践》，已经帮助备赛选手整理出了大部分文件，其中核心文件基本是需要精读熟读甚至背诵的，每个老师的学习方式不一样，可以整理自己的思维导图、读书脉络，形成自己的读书笔记。不管是何种方式，天道酬勤是硬道理，每天都要抽出时间来巩固理论知识，每天都有备赛的状态。其次，就是要有持之以恒的恒心，做好打"持久战"的准备，一个一个文件攻克后，还要学会前后关联着看，反复看，温故而知新，同时也要不断更新自己的文件库，备赛几个月，要时时关注最新的文件、知识点，坚持下来。再者，就是"精心"，既要精心积累好大量"金句""好词"，又要精心设计好自己的答题思路，同时密切关注各大主流媒体的最新时政，将自己的答题思路与最新论点巧妙结合，让自己的答题做到精致。网文写作的题目一般是当前社会关注的热点，这就要求我们要有十分的敏感性，同时网文写作可以从模仿开始，备赛期间通过模仿人民日报社论、新华社评论文章、历年网络写作高分文章等进行练习，与你的"战友"互相讨论、相互斟酌，大量积累自己的网文写作素材库。二是，案例分析环节是基础知识测试达到要求后进入决赛的一块"敲门砖"，是考察辅导员分析问题、解决问题的能力，能否围绕一个学生案例而将问题本质、解题思路、具体措施、相关启示在5分钟内阐述清楚、得当。从案例分析开始到后面决赛环节都是现场展示，考验一个辅导员的语言表达、逻辑思维和心理素质。因此，备赛阶段需要我们将历届案例分析真题拿出来"实战演练"，每天一个案例进行练习，同时在工作中遇到了一些学生问题，也要用案例分析的思路去思考，让自己一直"在线状态"，形成自己的一套答题语言风格。三是，谈心谈话主要考察辅导员对学生核心问题的解决能力与教育引导能力，帮助学生健康成长。赛场上，面对一位临时上场的"陌生学生"，我们要首先克服心理压力，理性思考找到最核心的"切入点"，有针对性和亲和力地循序渐进进行"疏导"。备赛时可以和案例分析环节一起准备，并在日常与学生谈话中找到适合自己的语言特色和举止艺术。四是，理论宣讲主要是考量辅导员对相关理论、精神的宣传阐释能力，让有信仰的人讲信仰。备赛时可以和网文写作一起准备，大量积累适合自己的素材，同时每个知识点要做到应知应会，要形成一定的逻辑，按照"是什么、为什么、怎么做"的思路，帮助引导学生坚定理想信念。总之，备赛过程很艰辛，每个老师日常的工作非常繁忙、琐碎，只能利用碎片时间、业余时间去克服，这个过程也是查缺补漏、审视自我的过程，相信所得到的收获会比成绩重要，会受益终身。

编者：星光不问赶路人，时光不负有心人。相信每个心之所向、相信美好，勇敢与自己赛跑的高校辅导员，都能拥有自己的一片"星辰大海"，感谢严老师。

（扫码观看人物介绍）

刘 佳

刘佳，女，汉族，1990年1月出生，江西抚州人，中共党员，管理学硕士，英语专业八级。2014年开始从事辅导员工作，现为"江西省青年讲师团"成员，华东交通大学国际学院专职辅导员、学生支部书记、院世纪英才班主任。现担任国际学院2018级学生的辅导员，先后主讲"形势政策与省情教育""毛泽东思想与中国特色社会主义理论体系概论""企业与会计师"等课程。

"共情"才能"同心"

◎华东交通大学　刘佳

编者：刘老师您好，什么样的因素让您选择从事辅导员这一职业？

刘佳：我依稀记得，从初中开始，看到班主任在讲台上与我们语重心长地谈话的那刻开始，我的内心就一直充斥着以后要从事与学生相关工作的想法，这一直是我的梦想，因此一个心怀梦想，羽翼还未丰满的毕业生，义无反顾地踏上"学生引路人"的征程。那是一个工作小白，初出茅庐，领导问的第一句话是

"你这个娇小的姑娘家家，真的能带将近300个学生吗？"当时的她很害羞地涨红了脸，坚定地说出"我……能……"。没错，这个小白就是我，目前已经有6年带班经验，有6年教学经验的我，依旧还是辅导员岗位上的"新兵"。

编者： 原来您从初中开始就考虑走上这条光荣的路，那您在辅导员工作中是以何种身份与学生相处的呢？

刘佳：高校辅导员是高校思想政治教育的骨干力量，我们应该成为学生日常思想政治教育和管理工作的组织者、实施者和指导者。我们应当努力成为学生成长成才的人生导师和健康生活的知心朋友。习近平总书记专门指出，思想政治工作从根本上是做人的工作，必须围绕学生、关照学生、服务学生。要多做得人心、暖人心、稳人心的工作，在关心人、帮助人、服务人中教育人、引导人。

其实有时候因为种种原因，在辅导员工作中带完一整届的机会不多，但是我用坚守和热情完整地带了一整届毕业生，没有离开他们哪怕一刻。四年间，老师和姐姐的双重身份，陪伴学生走过了四个春夏秋冬，走过了青春期的高潮低谷。在他们毕业的时候看着他们一个个带着笑脸朝我挥着手离开学校，我那突然空虚的心灵瞬间被一个名叫骄傲的情绪给填充得满满的，为他们骄傲，也为我自己骄傲。我终于做到了四年前的"我能"，我终于感受到育人之乐，不仅仅是一个腼腆害羞的小姑娘到今天能够独当一面的辅导员"变形记"，更是帮助学生立志报国、成长成才的努力。

编者： 是的，辅导员与学生朝夕相处，是学生最贴近也最信任的人，那您在辅导员工作中的育人模式是如何的呢？

刘佳：秉承"扎实基础工作，做好思想引领，融入学生生活，成为学生朋友"的工作思路，6年来，以满足学生精神需求为目标，创新工作方法，用真心温暖学生，构建新时代的育人模式。

扎实基础工作，做好日常管理。作为辅导员，最基础的就是要做好学生日常管理工作，了解每个学生的所需所想。因此我通过日常观察、谈心谈话等方式，收集学生基本信息，熟悉每个学生家庭情况、个人特长，做到对每个所带学生都有一个明确的了解，在见面的那一瞬间能够迅速地喊出学生的名字。同时作为一个带了整个年级完整四年的辅导员，我能够做好学生的新生入学教育、毕业生离校教育、有效开展家庭经济困难学生的资助工作、做好学生奖励评优和奖学金评审工作、为学生的日常事务提供基本咨询和生活指导、能够指导学生开展宿舍文化建设，促进学生和谐相处、互帮互助。

扎实自身学识，做好思想引领。大学生处于思想最活跃的一个年龄层，如何做好大学生的思想引领工作一直是高校思政工作的重中之重，也是我们一线辅导员的重要使命。作为一个4年修读英语专业、3年修读企业管理专业的非思想政治专业的辅导员来说，我深知只有扎实自身学识，才能够做好学生的思想引领。因此，我鼓起勇气首先主动承担"形势政策与省情教育"课程，广泛而深入地了解国情、民情、社情，坚持学习新理论新思想，系统学习党的十九大报告，系统掌握国家重大方针政策，做到能够针对学生关心的热点、焦点问题，及时进行教育和引导。为了更加丰富自己的知识体系，我第二年主动承担了"毛泽东思想和中国特色社会主义理论体系概念"课程，更加系统地掌握马克思主义原理、毛泽东思想、中国特色社会主义理论体系，用习近平新时代中国特色社会主义思想武装头脑，将所学所讲在学生日常学习生活管理中潜移默化地输入学生头脑，帮助学生树立正确的世界观、人生观、价值观。

满足"物质"需求，做好学业指导。大学生来校的最主要目的就是学好专业知识，做国家所需的有用之人。要成为一名好的辅导员，就必须了解学生这一最根本最迫切的"物质"需求。因此我以专业优势，顺利地"打入"学生的学习中。我能够非常清楚地了解学生所学专业的基本情况，所以在入学教育中加入一个调味料，组织学生开展专业教育，让他们能够清晰地了解专业特色和专业前景，增强学生的专业认同和学习热情。以自身多年学习的优势，我能够第一时间发现学生在学习过程中遇到的困难，比如无法适应大学学习生活、对所学专业无法产生学习兴趣、爱玩网络游戏等学习不良倾向等，并且可以及时地找到应对措施，指导学生有效调整学习习惯和学习方法。针对每班情况，每月组织开展学风建设，以"一对一""二对二""多对多"等方式开展学习小组，营造浓厚的学习氛围。

满足"精神"需求，做好心理辅导。大学生处在一个非常特殊的年龄阶段，他们处于心理成长的关键期，他们有各种困惑、各种迷茫，如何帮助他们抽丝剥茧是我们辅导员需要做到的事情。作为一名专职辅导员，尤其是对心理健康知识有着浓厚兴趣的辅导员，我认真研读各类心理健康特别是大学生心理健康方面的书籍，增加自身的心理知识和增强自身对心理问题的敏感性和辨别力。担任6年辅导员期间，面对过学生各种心理困惑，有的因为家庭因素心理抑郁，有的因为感情因素心理困扰，有的因为学习因素心理焦虑。不管白天黑夜，是否是工作时间，线上线下我总会第一时间与学生进行心连心的交流，我善用倾听、共情、尊重等沟通技能，达到学生一有心理困惑首先想到的就是与我沟通这个效果。我组织开展了多次班级心理健康教育活动，比如素质拓展、课外文体等活动。因此6年间，无一名学生因为心理问题出现自残、伤害他人等现象。

编者：感谢您的慷慨分享，做好学生的日常管理、思想引领、学业指导和心理辅导听起来容易，但是大家都知道是非常难的，您是如何提高自我的呢？

刘佳：其实这六年，成也容易却也艰辛。学习是完善自我，防止钝化的利器。新时代的大学生思维像网络一样广阔活跃。我们只有不断地努力学习，才能理解学生，服务学生，引导学生；学习是强化自我，附加技能的翅膀，唯有学习，才能提升能力，增长经验，从容地面对"引路人""摆渡人"的工作；学习是投资自我，成就人生的初心，唯有终身学习，才能不断积累、提升、蜕变，超越自我。

首先，我们作为高校辅导员，必须努力提高自己的思想政治素质。具备过硬的政治素质是成为一名优秀辅导员的首要条件，因为在大学校园的工作中，辅导员是学生和老师及学校之间的桥梁，这个桥梁时刻在他人的眼中产生着影响。辅导员只有自身具备了过硬的思想政治素质，才能更好地教育或指导学生，才能有信心地做好学生的思想政治教育工作。作为辅导员应该在平时的工作中多学习一些可以引导学生树立正确的世界观、人生观和价值观的思想政治教育课程或实践，不断获取最新理论，才能在学生中获得更多的知识来指导实践。

其次，我们必须不断地学习专业知识和"新"知识。作为辅导员，我们必须对学生进行学业指导，那么在促使学生重视学习的过程中我们就要有理有据，这个有理有据就建立在我们有足够的专业知识去说服学生。同时作为新时期的辅导员，我们不仅应当具备丰富的学科专业知识，还应该努力拓宽知识面，学习"新"知识，这里的"新"不单指与学生进行有效沟通的一些潮流词汇，还包括当今社会的各方面知识、常识，不断优化知识结构，只有这样才能"共情"，通过"共情"，我们才能够与学生"同心"。

最后，我们必须强化自己的"内心"。我们同行之间经常开玩笑说"辅导员这个行业是操着卖白粉的心挣着卖白菜的钱"，虽然是句玩笑话，但是不能否认辅导员这个行业是属于高危行业，因为在管理学中，"人"是最难管理的，他有很多的不定因素，我们必须时刻紧绷着自己的神经，不能有一刻的松懈，这就需要强大的内心。在日常工作中，我们辅导员很重要的一项工作就是与学生进行谈心谈话，了解他们的内心，对他们进行心理辅导，那么这就要求我们必须具备专业的心理学知识。我很幸运，我们学校具备非常专业的心理咨询机构，每个学期甚至每个月都会给我们辅导员开班进行培训，每期的内容都非常有特色并且有针对性，有针对问题学生心理问题应该如何处理，有针对我们辅导员在高压工作条件下如何调节自身，有针对我们职业女性如何协调好工作与家庭等等。

提高自我的最有效方法就是积极参加各种培训，与专家交流，与同行交流，寻觅育人的真谛，去探究新的思想与理念，去感悟教育的无限张力。积极参加各项活动，以饱满的热情、勤恳的作风投入到学习之中，不断提高自身综合素质。最本质的方法是通过研习各种与学生工作相关的文献，理论指导实践，并在实践中完善理论。将"学习——实践——学习——实践"的模式完美地应用到学生工作中，我们才能提升自己的管理水平。

编者：是啊，辅导员这个职业真的是需要耐心恒心和决心的，那您认为作为女性辅导员，您的优势在哪里呢？

刘佳：其实我工作的国际学院有其一定的特殊性，因为学费较高的原因经常被其他学院的同行笑称是"土豪学院"。"土豪"二字听起来豪气，但是在学生工作中却是让我们头疼的两个字，因为这两个字伴随的往往会是学生的娇气、学生之间的贫富差距和对学业的不够重视等问题。其实面对这些问题，我刚接手工作的时候是很忐忑的，尤其第一天就要面对迎新以及一系列的班会，对于我这个工作"小白"来说难度还是挺大的。我所带的14级学生现在毕业了仍会经常跟我说第一次见我的感觉，就五个字——活泼的学姐。是的，我在迎新点迎新的时候没有学生把我认成老师，一个个都喊着学姐，我一个个微笑地解释我是他们的辅导员，他们都是一脸诧异的表情。是啊，我当时的年纪就比他们大4—5岁，可能刚刚毕业的原因，学生气还有一些，所以被误会了，但是这刚好是我迅速打入他们之间最好的掩护体。

我认为作为女性辅导员的优势可以概括为"三心"——耐心、细心和贴心，只有做到这三点才能与学生"共情"，从而和他们"同心"。辅导员的工作之所以有时候会很难，那是因为处理的事情很杂乱而且不定性因素很多，这就需要我们"耐心"。举个例子说明，这就要说到我们学院"娇气"的学生了，这里的学生不仅指女生而且包括男生。在私生活处理上国际学院的学生给我"上了一课"：裤子脏了不会清洗要回家、衣服不会整理要爸妈来学校、坐公交车坐过站打电话哭诉等等。这是真实的事件，这是真实的大学生，在这些问题上我们不能觉得啼笑皆非就不去理会，我们要耐心地处理，不只要处理当下的问题，而且要教会他们在大学的生存之道。

可能"细心"是女性辅导员与男性辅导员对比最大的优势了吧。在大学生管理中，有一项虽然看样子没什么但是也需要我们给予一定关注的，那就是学生的恋爱情况。我经常被同事笑称为"八卦女王"，那就是我会通过各种渠道去打听所带学生的恋爱情况，每次见面都会仔细观察每个学生的面部表情，只要表情有异样的我都会立即"传唤"他们来我办公室聊天，这种做法往往会在第一时间打消他们因为恋爱、学业、家庭等问题产生的负面情绪，这可以说是打通了学生心理辅导的"第一关"。

最后说到了和学生"同心"最重要的一心——"贴心"。大学生，尤其是"95后""00后"的大学生，他们在情感上的需求是非常大的，而且他们是很敏感的一类群体。在辅导员工作中，是真正用心还是仅仅将它看成一份工作，学生其实一眼就能看出来，这个影响可谓是巨大的。作为女性辅导员，尤其是在文科学院，我们能够设身处地地为女生着想，她们的痛苦我们经历过，她们的困惑我们碰到过，她们的烦恼我们遭遇过。所以我基本上每周会去女生寝室2—3次，尤其在开学那会几乎天天"驻扎"在女生寝室。与她们进行深入的谈话，什么话题都可以聊，这主要是了解她们对于大学什么生活有什么期待、有什么烦恼，再从自己的经历出发与她们"共情"，得到她们的信任，这能为平时的辅导员工作打下坚实的基础。

我们女性辅导员有这"三心"，才能真正得到学生的信任，也才能真正爱上辅导员这个工作，最终与学生"同情"，从而"同心"。

编者：在这个问题的回答中，您提到了"95后"学生和"00后"学生，是啊，您现在带的学生基本上就是"00后"，那您觉得他们有什么特点吗？

刘佳：我认为"95后"与"00后"虽然在一些细节上会有所差异，但是主要特点是相似的。

自我，缺乏集体荣誉感。"95后""00后"的大学生多为独生子女，一个班中独生子女的比例占了80%以上。大多数独生子女在成长过程中得到家人的充分关爱，获得较为优裕的物质生活条件，在处理事情上先考虑自己的利益得失，很少为别人着想。独生子女从小缺少玩伴，孤单长大，容易以自我为中心，分享、与人相处的界限都需要指导才能慢慢领会，这就形成了"95后""00后"大学生自我的特点。进入大学之后，这个自我的特点就体现在缺乏集体荣誉感。有过带班经验的辅导员就会发现，"95后""00后"的大学生参加班级活动的积极性相当不高，一定要给予他们一定的实质回报，比如加学分，他们才会勉为其难地参与班级活动。不管在班级还是寝室，同学之间的交流越来越少，都是对着电脑、手机等电子产品，有些寝室甚至出现零交流的现象。

有才，缺乏独立性。由于"95后""00后"大学生的家庭条件的大大改善，加之家长的望子成龙想法，大多数学生学乐器、学画画、学舞蹈、学围棋等等，相比较"80后""90后"的学生，他们在这方面的才能表现得更加优异。但是，同时由于父母代劳独生子女的许多本应自理的工作，"95后""00后"大学生易于形成依赖性，自主精神和自主能力都差，也缺少劳动自觉性。不管大事、小事，只要辅导员或者家长能够解决，就绝不会自己想办法去解决问题。

有想法，缺乏目标性。随着社会的开放程度日益提高和信息的多元化，相比较"80后""90后"的学生，"95后""00后"大学生更乐于接受新的文化，关注社会热点问题，想法不拘一格。对各种新鲜事物都有着浓郁的兴趣，这就出现了一个学生同时会参加7到8个社团的现象。经过紧张的高考后精神上的松弛，进入与高中教育差异较大的大学，大学的管理模式的改变，大学可自由支配的时间较多等方面因素的影响，目前刚从高中走进大学的"95后""00后"大学生对任何事物都想尝试，而这种盲目的尝试常常导致的是他们对自己目标的盲目。更甚者，为了参加社团活动，旷课、早退、迟到现象严重。

编者：那么作为高校辅导员，您认为该如何引领他们呢？

刘佳：作为高校辅导员，我们一定要坚持以德树人的根本任务，做好"四个服务"，为人民服务、为中国共产党治国理政服务、为巩固和发展中国特色社会主义制度服务、为改革开放和社会主义现代化建设服务。必须坚持底线，加强师德师风建设，做到"四个统一"。坚持教书与育人相统一、坚持言传与身教相统一、坚持潜心问题与关心社会相统一、坚持学术自由与学术规范相统一，做到以德立身、以德立学、以德施教、以德育德。要争做"四有好老师"，有思想品德、有道德情操、有扎实学识和有仁爱之心。要全心全意做好学生锤炼品格、学习知识、创新思维、奉献国家的四个引路人。要引导学生正确认识世界和中国发展大势，正确认识中国特色和国际比较，正确认识时代责任和历史使命，正确认识远大抱负和脚踏实地，培养学生成为又红又专、德才兼备、全面发展的中国特色社会主义合格建设者和可靠接班人。最重要的是我们一定要用真心对待学生，与学生"共情"，与学生"同心"。

编者：立德树人是高校的根本使命，围绕学生、关照学生、服务学生，把握学生成长规律，您给我们展示了如何成为一个合格的"四有"老师，让我们受益匪浅，感谢刘老师！

黄　琲

黄琲，女，中共党员，讲师，中国语言文学硕士，江西理工大学专职辅导员。2016年7月参加工作，担任材料冶金化学学部2016级辅导员、2019级卓越班辅导员，材料冶金化学学部团委负责人。先后主讲"新生导论""大学生创新创业基础""语言学概论""就业指导与规划"等课程。曾获第五届、第六届江西省高校辅导员素质能力大赛一等奖、江西省公共安全骨干教师教学技能大赛二等奖、第二届江西省青年志愿服务项目铜奖。

新手"琲姐"因心而新

◎江西理工大学　黄琲

编者： 黄老师您好，辅导员是开展大学生思想政治教育的骨干力量，是高校日常思想政治教育和管理工作的组织者、实施者和指导者。辅导员应当努力成为学生的人生导师和健康成长的知心朋友。是什么让您选择了辅导员这份职业并为之投入满腔热情呢？

黄珺：选择辅导员这份职业，应该说和我研究生时期的学生工作经历有很大的关系。三年学干经历，老师们的悉心指导，无私帮助，让我飞速成长，在和老师们工作交往中，我见证过他们的育人故事。从他们身上我看到了师者对岗位的坚守热爱，对学生的奉献关爱以及自身的向上奋进，这些都深深地感染着我，并激励着我要努力成长为像他们一样的人。我始终记得，当我选择这份职业时，站在面试台上的回答："为什么选择辅导员？因为我相信这是一份永远年轻的职业，因为我面对的是最充满朝气活力的学生群体。我希望，我相信，能和他们一起青春作伴，健康成长！"直到今天，和325名学生在一起，每一天并不是轻松的，但确是充满力量的，让我更加坚定我所选择的，热爱我所向往的。

编者：刚带班时您是如何快速走近学生，成为学生信赖的人生导师和知心朋友的呢？

黄珺：要成为学生信赖的人生导师和知心朋友，我想就是要把辅导员当一份良心活来做，学生成长需求的方方面面，都需要投入时间、投入情感，用心对待，才能起到作用。一个年级三个专业十个班378名学生，学生基数大、差异大、情况多，很多学生存在新生适应性问题，这对于刚入职，毫无带班经验的我来说压力不小。但我想尽管我没有经验，可我有时间和热爱，先和他们成为朋友是我迈出的第一步，于是，一开学我便扎进了学生堆。

走近学生，要舍得投入时间，贴心沟通。开学那段时间，我有空就往学生宿舍跑，白天办公没时间，学生有课，那就晚上，在学生宿舍一间间走，一间间聊，经常几个钟头就过去了，虽然回家的点晚了，但和学生的心却近了。舍得投入时间，学生才会感受到老师的关注和重视，才会对老师敞开心扉，把老师也装在心里。走得多了，学生的名字和样子就都记住了，性格特点、家庭情况等基本情况都能掌握了解，分类建好信息台账，便于后续有针对性地开展工作。

走近学生，要舍得投入情感，以心换心。其实我和学生年龄差不了几岁，我把他们当作自己的弟弟妹妹看待，用他们乐于接受的方式去沟通和交流，想他们所想，急他们所急，分享自己的成长经历帮助他们排忧解难。接到过凌晨、半夜的来电，也看过深夜急诊室的灯光，当他们感到迷茫无助，当他们突发疾病入院，当他们……只要他们需要，我会一直在。真诚相待多一点关心，多一些关爱，中秋的时候我会从家里扛上柚子、月饼去到宿舍分给他们，考研的时候我给他们每个人手写了一份寄语，送上一朵寓意梦想花开的太阳花，其实学生不在乎礼物的贵重与否，重要的是这份心意情感和他们共通。绝大部分学生到现在都还是习惯称呼我为"琲姐"，我想真情才能换来真心，我愿意走近他们，他们愿意信赖我这个"琲姐"。

编者："亲其师，才能信其道。"黄老师，青年正处在价值观形成和确立的关键时期，是一个人成长、成才的关键起点，在青年大学生的思想引领方面您有什么好做法呢？

黄琲：青少年阶段是人生的"拔节孕穗期"，最需要精心引导和栽培。我们要始终围绕"立德树人"根本任务，解决好"培养什么人"的问题，教育引导学生树立共产主义远大理想和中国特色社会主义共同理想，增强"四个自信"，肩负时代重任，立志扎根人民、奉献国家，以高远的志向砥砺奋斗精神，在人生道路上刚健有为、自强不息。作为一名中文专业毕业的辅导员，面对工科生开展思想引领，我比较注重以文化人，以文育人，将个人的专业优势与育人实际结合起来。

一是用好红色文化引领人，在坚定理想信念上下功夫。江西拥有丰富的红色资源，开展红色思政教育具有得天独厚的优势。因此，我注重运用与思政教育内涵要求和价值导向相一致的红色文化育人铸魂，引导学生坚定理想信念。结合工科学部学生文化素养相对薄弱的问题，理想信念认知有待提升的思想现状，除了常规的每月主题班会开展思想教育，我会在重大历史事件纪念日、国家公祭日等组织学生前往爱国主义教育基地开展活动；举办"跨越时空的红色家书"诵读比赛、"讲述我身边的红色故事"比赛等，通过赛事引导学生主动挖掘身边的红色基因，汲取成长养料；学院有一项关爱留守儿童志愿服务坚持了十二年，我负责指导阶段，组织学生编印了《赣南红色故事汇》，在周末志愿服务时，开展红色主题教育活动，给留守儿童讲述红色故事，让学生在输出的过程中将传承红色基因内化于心，外化于行。

二是用好传统文化滋养人，在厚植爱国主义情怀上下功夫。加强中华优秀传统文化教育，有助于引导青年学生更加全面准确地认识中华民族的历史传统、文化积淀、基本国情，认清中国特色社会主义的历史必然性。爱国主义教育不同于一般的政治理论教育，它不仅需要理性教育，而且需要情感教育，在学生中开展中华民族优秀传统文化教育，可以增强爱国主义教育的吸引力、感染力，培养学生爱国主义情感。每逢传统二十四节气、传统节日等，我都会组织学生自主开展主题活动，用"过节"的方式，吸引他们主动了解关注传统文化，学习传统文化知识，让学生在亲身参与和体验中感受传统文化的魅力。这种方式不仅学生喜闻乐见，也在校内外产生了良好反响。比如"清明'树'说家国心愿""端午节传统义卖""绘百'春'图迎春分，弘传统文化寄祝福"等特色活动受到中新网、凤凰网、江西网等主流媒体报道转载。此外，我还会通过邀请校内学者讲授文化专题，利用微信平台推介传统文化相关书籍和知识等方式，提升爱国主义氛围，帮助学生厚植爱国主义情怀。

编者：谢谢黄老师和我们分享您开展思想政治教育的好做法。习近平总书记在全国教育大会上指出："要把立德树人融入思想道德教育、文化知识教育、社会实践教育各环节。"我想社会实践环节对于工科生尤其重要，特别想听听您在这方面的做法。

黄琲："纸上得来终觉浅，绝知此事要躬行。"实践育人工作是高校教育引导学生主动将理论与实践相结合，是对大学生进行思想政治教育，培养创新精神、责任意识、实践能力的重要载体，是广大青年学生锻炼自我、认识社会、服务基层的重要渠道。实践育人是一项涉及教学、管理、科研等多部门的工作。从辅导员层面，我们可以依托第二课堂来开展工作，着重把握好三个时段，引导学生学以致用，在实践中长见识，增才干。

把握重要节点，暖心有创意。大学生作为年轻群体，特别爱过节，喜欢新鲜和创意，这是我们可以去把握引导的一个重要时点。启发学生结合专业"玩转"所学，比如"三七"女生节，如何吸引女生注意呢？不如来个DIY吧，学生负责想创意，请教专业老师分析可行性，加之技术指导，为女生做了一批指甲油。自制指甲油活动，广受媒体关注报道，被网友艳羡"别人家的大学"，登上微博热搜前十。南方大雪节气没有雪，自己造一场，也是他们给我的惊喜，"理工男大雪节气人工造雪"视频被人民日报客户端等众多媒体转发。这种学以致用的专业实践激发了学生对专业的兴趣和热爱，在实践的过程中加深理论学习，培养创造性思维。而他们的目光也逐渐从小情小爱，转向关爱他人，关注社会，培养了社会责任感。夏天，自制花露水送下乡；冬天，学生们自己凑钱，自制暖宝宝送给环卫工人，自制护手霜送给宿管和食堂务工人员。

把握暑期实践，技术送下乡。每年暑期社会实践，我注重将学生学科专业特点与服务乡村实际结合起来。学生利用专业所学开展如水质检测，面向村民生活小妙招大放送，面向留守儿童科学小实验科普等是我们开展的常规活动。结合服务地具体产业，开展兔粪绿色利用技术帮扶等活动，相关活动被中新网、中青网等主流媒体报道，据此撰写的实践报告还获评省级优秀调研报告。

把握周末时分，科普进社区。我们学院一直有着较好的志愿服务传统，在这种氛围下，我也积极引导我的学生发挥专业优势，融入各类志愿服务，服务基层，做出特色。每年常态化进社区开展科普宣传，进中小学开展科普实验志愿活动三十余次。

编者：谢谢黄老师的分享，我觉得您虽然工作年限短，但在育人工作中有理念有方法有成效，您能否和大家谈谈，是什么对您的成长起了促进作用呢？

黄琲：谢谢，从懵懵懂懂新手上路到成为比昨天更好的自己，我想这要得益于学生、学校、学工团队的力量。

"要给学生一碗水，教师要有一桶水。"很多时候我们会说"现在的学生真难带，他们总是不了解不配合"，可是，作为在互联网飞速发展的新时代成长起来的新青年，他们关注什么，他们需要什么，我们又真的了解吗？真的能将所需给到他们吗？在带学生的过程中，我也时常有过这样的无力感，但从听不懂b站，到也时常浏览关注，从很反感抖音，到慢慢接受，我意识到这些是学生目光所及，哪里有学生，思想政治教育的触角就要延伸到哪里，才能实现与学生同频共振。从这个角度来看，学生又何尝不是我们的老师，让我们主动成为一块海绵，不断吸收新事物，拥有新体验，学习新本领，与日俱新。

"此处心安是吾乡。"我所在的江西理工大学是一所"家文化"气息浓厚的学校，学校高度重视辅导员队伍的建设，不断完善顶层设计，推进辅导员转编、发放辅导员岗位津贴、设立科级辅导员等各项举措，让我们解决了身份、待遇、发展问题。学校党委书记开展思政工作体验日，走近一线辅导员，深入开展对话交流；分管副校长与所有辅导员一对一谈话，熟悉每位辅导员的情况；学校各职能部门对辅导员有足够的尊重认可。这些都让我感受到作为一线辅导员的认同感和归属感，更加安心，保持干事创业的决心和力量。

"一个人走得快，一群人走得远。"很幸运，我在一支有战斗力，团结有爱的学工队伍中，榜样的力量，团队的协助，让我快速成长。还记得工作第一年我就被选中参加全省辅导员大赛，那时候我什么也不懂，是领导前辈们给我讲理论，讲方法，帮我找资料，搜素材，陪着我演练，陪着我参赛。还记得决赛主题演讲的前夜，抽完题，几位领导、同事就陪着我构思、组稿，一直到凌晨三点，甚至有一位同事困得在沙发上靠着睡着了，但没有一个人说要回房休息，当时我无比感动。赛后，有人说："你好厉害呀，刚工作就拿了一等奖。"我笑了笑，我知道这份荣誉是属于整个学工团队的。

始终怀着一颗感恩的心、一颗奋进的心、一颗平常心，这有助于我们年轻辅导员保持清醒的头脑，进取的勇气，稳扎稳打走好职业发展的每一步。

编者：黄老师，刚刚您提到比赛获奖，虽然您工作时间不长，但我看到您有丰富的参赛经历，科研成果也不少。关于辅导员在做好日常工作的同时如何开展科学研究，提升大学生思想政治教育水平，这方面您有什么心得可以和年轻辅导员分享呢？

黄琲："思想是行动的先导和动力，指引着行动的方向"，在我看来作为新时代高校辅导员，不断提高个人实践与理论研究能力是从事辅导员职业发展活动的一项基础能力和基本要求，所以在日常工作中我会结合自己专业特点及个人优势，在实践中注重加强研究，提高大学生思想政治教育工作水平。这方面，我自己是从做好"三要"着手的：

意识要树立。这个意识就是科研思想意识。高校辅导员作为开展大学生思想政治教育的骨干力量，我们必须意识到只有不断增强科研意识，才能在主观上切实提高对科研的主动性与能动性，才能在繁忙的事务中主动关注并积极思考探索学生成长规律。

方向要明确。这个方向就是以问题为导向。辅导员处在大学生思想政治工作第一线，在教育管理实践中会遇到这样那样的问题，特别是新时代大学生成长成才及教育培养过程中的热点与难点，这就要求我们善于以问题为导向，把具体工作实践中遇到的现实问题、重点难点升华到理论进行研究，从中寻求、探索解决问题的具体办法及思路措施。

信念要坚定。这个信念就是再忙也有时间。繁杂的日常事务管理占用了辅导员工作内外大量的时间，这是高校辅导员工作的常态，但是这种常态让我们懒惰固化，很多需要耗费脑力、精力的事情，我们往往以此为借口敬而远之，久而久之就真的只能沦为事务性辅导员了。所以要坚定再忙也有时间的信念，高效利用被割裂零散的碎片时间，化整为零集中开展理论研究。

编者：谢谢黄老师的科研分享，我们每个人都向往诗和远方，那么从个人能力提升方面，有什么好的建议，可以帮助大家早日走向辅导员的诗和远方？

黄琲：基础是根本，根深才能叶茂，本固方可枝荣。辅导员着眼个人的长远发展，我觉得还是要修炼好内功。辅导员是学生工作的一线推动者，是校园文化建设的有效践行者，要踏实打好基础，练好基本功，才能走向诗和远方。

要苦练"说"的技巧。我们日常工作很大部分是与"人"打交道，与领导、同事和学生打交道，一张"好嘴"是必不可少的。不要怕说，日常谈话，主题教育，汇报讲演都是锻炼我们"说话"能力的好时机。应该苦练说的技巧，做到言之有度，不说大话；言之有理，不说瞎话；言之有物，不说空话；说话应说到"点"子上，说话还要说自己该说的话，把思想教育说到学生心坎儿上去。

要苦练"写"的能力。做了辅导员就发现必须是全能型选手，光会"说"可不行，还得会"写"，日常工作的各种材料写作不可避免，如果文字功底不扎实，那么体会难总结、经验难推广、思想难表达、层次难提高。文字也是和学生交流对话开展思想政治教育的利器，徐川、范蕊、祝鑫等一批善写作的"行家里手"，相信大家一定不会陌生。一些热点、痛点、难点问题，我们可以用"笔"发声，达到润物无声的效果。虽然工作忙，但我们还是要逐渐养成笔耕不辍的习惯，把写作形成习惯、形成必需。

要苦练"做"的办法。说得天花乱坠、写得金笔生辉，而做得一塌糊涂，终究不过是语言的"巨人"、行动的"矮子"。辅导员的工作上面千条线，下面一根针，事关学生，事无小事，唯有实干。实干也要讲求方法，学会"弹钢琴"，用好学生干部，用好网络阵地等等都能成为我们做事干事的抓手，关键是要落到实处，始终围绕学生、关照学生、服务学生。

我相信，苦练内功，会说、能写、肯做一定会让我们在辅导员职业道路上走得更加坚定、自信。

编者：相信辅导员的诗和远方，一路走一路有芬芳！黄老师，最后，能否请您用一段话来分享选择辅导员之路的感受？

黄琲：一滴水只有放进大海里才永远不会干涸，一个人只有当他把自己和集体事业融合在一起的时候才能最有力量。选择了辅导员就是选择了肩负立德树人的光荣使命，就是选择了投身青春蓬勃的壮丽事业，就是选择了为中华民族伟大复兴梦的实现接续奋斗！正如汪国真的那句诗所言"没有比人更高的山，没有比脚更长的路"，我、我们千万名辅导员定将不忘初心，坚定、无悔地走好新时代的育人路！

刘 慧

刘慧，女，汉族，1986年5月出生，江西赣州人，中共党员，思想政治教育硕士。现任江西理工大学建筑与测绘工程学院党建组织员（正科）、辅导员。从事辅导员工作11年，担任2000余学生的辅导员。曾荣获第五届辅导员职业能力大赛全国二等奖、第五赛区一等奖、江西省一等奖，第三届全国高校网络教育优秀作品展示二等奖，江西省首届高校心理健康教育教师职业能力大赛一等奖等各类荣誉奖项40余项，先后受邀至30余所高校作工作经验分享。

红土地上的坚守与传承

◎江西理工大学　刘慧

编者：辅导员工作很烦琐，您从事辅导员工作11年，是否有过职业倦怠呢？您是如何看待这个问题的？

刘慧：有过，在工作的第五个年头，那时候自己有些安于现状，对职业发展很迷茫。正是因为经历过，所以也思考过这个问题，辅导员的职业倦怠很多时候有三个原因：一是对辅导员本职工作认识不够深，使命感不够强；二是缺乏学习进取心，创新思维不足；三是职业规划不足，缺乏成长动力。我很庆幸在倦怠期我勇敢地抓住了辅导员职业能力比赛这根"稻草"，它带我走出了自己的局限，在低头走路的同时学会了抬头看路，让我的职业生涯重新焕发生机活力，这也应该算是我个人职业生涯中一个很重要的转折点。不给自己设限，不给辅导员事业设限，是我们的必修课。

编者：2016年，您一路过关斩将，作为江西唯一的选手参加了第五届辅导员职业能力大赛，并且获得了全国二等奖。对于这段经历您有什么收获呢？

刘慧：这个比赛对我的意义很大，但这个意义和比赛结果并没有太大的关系。我的收获主要有三个方面：一是提升能力，开阔思路。从省赛、区赛到国赛，通过比赛的历练提升了个人心理素质、综合能力，强化了坚持学习的良好习惯。通过比赛，既收获了丰富的工作方法和技巧，也延伸了视野，收获了友谊，从优秀同行身上学习、借鉴了很多优秀的育人经验。二是认真分析，补齐短板。和各大高校辅导员同台竞技，也充分看到了自身的不足。这些不足既体现在个人素质上，也体现在工作的落实、总结、提炼上。作为新时代辅导员，要在强化理论武装、提高工作质量、提升科研能力上多下功夫。三是拓宽思路，明确重点。通过对比赛出题方向的研究，进一步把握辅导员工作重点和时代要求。比赛源自日常学生工作，而比赛所获更要反哺学生，让比赛真正成为日常工作的缩影。这句话是我参加省赛时，分管学生工作的李国金副校长对我们说的，我一直记到现在，也一直用这句话激励自己：作为一名辅导员，无论参加什么比赛，无论做什么，都不能忘记自己的育人本职，这应该是我们一切工作、一切努力的根本出发点和落脚点。

编者：多年来江西理工大学在辅导员素质能力大赛上都有不错的成绩，这一定和团队建设是分不开的，有什么好的经验做法呢？

刘慧：我们学校确实一直非常重视辅导员队伍建设，辅导员的比赛我们比国赛早一年开始，每一场比赛并不只是为了选拔种子选手，更是以比赛为契机提升辅导员队伍的整体素质，在比赛中研究工作、促进工作。我们学校多年来在辅导员素质能力大赛上的成绩，离不开几点努力：一是学工部的精心组织和强有力的保障。学工部专门组建了一支强有力的保障团队，在备赛过程中，针对比赛模块开展专项训练，为选手提供智力支持和后勤服务。二是教练团队的悉心指导和倾力付出。教练们倾囊相授、全力相助、毫无保留，不仅传授比赛方法和技巧，而且在精神和心理上给予最大支持，最大限度地提升选手的专业知识和综合能力。三是学院、同事的全力支持和配合。选手参加比赛，学院领导会尽可能地给予支持和鼓励，学院老师会主动分担事务性工作，让我们的选手可以安心比赛。在我看来，这些做法都是我们学校辅导员队伍凝聚力、战斗力的一种体现。

编者：据我们了解，多年来您也一直在担任该项比赛的"教练"，除了学生，很多年轻辅导员都称呼您为"慧姐"。对于工作，您有什么建议给年轻辅导员吗？

刘慧：建议谈不上，因为我觉得辅导员工作的神奇就在于它没有统一的模板，每个辅导员都有自己的特色与亮点，都值得大家互相学习与交流。接下来我想分享自己的几点感受，也是自己要努力的目标，希望与大家共勉：一是真爱真信。思政会议的召开被誉为思政工作者的"春天"，但只有当我们有与之相匹配的"信念"与"实践"时，我们的工作才真正有可能"开花结果"。辅导员的楷模曲建武教授说过的一段话，很值得我们思考："都说辅导员是良心活，这怎么能是良心活呢？良心活是可做可不做，但是辅导员工作是必须要做且必须做好的工作，他是党心活。没有人拽着你进入辅导员队伍，没有人拉起你的右手对党宣誓，所以进入辅导员队伍就要对党忠诚，就必须要做好。"作为辅导员，我们首先要明确的思想基础，就是我们为谁培养人，培养什么样的人。作为辅导员，很多时候我们的工作其实不缺形式，不缺创新，更不缺活动，但是由于缺乏悟道的修养、传道的能力，所以工作缺乏意义。因此要加强理论学习，让工作从有意思向有意义转变。二是真抓真干。我们唯一的工作重心就是学生，我们所有的工作应该围绕学生、关照学生、服务学生。学生在哪里，我们的工作就应该做到哪里。深入学生并不只是一句口号，它体现在我们每一次谈话和交流、每一次发现和解决问题里。我们要重视学生的学业、心理、就业、家庭情况等实际问题，不断提升自己的专业能力，在陪伴中给予更多的帮助。三是真教真讲。思想引领是我们的主责主业，作为辅导员，我们要敢上讲台，更要努力站稳讲台，创新弘扬主旋律，讲好新时代故事。习近平总书记说："共和国是红色的，不能淡化这个颜色。"赣南有着丰富的红色资源，这些年来我一直努力探索红色思政育人模式，用红色文化浸润青年学生的思想。我想，在思想引领这条道路上，我们应该要有自己的思考，自己的特色以及更多的声音。四是真学真练。辅导员不妨坚持日常三问：对学生工作前沿理论了解多少？对学生特点、关注热点了解多少？破解学生工作难题的新方法掌握多少？我们常常教育学生要敢于尝试，坚持学习，其实这些话对我们自己也适用。走进"春天"的我们是幸福的，我们有了更多的学习机会、锻炼平台，更重要的就是我们能不能积极主动地抓住它们，顺势而为。比赛、科研、工作室，每一次尝试都将在我们的职业生涯成长中留下烙印。

编者：非常感谢您的分享，让我感受到了您对辅导员工作的热爱，感觉到您把它当成一份事业。那么，对于辅导员职业化、专业化、专家化，您有什么心得体会呢？

刘慧：我的确非常热爱辅导员工作，因为它本身也带给我很多成长，更让我的心态保持青春活力。关于辅导员职业化、专业化、专家化，我也是名学生，还在不断地学习。那对于它，我主要有三方面的体会：一是要投入真情实感，做一名踏实的辅导员。学生的成长是对辅导员工作最大的认可，也是检验辅导员工作成效最重要的指标之一。要致力于实现学生在学习、思想、心理等方面的成长，扎实做好立足学生需要的每一项本职工作。二是要凝练日常工作，做一名创新的辅导员。日常事务是辅导员工作的基础，要认真抓好日常事务工作的开展，将日常事务做出特色，在坚持中做成品牌。努力增强创新品质和品牌意识，注重工作的总结和提炼，加强工作的创新和反思，把经验升华为理论，把辛苦转化为成果。三是要提升素质能力，做一名专业的辅导员。关于《高等学校辅导员职业能力标准（暂行）》中提到的9种职业功能，我觉得我们在努力达到标准的同时，可以选定一项或几项自己更为感兴趣、有所长的专业方向潜心学习钻研，努力成为一名专家型辅导员。

编者：据我了解，您现在既是辅导员，又是学院的党建组织员。这两个岗位有着很多的不同，您是如何协调这两份工作的，可以分享一些经验做法吗？

刘慧：这两个岗位的确有着不一样的工作内容，我也经历过一段磨合适应期。总的来说，我认为要协调好，最关键的就是要抓住不同岗位之间的联系。辅导员、党建，其实本质上都是育人的工作。在工作中，我始终告诉自己要牢记"立德树人"的使命，把"为谁培养人"这个根本问题作为指南针，在"如何培养人"上狠下功夫，努力实现学生工作与党建的无缝对接，探索"党建+"育人模式，主要做法有：

党建+思想引领，传播先进文化。创新思想教育形式，我打造了"微分享党课、体验式党课、时政论坛"等学习平台。讲授和录制"红色记忆里的规矩与纪律""红色记忆里的初心和使命"等系列微课，并获得了不错的反响。组建了学生宣讲团，每月进行一次集中备课，讲师团不仅走进了班级，更深入中学、社区、乡镇进行理论宣讲。党建+品牌建设，传承红色基因。挖掘红色资源、讲好红色故事。我每年都会组织学生赴井冈山、兴国、瑞金、于都等地的革命旧址进行主题实践，开展党史党性教育。扎根红色故土，多年来，我们坚持开展"追寻红色记忆，传承红色基因"主题教育，通过王承登等老红军及后代的言传身教，教育引导学生继承发扬优良传统。同时，在调研中挖掘和收集了珍贵的文字与影像资料，制作了系列红色漫画、视频等，活动受到了新华社等媒体的关注报道。2017年学生党员根据实践调研结果带队设计出一套"血色记忆——基于GIS技术的抗战历史追忆系统"。党建+成果转化，推动内涵发展。把学生党建与创新创业实践、科研成果转化等紧密结合，充分挖掘学生专业特色与价值追求的融合点。带领党员、积极分子坚持每周一次的"晚自习"，学理论、议热点。学生钻研两会报告设计研发的《你在哪？》寻亲软件，荣获2016年全国高校软件设计大赛一等奖。此外，以服务区域发展为导向，以文化保护传承为目标，还研发出了《客家之路》《梦里白鹭村》等软件应用平台，进一步发挥了专业所长，创造了社会价值。党建+志愿服务，坚持实践育人。为培养学生的社会责任感，我和学生一起开拓了赣州市第三人民医院、兴国县江背镇、章贡敬老院等定点服务基地。在赣州市第三人民医院，我们帮助的是自闭症、多动症儿童，通过开展心理健康知识与服务能力培训，让学生从刚开始的"手足无措"到"游刃有余"，让孩子们从刚开始的"害怕躲避"到"接受期待"。为充分发挥党员在学风建设中的作用，我们开设了"青年薪火讲堂"，组织优秀党员为学业困难同学答疑解惑，开展学业辅导，同时开展了上百次大学规划、就业升学等经验分享。党建+活动创新，激发党建活力。毕业生离校前开展"十个一"主题党日活动，通过本科生涯"最后一次政治生日、最后一次思想汇报、最后一封家书"等形式，为毕业生党员"再充一次电"；结合改革开放40周年、新中国成立70周年的契机，组织开展调研活动，深入群众、老党员中调研发展变化、心得体会；以"纪念马克思200周年诞辰""习近平总书记系列讲话精神""红色历史"等为主题创作了系列漫画作品，漫画贴合大学生的年龄特点，取得了良好的宣传教育成效；以庆祝"中国共产党成立98周年""新中国成立70周年"为契机，开展了党员、入党积极分子快闪活动等，让学生党建更有活力，让思想引领更深入人心。党建+指尖教育，探索网络育人。我主持运营了"党员微思享"公众号教育平台。结合理想信念教育，推出了拇指课堂、红色记忆等专题；为发挥榜样示范作用，开辟了"党员说""青年说"等栏目，《祖国，请原谅我无法说爱你》《言论自由不等于自由言论》等文章，在学生中产生了广泛积极影响，多篇推文被教育部、教育厅等转载。

编者： 感谢您不吝赐教。说到党建，学生党支部书记大多由辅导员担任，能否给大家一些创新开展学生党建工作的建议呢？

刘慧：其实我也还在不断地摸索当中，我谈谈自己的一些做法吧，希望能对大家有一点帮助：一是以"三学"强化"政治属性"。打造了互动式、研究式、共享式学习模式，通过你"讲"我"评"开展互动式学习，通过基于问题导向的团队调研进行研究式学习，通过"点单教学"实现讲师多元、课程多样的共享式学习。开设了"先锋讲堂"，把讲台交给党员；打造了"时政论坛"，进行主题研究、小组讨论，激发思想政治教育新活力。二是以"三做"彰显"青年属性"。即亮出身份做模范，扎根专业做表率，服务基层做贡献，在校内外开展"精准"志愿服务。成立了"星火"学生党员志愿服务队，组织学生党员进班级、进宿舍、进课堂，开展理论宣讲、学风建设、就业指导等工作，结合专业教育进社区、进学校开展常态化、专业化志愿服务。三是以"三创"突出"创新属性"。 创新教育载体,通过开展"传承红色基因""我的政治生日""今天,我入党了""悦享读书会"等系列主题党日活动,完善党员常态化教育体系;创新党员评价体系,建立了大学生党员量化考核体系、大学生入党积极分子量化积分管理办法等;创新O2O活动平台,打造了"党员之家"线下活动场所(党员活动室、党建工作室、先锋阅览室)和公众号等线上教育平台。四是以"三联"彰显"示范属性"。党支部书记联系党员,每年至少与党员进行一次谈心谈话,结合考研就业、心理健康等实际需要,关爱党员成长,解决党员诉求;党员联系入党积极分子,做好入党积极分子思想成长、实践锻炼的朋辈导师,并接受党支部的指导、监督;党员、入党积极分子联系普通同学,搭建学业共建、环境共治、网格化共管等沟通交流、教育引领的平台。

编者:采访就要接近尾声了,能不能请您用一段话概括下您的带班经验呢?

刘慧:那我用5个词,15个字简单概括一下吧:**立规矩**,坚持原则,以身作则,明辨方向;**厚感情**,陪伴是最好的爱,做有温度的教育;**重习惯**,打好基础,厚积薄发;**抓过程**,不放弃,不缺席;**活文化**,以班风促学风,构建独一无二的班级文化。

沈 针

沈针，女，汉族，中共党员，1984年11月出生，硕士，讲师。现任江西理工大学党委（校长）办公室副主任。先后荣获第十一届全国辅导员年度人物提名奖、第八届全国辅导员年度人物入围奖，全国高校材料学科"十佳学生工作者"，第四届全国辅导员职业能力大赛总决赛二等奖、第五赛区一等奖、江西省一等奖，江西省高校辅导员优秀博文奖，江西省高校公共安全教育骨干教师教学能力展示活动二等奖，江西省十大"最美辅导员"、"向上向善好青年"，江西理工大学管理育人标兵、模范共产党员、最受学生欢迎十佳教师、优秀辅导员等国家、省、校级荣誉30余项。

用"四心"做"四有"辅导员

◎江西理工大学 沈针

编者：沈老师，您好。众所周知，辅导员是高校思想政治工作队伍中的一支专门力量，担负着高校学生思想政治工作中的重要任务。那日常工作中我们如何提高思政工作的针对性和实效性呢？

沈针：我们辅导员的全称是大学生思想政治辅导员，对大学生开展思想政治教育，引领他们树立坚定的理想信念，努力成为中国特色社会主义事业的合格建设者和可靠接班人，是我们辅导员的首要职责。这就要求我们辅导员不仅要关心学生暖心田，更要思想引领走在前。总书记在全国高校思想政治工作会议上的讲话强调指出，"传道者自己首先要明道、信道"。作为一名高校辅导员，在明道和信道的基础上，还要做到"成道"和"行道"，即通过思想引领把马克思主义真理内化为青年学子的政治意识、道德情操和知识体系，把党对青年一代的期望内化为青年的信念，并引导青年在实践中外化为具体的行动。

首先，要注重发挥理论学习的主导育人作用，引导学生"感受认同"。工作中我坚持依托"1+2+2"思想政治教育模式（"双学"+"主题教育、团组织生活会"+"主题班会、优秀团日"），将思想政治教育融入学生日常的主题教育活动中。通过分层分类组织一系列专题理论学习和培训等方式引导学生"感受认同"。

其次，注重拓展校园文化的文化育人功能，引导学生"内化思索"。通过丰富多彩的校园文化活动，以广大同学喜闻乐见的形式，将思想引领融入日常工作中，推进思想政治教育的全覆盖，更好避免活动的表面化、形式化、娱乐化、庸俗化，引导学生"内化思索"。如为推动十九大精神进基层，我分别组织成立了"十九大精神回乡宣讲团"和"十九大精神三下乡宣讲团"，宣讲团将党的十九大精神用民言民语提炼凝结，并结合快板形式进行宣讲，创新了形式，提升了效果。

最后，注重完善志愿服务的实践育人途径，引导学生"外化践行"。将思政教育融入社会实践中，不断增强思政工作的针对性和实效性。通过完善志愿服务的实践育人途径，以志愿服务培养奉献精神，提升社会责任，用实际行动践行社会主义核心价值观。为鼓励同学们参加各类志愿服务活动，我创新志愿服务模式，倡导所有享受各类奖助学金的同学，每获得300元奖助提供1小时志愿服务时间的模式，模式自2014年推行，受到同学们的一致认可。

编者：沈老师，您刚才提到创新了志愿服务模式，能否给我们详细介绍一下这个模式？

沈针：2014年，我创新性提出，将志愿服务嵌入到高校助学工作中，形成一种"资助+志愿服务"的志愿服务模式，引导学生坚定理想信念，在社会实践中树立对社会的责任、对家国的情怀，进一步提升学生的感恩回馈意识。"资助+志愿服务"的志愿服务模式倡导受资助学生在获得奖助学金的当学年内，完成一定量的志愿服务活动。

为保障志愿服务新模式顺利实施，学院为每位受资助学生发放受资助学生参加志愿服务活动登记手册，由学生会社会实践部负责管理，社会实践部根据需要定期发布志愿服务内容，组织开展志愿服务活动，做好服务时间的登记和统计。

根据受资助学生参加志愿服务活动登记手册，每位参加志愿服务活动的学生既可以参加学院统一组织的志愿服务活动，也可以自己确定服务内容，学院提供的服务项目分为特色活动项目（即长期维持建设的专项公益活动）及日常活动项目。具体包括支教、社区服务、一对一学业帮扶、文明城市创建与维护等，年均300余名学生主动并自愿参与各类志愿服务活动，志愿服务时间累积近2万小时。

编者：沈老师，看您的简介，发现您获得了许多荣誉，那么这么多荣誉中，您最珍视哪个呢？

沈针：谢谢，从事辅导员这么多年，获得了不少荣誉和奖项，其中有些奖项获得的过程很艰辛，付出了很多努力，例如全国辅导员职业能力大赛二等奖、全国辅导员年度人物提名奖。但说到最珍视，我内心深处最引以为傲的还是学生颁给我的"最受学生欢迎十佳教师"的荣誉。因为这个荣誉是学生对我的认可和鼓励，是辅导员工作的最大价值。

2010年，我有幸成为一名辅导员。从工作之日起，我就告诉自己要成为一个有思想、有力量、有爱心的辅导员，能用自己的道德情操去感染学生、引导学生，能带给学生人生的信仰、奋斗的方向和前行的力量。十年里，面对工作，积极学习，力争上游，不断提升工作能力；面对生活，乐观进取，融入学生，做学生的知心朋友。尽心尽力，尽职尽责，言传身教，用自己的行动感化每一位学生。记不清多少个不眠之夜，数不清多少个周末，我在学生中间，陪伴学生成长，把每个学生的诉求放在心上，记录在备忘录里，精益求精确保每场活动、每次谈心谈话、每次主题班会学生都有收获。球场上，为球员们加油助威；学术报告厅里，为每场活动提出建议；训练房里，给同学们指导加油；学生会办公室里，跟同学们一起吃着外卖；三下乡时，跟同学们一起打着地铺。正是这些心连心、共成长的日子，我收获了一句句"如果不是您"的毕业感言，看见了一届届学生从学校自信启航，骄傲着所带的9人学生会主席团7人考研成功，1人去援疆，这些都是我辅导员工作经历最大的价值。那些与每一个青春笑脸相知相伴的日子，都是我一生最温暖、最感动、最幸福的回忆。

编者：谢谢沈老师。刚才您提到获得了全国辅导员职业能力大赛二等奖的好成绩，我们都知道获得这个奖项很不容易，您能否跟我们分享一下这段经历，并提供一些比赛的经验？

沈针：好的。参加辅导员职业能力大赛，像是经历了一次高考、一次考研一样刻骨铭心，对我而言它不仅仅是一场比赛，更是一次蜕变，是一次成长。从省赛到区赛再到国赛历时五个月，在这五个月中我感受过"山穷水尽疑无路"的沮丧，也经历过"柳暗花明又一村"的意外与惊喜。回顾我的备赛经历，在人流如梭的周末，在夜深人静的夜晚，在大年三十的晚上，有过书到用时方恨少的感慨，也有过看春晚还是背基础知识的纠结，有过主题班会不断被要求重拍时的郁闷，也有过候场时的紧张窒息与赛后的如释重负，过程中付出了辛勤的努力，经历了高压，但是我却收获了更多。走到了全国辅导员职业能力大赛的总决赛赛场，并获得全国二等奖，实现了当年江西省在该项赛事中的突破。通过以赛代训、以赛促练，夯实了自己的理论基础，提升了案例分析、谈心谈话的技巧和能力、开阔了思考问题和分析问题的视野，全面提高了自身的育人水平和工作能力。感谢这次比赛让我懂得了感恩，体味了执着，懂得了付出，明白了收获。

对于参赛的一些建议，我想最重要的就是注重积累。比赛前，我先后整理了近百个相关政策文件，认真学习研读，以此来夯实自己的理论基础。同时结合工作实际，把日常工作中遇到的各类问题进行分类，并分别从问题定性、原因分析、对策建议和经验启示等方面给予分析，以此来提升案例分析和谈心谈话的技巧和能力。比赛中所谓的技巧、窍门、方法，最终还是工作中的实打实、面对面、心贴心。只有以踏实的工作为基础，并注重积累和总结，勤于思考加上现场的表现，比赛才可以走得更稳更远。

编者： 谢谢沈老师给我们分享这段刻骨铭心的经历，并给了我们一些很好的建议。当前大学生的思政教育和专业知识教育结合并不紧密，您觉得作为与大学生接触最密切的群体，高校辅导员在将专业融入日常思想政治教育方面可以做些什么工作呢？

沈针：我觉得作为辅导员倒是也可以尝试探索一种新的模式，例如如何将专业知识融入校园文化活动中。2015年的"3·7"女生节，我和学生第一次一起尝试策划了利用专业知识在实验室自制香水送给全院女生的活动，当时一度登上热搜，还被《中国日报》等国家级媒体报道，极大地鼓舞了学生的实践热情。随后学生在暑期三下乡活动中自制了花露水送村民，冬至时节自制了暖宝宝送环卫工人，重阳节自制了护手霜送给了宿管阿姨，这些"专业自制系列"先后被中国教育电视台、新华社等国家级媒体报道200余次，极大提升了学生的学以致用能力。

同时为提高学生的专业实践能力，我与学院、导工室沟通协调，面向全院学生开放实验室，每年面向全院教师征集课题项目，吸引本科生提早进入实验室开展科研。自2015年以来，共开放185项课题，共有400余名学生参与到教师的课题中。通过这些举措培养了一批科研能力突出的学生。

编者： 习近平总书记在同北京师范大学师生座谈时指出，做好老师要有扎实的学识，那您觉得作为一名辅导员应具备哪些方面的知识呢？

沈针：作为一名辅导员自己首先要有扎实的学识。教师自己的视野有多宽，学生的视野就有多宽；教师的思想有多深，学生的思想有多深；学生坚持什么样的理想信念，树立什么样的世界观、人生观、价值观，用什么样的立场、观点、方法看待和分析问题，很大程度上取决于老师是否有广博的知识，是否能把知识、道理讲通讲透。这就要求我们，首先要掌握马克思主义基本理论，并把它作为自己的看家本领，能坚持用习近平新时代中国特色社会主义思想铸魂育人，为青年大学生成长成才筑牢思想根基，这是事关思想政治工作的是非问题；其次要具备学习、处世、生活、育人的智慧，能够在多个方面给学生以帮助和指导；最后还应具备悟道的修养，传道的能力，能引导学生厚植爱国主义情怀，把爱国情、强国志、报国行自觉融入坚持和发展中国特色社会主义事业、建设社会主义现代化强国、实现中华民族伟大复兴的奋斗之中。这就要求我们一定要树立终身学习的理念，学会站在大师的肩膀上进行阅读，站在学生的角度进行反思，善于从他人的成功经验中汲取养分，在践行中不断总结提升，把工作经验丰富为育人智慧，努力成为自己工作领域的专家。

编者：沈老师，那您觉得做好一名辅导员的基础是什么？

沈针：作为一名专职辅导员，工作可谓千头万绪，学生的学习、生活需要你，学生的思想建设、能力的提升需要你，学生的课余文化活动开展需要你，学校的相关精神和有关部门的要求传达落实需要你，这都需要辅导员有强烈的责任意识和奉献精神。但如果一个辅导员不热爱自己的岗位，很难想象他在工作中能具有很强的责任意识和奉献精神，这既是对学生的不负责任，也是对自己的不负责任。对工作的热爱我想体现在两个方面。首先要具备对学生的爱心，"感人心者，莫先乎情"，作为辅导员，应爱自己的每一个学生，要能帮助他们解决思想上、生活上、学习上出现的问题和困难，做他们的良师益友，用真情赢得他们的支持和信任，做到既有情感中的教育，又有教育中的情感。其次要热爱自己的工作岗位，尊重自己的职业身份。热爱才能在工作中倾注满腔热情，才能坚定执着、脚踏实地。

编者：沈老师，您有着多年的辅导员工作经历，能否给我们年轻辅导员分享一些经验？

沈针：经验不敢说，我就结合习总书记提出的"四有好老师"的标准，分享一下我对辅导员工作的一点体会和认识。

第一要坚守初心，做理想信念的引领者。在多元化意识形态跨国界传播的时代，多种思想文化交流交融交锋，可能造成大学生政治信仰、理想信念、价值取向迷茫和模糊，要求我们辅导员不仅要关心学生暖心田，更要思想引领走在前。

第二要坚固清心，做道德情操的感染者。作为一名高校辅导员，首先必须做到"己正"。拥有明确的是非观念，以德立身、以德施教，唯有此，学生才能以师为镜，严格要求自己。其次，辅导员要有较强的责任意识和奉献精神，任劳任怨、脚踏实地。

第三要坚定信心，做专业知识的培育者。教育部针对建设高水平本科教育和提高人才培养质量提出了"回归常识、回归本分、回归初心、回归梦想"，作为一名高校辅导员，要紧紧围绕学生刻苦读书来做教育，引导学生求真学问、练真本领，真正把内涵建设、质量提升体现在每一个学生的学习成果上。

第四要坚持真心，做仁爱之心的陪伴者。作为辅导员首先要具备对学生的爱心，其次要热爱自己的工作。真心地对待每一位学生，尽职尽责做好自己的工作，全心全意为学生服务，以至诚之心对待学生。

李寿锋

李寿锋，男，汉族，1986年8月生，江西萍乡人，中共党员，研究生学历，思政讲师。现任南昌航空大学党政办公室调研科科长，曾任环境与化学工程学院专职辅导员、团委书记。承担"毛泽东思想和中国特色社会主义理论体系概论"等4门课程教学，主持或参与江西省教育规划课题等4项、教材编写1部、工作调研报告撰写10余篇，论文发表6篇，个人获省级及以上奖励与表彰16次、校级17次。

十年摆舟 渡人渡己

◎南昌航空大学 李寿锋

编者：李老师，您好！首先我想请问您当时为何选择辅导员这个职业？

李寿锋：回想起来，当初做选择的时候还确实让我认真思考了一番，我是2009年本科留校担任专职辅导员的，其实我当初的职业理想是做一名环保企业家的，本来计划考取专业研究生，毕业后再去打拼理想的，但事与愿违，没有考取。当面临择业的时候，我的辅导员、我的班主任给了我很大的引导和帮助，一方面我的学生干部经历让我有一种学工情怀，另外，我的一些基本素养还是符合辅导员岗位要求的，更重要的是教师这个职业是我非常敬重的职业，所以我来到了这里。

编者：现在您想怎样评价您当初的选择？

李寿锋：我越来越觉得自己当初的选择是正确的，现在更觉得能够成为辅导员是很庆幸的，简单地讲，既然选择了，就应该干一行、爱一行、专一行。辅导员工作也是一门"技术活"，也有"一招鲜""多面手"，也能成就理想，它让我们始终保持一种青春的风貌，一种奋斗的状态，一颗永远充满爱的心灵。

编者：从2012年的"辅导员年度人物"到2018年的"十大最美辅导员"，您觉得是什么支撑了您获得这份荣誉，或者说这两个节点的荣誉是对您哪些方面的认可？

李寿锋：其实，能够获得这两项荣誉对我来说是非常幸运的，给了我很大的精神动力和工作鼓励，也是对我阶段性工作的一个认可。借此机会，我要衷心感谢我们省委教育工委、教育厅给了我们辅导员很多这样展示自己的平台，给了我们相互学习、互相促进的机会；感谢我们专委会对我工作的认真指导和鼓舞认可；感谢我们南昌航空大学对辅导员工作的重视，对我们的精心培养；特别感谢我的学生们对我的信任和工作支持。我觉得，"辅导员年度人物"这份荣誉是对我2009年至2011年3年工作的一种鼓励，这是我辅导员职业生涯的第一阶段，可以说，这是我时间投入最多、战斗激情最满、环境适应最快的时期，一个从工作启蒙向职业化发展的过程，是一个适应期、摸索期。而"十大最美辅导员"这份荣誉是对我2012年到2018年6年间工作的一种认可。这个阶段是职业化向专业化发展的过程，经过第一阶段的工作经历，对学生工作具有了一定的认识和了解，形成了自身的工作方法，这时期更多的是在做好本职工作的基础上，进而思考各项工作的本质，对工作的前瞻性去认真把握，同时不断去积累经验和总结教训，把握形势，创新模式，是能力和素养的提升期和形成期。

编者：那这个时间跨度中您在工作上都有哪些变与不变？

李寿锋：变的是工作认识，从重点做好学生日常管理服务到核心做好思想教育引导的转变；变的是工作方法，从开始的"说教""灌输"转变为"言传身教""小故事大道理";变的是工作方式,从"点上突出""按步执行"转变为"点面结合"到"主动思考"。

不变的是初心。在当前教育系统开展的"不忘初心,牢记使命"主题教育中,我再次寻找了下自己的初心是什么,简单地讲,就是尽心做好本职工作,努力成就学生。而从辅导员定位层面来讲,我们的初心,应该是努力成为开展大学生思想政治教育的骨干力量,努力成为优秀的高校学生日常思想政治教育和管理工作的组织者、实施者和指导者,努力成为学生的人生导师和健康成长的知心朋友。

编者:"事务繁杂、点多面广",是我们大多数人对辅导员工作初步认识。在您看来,刚入职的辅导员应该重点从哪些方面去开展工作,或者说如何去认识工作,积淀自己?

李寿锋:的确,刚参加辅导员工作这种感受很真实,似乎没有午休,没有周末,"5+2""白+黑""996"成了辅导员工作状态的代名词。但是,随着我们不断地认识工作,潜心地去学习,精心地去计划,专心地去执行,细心地去总结,我们就可以发现,这份工作表面上是"事务繁杂、点多面广",其实本质是有规律可循的,而且是有具体类别、有效方法的。2014年3月教育部颁布了《高等学校辅导员职业能力标准》(暂行),明确提出了高校辅导员的基本职责主要有思想政治教育、党团和班级建设、学业指导、日常事务管理、心理健康教育与咨询、危机事件应对、职业规划与就业指导等,其中,思想政治教育是辅导员最重要的工作。这其实就是我们辅导员队伍专业化、职业化发展的指挥棒,让我们知道该有什么、该干什么、该怎么干。我们只有加强自身的辅导员职业能力培养,使之符合国家规定的职业能力标准,才能真正实现职业化、专业化,换句话说,我们工作能力行不行的重要标志之一就是是否具备了《能力标准》规定的相应职业能力。

对于刚入职的辅导员,我觉得可以从最底线的、最基础的工作做起,从管理服务角度着手,那就是安全教育。摆安全之舟,渡学生平安成长。首先,我们应该清醒地认识到"办学治校,安全为要",学生的安全稳定是学校安全稳定的最大基数,也是学校安全稳定责任高压区和任务攻坚区,是学校管理工作重要内容之一。而保障学生安全就是我们辅导员的岗位职责的内容，学生安全稳定是一切学生工作的前提，没有这一点，任何成绩与荣耀都显得苍白无力。我们南昌航空大学学生工作近年来一直围绕安全稳定实践探索，推行了平安班级建设工作，出台了校领导联系班级制度，建立了班情数据统计与报送常态化制度，实行特情信息获取与报告实时化、平安班级建设例会制，开展主题班（团）会课程化建设等等，每天做好学生"突、急、险、重"等特情信息的实时获取和报告，将学生24小时安全动态管控风险率降低至0.11%左右，取得了良好的效果。对于辅导员来说，安全教育必须从严、从细、从全去执行，主要可以从关注心理有困惑、身体有缺陷、经济有困难、学业有压力、就业有困境、行为有过错的特殊群体出发，做登记，常备录，多谈心，多交流，时消除，定反馈。一直以来，我形成了进教室、进寝室、进活动"三进"的工作制度，打通与家长、任课老师的沟通渠道，与同学们建立起了朋辈式关系。每周下达宿舍2—3次，每学期与近70名学生谈话，形成重点谈话记录；通过心交心的沟通与辅导，引导了10余名同学消除网瘾，走进课堂，完成学业；通过家校联动，解救出3名加入传销组织而无法自拔的学生；坚持"走访—排查—谈话—对策"的心理引导模式，引导7名心理困惑学生如期毕业；坚持"键对键、心连心"网络思政教育方式，积极传播正能量，多次引导失恋学生重拾信心，乐观向上；应对危机事件，迅速反映、立即启动、准确判断、措施有效、适时沟通，举一反三，成功处置了2起学生安全突发事件，未造成不良影响与严重后果。我们只有把安全这根绳紧紧攥在手中，张弛有度，才能为其他工作的顺利开展打好基础，也正是因为这些工作需要细心、耐心、恒心，才让我们感受到它的繁杂琐细，它的千头万绪，而我们刚从事这份工作，需要在这些方面多加磨砺，去认识，去提高。

编者：我们注意到，您发表的一些论文和在优秀辅导员工作案例、工作论文、博文评选活动中的多次获奖，其中很多都与大学生职业生涯规划教育、就业指导相关，请您分享一下对这方面的认识和经验做法？

李寿锋：我觉得大学生职业生涯规划教育和就业指导就是我们思想政治教育的拓展延伸，它们具有包含与补充的关系，它也是我们做好学生工作的重要载体，或者说是衡量我们学生工作成效的一个主要观测点。它也是贯穿学生整个大学四年求学生涯的一条引线，既有理论教学更有工作实践，我们学校在这方面有较为系统的探索实践。首先，在课程方面，依托"大学生职业生涯规划""就业指导"两门必修课程，其教学目标明确化，教学内容系统化，教学过程个性化。其次，大力推进"课程思政"思考，强化思政元素的融入，进一步提升课程育人效果。挖掘了"正确的职业价值观与大学生理想信念教育融合，自我认知与客观认识自我教育融合，职业生涯发展理论与人的全面可持续发展教育融合，学生职业发展取向与浓厚的航空国防情怀教育融合"4个思政元素，在这方面的改革实践获得了2019年江西省教学成果一等奖，"职业发展与就业指导"获批2019年江西省高校"课程思政"示范课程立项。最后，注重学生职业生涯规划的个性化设计。注重量体裁衣，因材施教，精准施策，从大一到大四整个过程，所涉及的学业、社会实践、生活规划、奋斗目标等方面都正确地教育引导和客观地评价反馈，形成了"一生一方案""私人订制"的职业规划模式。

摆发展之舟，渡学生专业成才。我比较注重学生的全过程引导，我觉得这种引导也是为学生职业发展"扣好第一粒扣子"，突出以学业思想指导为重点，结合"扬长、补短、培优"的理念，采取了分年级、分阶段、分对象的方式开展工作：大一侧重大学生角色转换及文明习惯养成的引导，大二时强调专业学习和成长成才的目标树立，大三倾向于学生学业与职业规划的引导，大四则侧重对毕业生就业能力与素养的提升。主要在学业困难学生上实施了"一帮一"结对、学生党员帮扶、专业课程辅导等育人机制，建立了学生成绩分析与反馈机制、学业困难学生谈心谈话制度，带出了几个无挂科、无补考的"四无"先进班级。在创新创业实践教育中，推广了名师、名项目、名实验室、名企业"四名工程"创新创业实践教育理念，创立了"化时代"众创空间，实现了学院学生参与全覆盖，荣获"挑战杯"国赛二等奖1项、三等奖3项，省赛特等奖1项、一等奖2项等成绩。在就业指导方面，对学生的职业倾向全面调查，对就业路径进行分类，实行有针对性的推荐，实现入职匹配。其中，搭建校企双选平台，与80多家就业单位、500多名对应专业校友建立了联系，就业质量得到了大幅提升，实现了学生成长成才的培养目标。

编者： 刚才您提到了培养学生成长成才，而我们都知道，人才培养是系统性工程，都是围绕立德树人这个根本任务，在当前"三全育人"要求下，您认为辅导员在立德树人过程中发挥着怎样的作用，其中最核心的工作又是什么？

李寿锋： 这个是习近平总书记在全国高校思想政治工作会议上指出的，"三全育人"要求高校辅导员围绕立德树人根本任务开展人才培养和育人工作，这具有特定性，让我们明确了方向和任务。我觉得，辅导员是全员育人中的关键一环，发挥着极为重要的作用，我们应该积极努力地成为立德树人的参与人、践行人、推动者甚至是主导者。

摆信念之舟，渡学生梦想成真。我觉得辅导员最核心的工作肯定是思想政治教育与价值引领，其中最重要的是理想信念教育。初次开展这项工作，是非常有压力的，总觉得教育引导得比较空洞，缺乏说服力，有时还会存在自身认识模糊的现象，针对性不强，内容不贴近，方法不新颖，都是影响其成效的因素。为此，我还是花了很大功夫去改变的。首先是做到常学常新，10年的辅导员职业生涯中，我把《马克思主义基本原理》《中国化马克思主义概论》《毛泽东选集》《习近平新时代中国特色社会主义思想学习纲要》等理论著作都认真学习了一遍，这个收获很大，它促使我成为一个坚定的马克思主义信仰者，让我明白辅导员应该培养怎样的学生。其次，我非常注重结合校情和专业情况去开展理想信念教育，契合学生的实际，以形式新颖、喜闻乐见的方式突出学生爱国主义教育和航空国防教育。青年兴则国家兴，青年强则国家强，习近平青年观从价值、方向、组织、实践各个角度都有重要的论述，这给我们大学生理想信念教育提供了理论借鉴和实践遵循，既要有常态化的教育也要有特色化的引导，所以我们应该多读、多学、多想、多做。

编者： 听刚才您的介绍和分享，我感觉，要做好一名辅导员的确不容易，辅导员这个岗位对素质能力都要求很高，请问您作为新入职辅导员应该如何去提高自己呢？

李寿锋： 我很赞同，要做好辅导员，的确不容易。首先辅导员是一名老师，其次是一名思想政治老师，最后才是一名辅导员。所以说，学生要一杯水，老师需要有一桶水，而辅导员老师需要有一井活水。我记得，习近平总书记在同北京师范大学师生代表座谈时讲过："好老师没有统一的模式，可以各有千秋、各显身手，但有一些共同的、必不可少的特质。第一，做好老师，要有理想信念；第二，做好老师，要有道德情操；第三，做好老师，要有扎实学识；第四，做好老师，要有仁爱之心。"2019年，习总书记在学校思想政治理论课教师座谈会上要求思政课教师做到"政治要强，情怀要深，思维要新，视野要广，自律要严，人格要正"。而《普通高等学校辅导员队伍建设规定》对辅导员提出了"恪守爱国守法、敬业爱生、育人为本、终身学习、为人师表的职业守则；围绕学生、关照学生、服务学生，把握学生成长规律，不断提高学生思想水平、政治觉悟、道德品质、文化素养；引导学生正确认识世界和中国发展大势、正确认识中国特色和国际比较、正确认识时代责任和历史使命、正确认识远大抱负和脚踏实地，成为又红又专、德才兼备、全面发展的中国特色社会主义合格建设者和可靠接班人"的工作要求。从"四有"到"六要"再到具体工作要求，都要求我们辅导员素质能力过硬。

我觉得素质能力提升的过程是一个需要付出辛勤劳动和汗水的历程。一要提高政治站位和深厚教育情怀。在学生人生的"拔节孕穗期"，给予学生足够的阳光雨露。二要具有马克思主义理论水平和运用马克思主义的能力。这是由辅导员的历史使命和工作性质决定的，它要求辅导员应该成为思想先进、政治素质过硬、讲原则、识大局、顾大体的德育工作者。三要丰富自己的知识体系。辅导员有着教师和管理人员双重身份，需要承担教学任务，需要开展思政教育，需要处理日常事务，其中涉及教育学、心理学、管理学、法律法规等多个领域知识，只有不断丰富这些知识，才能工作游刃有余，让学生受益，让学生信服。四要增强工作的执行力和总结能力。学生工作事无巨细，更多的要亲力亲为，高效的执行才能解决实际的问题。五要敢于尝试，善于创新工作方法。虽然辅导员工作事务多，但是我们也要把自身从烦冗的琐细事情中抽离出来，这个就是我们的工作方法，否则我们只会停留在抱怨、埋怨之中，"动之以情、晓之以理、处之以规"

是辅导员工作"情、理、法"的不变法则。

编者："十年摆舟，渡人渡己"，是您给我们今天的主题，这应该也是您辅导员事业的心路历程的缩影和感慨吧，我想听听您所说的"渡己"又是什么？

李寿锋："十年摆舟，渡人渡己"这个心路历程还是有问号、省略号和感叹号的，在辅导员岗位上10年，我始终把学生放在第一位，把工作放在第一位，心里时刻装着的是学生，我也相信，我们绝大多数辅导员都是这种心境。辅导员工作是一个做"人"造"魂"的工作，我们就像一个摆动小舟的平凡人，希望用自己的全部力量渡每一位学子顺利抵达成功的彼岸。摆舟渡河的酸甜苦辣，就是我们辅导员人生磨砺的味道，渡他人也是渡自己，它是我们实现自我价值和满足感的体现。学生给了我自信，给了我认可，给了我价值，给了我意义。

编者：十年如一日，用奉献诠释青春，坚守赤诚初心，育得满园芬芳，非常感谢李老师的分享，也希望您在新的岗位上充实快乐。

刘 阳

刘阳，男，汉族，1991年1月生，江西南昌人，中共党员，硕士研究生，讲师，国家二级心理咨询师，江西省普通话测试员，东华理工大学首批创新创业教育校内导师。自2015年起在东华理工大学文法学院先后担任专职辅导员、团委书记、党支部书记等职务，荣获"江西省高校十大最美辅导员""江西省优秀团干部"等国家级、省级奖励十余项。

与青春共舞：平凡者的不平庸之路

◎东华理工大学　刘阳

编者：刘老师您好，您当初是怎么走上辅导员这条路的呢？

刘阳：我觉得最初是因为上学时的团学情怀，是一份热爱。在上大学的时候就一直担任团学干部，喜欢和学生们在一起，喜欢做团学工作。做团学工作期间，很多优秀的老师、学长学姐们教会我一种理念，那就是在任何时候始终要保持勇气、锐气和朝气，努力把每一项工作都干到极致、干到最好，做到高起点、高标准、高质量，不计个人得失，不怕吃苦流汗，才是优秀的团学人。

后面正式从事辅导员工作之后，遇到了很多优秀的领导和前辈老师，教会我如何做好辅导员工作，在团学工作中进一步成长。当时作为刚毕业的学生，第一次有了自己带的学生们，我称之为与青春共舞，自此自己的人生也变得不一样了。之所以坚持做好这份工作，更多的是那种"传道、授业、解惑"的成就感和满足感。因为帮助学生解决困惑，使他们走出阴霾，帮助学生规划成长路径，能够使他们有更多的人生选择，当你帮助一个个普普通通的孩子变得不平庸，甚至更出众的时候，我觉得这比什么都重要。平凡的是出身，是岗位，不平凡的是思想，是格局，每个学生都有自己的光芒，只是需要有人来把它点亮，我觉得辅导员应该成为那个人。

时不时会收到不少毕业学生的电话和信息，很多人都是告诉我，通过他们自己努力后的进步和变化，说实话听到他们的好消息后，我也非常替他们高兴。有些毕业的学生自己当了老师，有了自己的学生后，给我发消息说："老师，我觉得您真的不容易。"作为他们的辅导员，能够看着这些孩子们都真正长大成熟，我觉得这才是值得开心的事情。

编者：您认为什么样的辅导员才是好的辅导员？辅导员的"互联网+"思政教育应该怎么做？您认为贵校是怎么做的？

刘阳：我认为好的辅导员应该努力践行专业化、科学化的学生工作理念，坚持用无微不至的爱心为学生的成长服务，注重创新，用严谨的科研态度和方法探索育人学问，用心做好学生工作。辅导员应该是离学生最近的人，更是最亲的人，是学生成才路上的良师益友，既有谆谆教诲，也有身体力行，扎实做好立德树人。

我认为新时代辅导员应当善用"互联网+"思政教育，做学生坚定信念的引航人。在常规工作中要有新思路，在重复工作中要有新点子，在自选行动中要有新成效。可以用科研带动实践工作，坚持打造"互联网+思想政治教育"，依托获批的各类科研项目资助支持，将互联网背景下的"人文视觉素养"融入思想政治教育，设计文化熏陶与思想教育互动的规范路径，将思想引领工作落细、落小、落实，达到使学生入眼、入脑、入心的效果。

我们文法学院开设了广告学、汉语言文学、法学等专业。在上级主管部门和学院党政领导的关心指导下，我和学院的同事、学生干部们组建了学生工作团队，立足文法学院专业特色，将思想政治教育与专业学科教育培养相结合，围绕提升中文专业的创意写作能力、广告专业的创意图文视频制作技能、法律专业的法律咨询应用水平，积极打造思想政治教育实践新媒体平台，将党的理论体系及主流思想价值，融入大学生所处的新视觉文化环境中，通过探索微视频、微电影、动漫、创新图文等形式，依托网络与新媒体平台，构建思想引领的青年话语表达体系和表达机制，将思想理论教育元素融入青年视觉文化产品的设计、研发和输出等环节，有利于提高大学生接受思想价值引导的效度和范围，增强思想引领工作的实效性，实现思想引领工作模式的创新。

编者：用活融媒体、打造新思政，是新时代形势所需。贵校在"互联网＋"思政教育上的新举措非常值得我们借鉴学习。

刘阳：谢谢，我们利用这种模式实现了思想政治教育的拓展和延伸，提升了思想政治教育工作的吸引力和感染力，成为学生真心喜爱、乐于参与的平台，也成为学生思想政治教育、理想信念教育的重要阵地。我们通过指导校清廉学社廉政文化建设活动、承办"鼎秀枫林"文化讲坛、创办电子刊物《玉茗》等形式，形成思想有"方向"、院内有"榜样"、理论有"书籍"、网络有"声音"、实践有"载体"的思想政治教育工作新模式。

我们组建学院大学生传媒中心，紧紧围绕"以'核军工'精神铸魂育人"这条主线，大力加强青年大学生的网络思想政治教育工作。通过运营官方微博、微信号，根据不同年级学生的思想特点和成长规律，结合校庆日、五四青年节、开学季、毕业季等重要节庆日和时间点，推送贴合青年需求、符合青年品位的网络文化产品。一系列形式新颖、内涵深刻的网络文化产品以"小清新"的姿态讲"大道理"，用"键对键"的形式将大学精神和文化广泛深入地传递给青年，润物无声地教育和引导青年。

其中，我们指导学生团队制作的《我与宪法》手绘视频在人民网首发，获得人民网首页特别推荐、人民网强国论坛置顶，共青团中央官方公众号发布，江西共青团、四川共青团、赣青团学等团组织官方微博转发，人民网、中国文明网、环球广播资讯等多家权威网络媒体转发，播放量高达417.9万次（截至2018年12月），荣获2018年全国大中专学生志愿者暑期"三下乡"社会实践"千校千项百佳创意短视频"。制作的《推广普通话，共筑中国梦》手绘视频，获得团中央学校部和教育部语言文字应用管理司的肯定。该视频作为教育部2018年"推普脱贫攻坚"全国大学生暑期社会实践专项活动团队（东华理工大学文法学院社会实践团队）的优秀实践成果之一，在团中央学校共青团网站上作为典型视频刊发，受到《语言文字报》、中国青年网、中国共青团网、教育部中国大学生在线、江西文明网、江西教育厅江西教育网、江西语言文字网、凤凰新闻、中国江西网等媒体报道和关注。这里我想感谢的是我们的那些可爱的学生干部们，他们往往为了把工作做好，经常和我们一起加班工作，却毫无怨言，正是这些努力让他们变得更加出彩，取得的成绩正是因为所有人的共同努力才变得越来越多。

编者：网络思政育人是加强党对思想政治工作全面领导、落实立德树人根本任务、增强思政育人实效的必要之举。您认为辅导员在学生日常教育管理中如何运用好网络媒体？

刘阳：我认为辅导员应巧用"大数据分析平台"，做好学生成长的服务者。可以采用大数据分析关注学生成长，用制度化、体系化管理推进学生成才。我尝试搭建学生育人大数据管理体系和平台，汇聚学生学习成绩、第二课堂数据、心理数据、生活数据等各个层面的大数据，对所带学生大数据分析和挖掘，充分利用大数据量化研究优势，依据学生不同维度需求，把大数据嵌入管理育人、服务育人的各个环节，根据学生知识、能力、人格、心理和生活五个维度，构建"五位一体"的系统化、制度化的学生育人工作体系。

我们团队共同建立了"大学生菁英计划"成长档案。我们坚持给每个学生建立成长档案，档案中主要包括学生的学期计划和目标、学习和生活方面的情况等等。以学期为单位让学生对成长档案的计划和内容进行修改和补充。通过这种方式，让每一份努力都被关注，每一次进步都被记录；让学生时刻谨记不忘初心，时刻清楚自身目标并为之不懈努力；通过成长记录模式，多维度地记录分析所带学生的学习成绩、社会实践、荣誉表彰、工作意向等方面信息，清楚地掌握学生的综合状态，不断完善成长档案内容，提升成长档案精准度，从而为学生工作提供详细依据和明确方向。

我们还实施了"青春打卡计划"。在班级管理中，和学生们共同发起"青春打卡计划"并纳入大数据管理记录。活动约定每天都坚持做一件有益的事情，坚持养成好习惯（不迟到、不早退等）、坚持持续学习（早起背单词、阅读等）、坚持做好事（参加志愿服务等），并记录参与者的完成情况。身体力行地带动学生学会坚持、学会完善自己，帮助学生（特别是"三困生"）从点滴养成好习惯。建立文法学生志愿服务队，鼓励学生们积极投身服务奉献，做雷锋精神的传承者，做社会主义核心价值观的践行者，该服务队获得共青团中央"三下乡"社会实践表彰、江西省"三下乡"社会实践表彰、东华理工大学十佳青年志愿服务队、雷锋班集体等集体荣誉。

编者：学生事务无小事，面对那么多学生，您在处理学生日常管理工作中有什么心得，有什么好的经验可以和大家分享？

刘阳：我们认为要以小见大，大题精做，做好顶层设计。通过从严管理学生干部队伍、健全学生工作运行机制、加强大学生工作理论成果转化应用等多种措施，引用完善了学生管理工作"五位一体"的组织体系，构建了"知情——报告——帮扶"的工作体系，提升了微时代学生管理的科学化水平，充分提升了学生工作管理效率。

比如迎新工作，由于辅导员要在短时间内了解所有新生各方面的情况比较困难，同时传统的方式亦无法引起学生的兴趣和共鸣，再者很多有心理问题的学生也无法在第一时间被发现。我和我的学生工作团队结合心理学专业知识，为新生设计了一堂特殊的入学教育课——"新生训练营"。构成"四个一""八个一""十个一"的固定模式，即四个小组活动场地一致、八个小组活动主题一致、十个新生小组的组长一致。新生训练营围绕思想政治教育这一主题，以身心素质拓展、感恩教育、知识竞答、演讲写作等形式，分别开展了"新生答题

会""一封家书""阳光素拓""我理想中的大学""趣味读书会""写给未来
自己的一封信"等系列活动。通过简单的体验式活动，营造快乐、活跃的气氛，
在短时间内帮助新生树立正确的世界观、人生观和价值观，帮助新生解决入学后
的"不适应"症状，消除新生对新环境的陌生感，更好更快地适应大学生活。

**编者：我们提倡"三全育人"，要将立德树人工作抓细抓小抓实，夯实育
人平台建设，您在学生日常管理工作的其他方面还有哪些好的妙招可以和大家
分享？**

刘阳：在创新创业教育上，我们认为应当构建"互联网+双创"模式，做好学
生面向社会的引路人。注重双创学习指导，做学生创新创业的领路人。善用"互
联网+"思维，以培养学生"双创"能力为核心，以学生为主体、以市场为导向，
助力学生创新创业走向新高度。我们应该秉承"差异中求发展，发展中现优势"
的理念，针对不同年级学生创新创业能力培育的需要，系统地划分学生创新创业
的不同需求和不同发展阶段，以综合素质养成和个性发展为辅助，相互融合、相
互渗透。我们引入和完善"互联网+创新创业"多元渗透培养模式。学生们热情参
与"双创"活动并如鱼得水，近几年所带学生获得全国大学生"双创"精英赛、
江西省创青春创业大赛等大赛奖项多项，入驻东华理工大学创业孵化园项目3项，
指导学生获批国家级创新创业训练项目2项。所带学生"爱美"妹子的创业成长事
迹受到江西教育网的报道关注，并得到包括江西大学生在线、江西手机报、江西
网络广播电视台、大江网等多家媒体的转载报道。

在社会实践方面，我认为要精心开展社会实践，提升学生综合能力。因为
学生要综合发展，而不是只会学习。我们以团委工作为平台，为学生搭建了诸多
社会实践平台，精心组织了新建区特殊学校爱心书法教学、滕王阁志愿服务、南
昌居民社区清理、宪法日法制宣传等系列活动，弘扬"奉献、友爱、互助、进
步"的志愿精神，培育了具有学院专业特色的志愿服务文化，让学生利用假期和
课余的时间发展自我，提高自身综合素质。所做工作历年来多次获评东华理工大
学优秀志愿服务项目、雷锋班集体、志愿服务先进个人、十佳青年志愿服务队
等。结合专业特色和学生实际情况，组织学生开展了"'互联网+教育'乡村支

教服务"" '魅力井冈'红色寻访"" '美丽江西'生态文明调研""农村推普行"等形式多样、内容丰富的社会实践活动，得到了教育部、团中央、江西省教育厅、江西省语言文字工作委员会等部门的关注和支持，受到人民网、中国青年网、江西教育网等媒体的广泛报道，所带社会实践团队获团中央、教育部相关部门表彰多项，被评为"江西省暑期社会实践优秀服务团队"，收到教育部、团中央部门发来的表扬信。

编者：在采访结束之际，请您用一句话概括您对自己辅导员工作的认识。

刘阳：立德树人，将心比心，以情换情，与青春共舞，点亮平凡者的不平庸之路。

（扫码观看人物介绍）

朱 姝

朱姝，女，汉族，中共党员，江西省十大最美辅导员，曾获江西省第六届辅导员素质能力大赛一等奖，全省高校公共安全教育骨干教师教学能力展示活动一等奖。坚持"以生为本、立德树人"，做学生成长的引路人。其所带班级先后荣获全省活力团支部、校先进班集体、五四红旗团支部称号。

亦师亦友 润物无声

◎赣南师范大学 朱姝

编者：朱老师您好，您担任辅导员的工作多长时间了呢？在这期间，您是如何认识辅导员这个工作的？

朱姝：我是2012年从事辅导员工作的，至今已经快8个年头，马上就要送走我的第二届毕业生了。对于辅导员这个工作，我认为辅导员就是奋斗在学生思想政治教育工作第一线的工作人员。我曾经在网络上看到有人定义了一个万能辅导员公式：辅导员=民工的体力+领袖的头脑+文员的文笔+打字员的速度+侦探的洞察力+外交官的口才+教师的知识+医生的常识+特种兵的适应力+心理问题的忍耐，我觉得这非常形象地描述了辅导员的工作和要求。作为一名辅导员，就要有"用真心关爱学生，用真爱温暖学生，用真诚感动学生"的信念，去努力成为学生思想上的领路人、学习生活上的知心人、成长道路上的铺路人。人们说辅导员的工作就是"白加黑，5+2"连轴转、"两眼一睁，忙到熄灯"，确实非常辛苦，但是辛苦之余，这份工作带给我们的也是满满的成就感和幸福感，因为作为辅导员我知道我的学生们怎么去适应五彩缤纷的大学生活，帮助他们成长成才，帮他们解决心理问题、日常管理问题和职业生涯规划问题。在这期间，学生跟我建立了相互信任的关系，他们有什么心里话都愿意跟我分享，毕业后还会经常找我聊天，我很享受当辅导员的这个过程，辅导员这份工作对于我已然不仅仅是一份工作，更是一项事业和一种幸福。

编者：朱老师，对很多人来说，老师是一个让人敬畏的词，您是如何让您的学生愿意跟您敞开心扉，信任您的呢？

朱姝：习近平总书记曾经说过："爱是教育的灵魂，没有爱就没有教育。爱心是学生打开知识之门、启迪心智的开始，爱心能够滋润浇开学生美丽的心灵之花。"我觉得在工作中，一定要把对学生的管理寓于对学生的关爱之中，让学生真正感受到你是真心实意地爱护学生，关心他们的成长进步。我在与学生聊天的时候经常喜欢把我自己的经历加进去，让他们感觉其实老师当年也跟他们一样遇到过同样的困难，老师是怎么度过的，他们也一样可以跨过这道坎。其次，我会让他们也当我的老师，因为学生是新生力量，他们也知道很多我不知道的新兴事物，在跟他们聊天的时候我也会学到很多当下时兴的名词和事物，这样我跟他们交流他们也不会觉得我跟他们有年龄代沟，可以瞬间拉近我们之间的距离。最后就是要利用线上这个平台，现在微信是我和学生交流的新的媒介，很多时候，有同学害羞不好意思找我当面聊，就会主动加我微信，这样也拓展了我与同学们交流的空间和渠道。同时在学生各种活动中，我尽量都参与其中。只要学生有困难，积极第一时间帮助解决。我发现有时辅导员很小的关心，学生都会记在心中，所以一定要真真正正地去解决学生们的实际困难，正是这样，学生才感受到老师最真实的一面，有一种被老师信任与肯定的感觉，他们会记在心中，也将真诚回馈给你。

编者：那您在辅导员工作中有没有自己的特色模式呢？

朱姝：当然我也有自己的一套方法，具体说来：

一、坚持立德树人，努力争做学生思想上的领路人。党建工作是高校思想政治工作的重点，作为学生党支部书记，我始终坚持以坚定的信念和科学的理论武装头脑，采用丰富的教育载体，不断提高学生党员的理论素养和基层党组织的凝聚力、战斗力。同时，我还积极寻找党建工作和学生工作的结合点，以重大节日、纪念日为契机，先后开展了"弘扬苏区精神　坚定党员信念""缅怀革命先烈，传承红色基因""追寻赣师发展足迹　争做'三严三实'表率"等主题党日活动，帮助学生坚定正确的理想信念，引导学生树立正确的人生观价值观。与此同时，还密切关心学生党员的学习、生活情况，在本支部发展红色学习型学生党组织，利用"三会一课"制度，严格要求学生党员在学习和生活上处处起到模范带头作用，真正做到"创先争优"。为了增强党课的趣味性与知识性，我从形式、内容上对党课进行创新，我让学生党员主动上讲台，学时事、讲热点，深受学生喜爱。

二、坚持以生为本，努力争做学生学习生活上的知心人。我有一条工作信念：只有真正融入学生生活，才能真正走进学生心灵。在工作中坚守固有的"规格"，不论日夜、寒暑，都要一心一意为学生排忧解难，守护着学生的健康成长。我为困难学生筹过款，为经济困难学生找过工作，给情绪低落的学生写过信。有个学生因右臂残疾，已经连续两次考上大学被大学拒收，2012年被我校录取，因为身体原因转到英语专业，学业出现严重困难。我主动找到该生，经常找他谈心，鼓励和指导他，最后该名同学顺利毕业，并且考入家乡的中学任教。家在云南的小丁暑假留校准备考研期间高烧不退，父母无法赶来。我带着小丁奔走于医院诊治并悉心照料。孩子逐渐康复，家长打来电话感激。每到寒暑假就闲不住，对不及格学生坚持"深谈订计划、学霸线上帮、考前多鼓劲"的"假期三部曲"。

　　三、坚持大爱育人，争做学生成长道路上的铺路人。近8年辅导员经历，用自己的评价，前4年是"爱心姐姐"，后4年是"爱心妈妈"，因为自己有了孩子，会更从母亲的角度去思考学生问题，一个"爱"字贯穿在工作的始终。面对日趋严峻的就业形势，作为2016届毕业生的就业联络员，我积极帮助和指导毕业生考研、就业。针对毕业生不同需求，先后开展考研动员大会、博士老师考试经验分享会、就业形势分析会、复试经验传授会和毕业生就业推进大会，邀请学院专家、博士老师、创业导师为学生就业提供指导。同时建立学生就业意向台账和就业困难学生档案，及时掌握学生的就业状态，积极搭建就业平台，邀请用人单位进校招聘，并做好对就业困难的学生的重点推荐工作。我告诫自己，干工作要有"钉钉子"精神，一锤接着一锤，钉牢一颗再钉下一颗。2016年，我初次负责毕业生工作，面对英语师范专业就业面狭窄的困境，我展开了细致调研，很快发现，根深蒂固的"铁饭碗"观念和不太畅通的就业渠道严重影响着学生就业。为转变学生的就业观念，在一年内组织了近20场校友讲座、考研辅导、就业座谈，引导学生就业，帮助学生树立"先就业，再择业"的就业观，也积极帮助学生考研。

　　编者：感谢您的慷慨分享，每个人心中都有一件最难忘的事情，您在辅导员工作中有没有让您开心或者印象深刻的事情呢？

　　朱姝：其实在我的辅导员经历中，我记得最清楚的并不是那些解决了或者是取得了很好成绩的辅导经历，虽然那些经历代表我自己的付出取得了效果，我的努力没有白费，让我很开心，但是印象最深刻的往往还是那些没有解决的事情。因为我会发现在我已经付出很多努力，甚至是动用了全身或者其他尽可能的力量去帮助学生的时候，他却还是执拗不听，到了最后碰壁失败，回头却为时已晚，那个时候后悔莫及，再来找我，想让我帮助他的时候，我也无能为力，只能深深地感受到惋惜，那个时候会觉得自己作为老师也有一种无力感。其实辅导员也不是万能的，也不是无所不能的，我们也会有很多困惑，很多不能解决的事情。但是还是由衷地希望可以尽自己最大的力量让学生们不要走弯路，可以圆满地完成学业，有一个美好的未来。

编者：在这个快节奏的现代社会里，"压力"似乎也成为人们日常生活中常挂在嘴边的一个词，那您在工作中，是如何去缓解压力的呢？又是如何去帮助学生释放压力呢？

朱姝：当然，我也会有压力，虽然在前面我说辅导员的工作给我带来了满满的幸福感，但是毕竟辅导员工作烦琐、有的时候甚至不值一提，但又是细中见大，非常重要，牵一发而动全身，所以在工作中，我是带着使命感和责任感在做这份工作，酸甜苦辣皆有之，有时也很有挫败感和无力感，所以说我也是在工作中成长的。所以一定不能忘记在工作之余也要提升自我。首先要静下心来读书，静心思考。让自己沉淀下来，静心思考，远离浮躁之气，并能乐在其中。一本哲学经典，要深度解读，起码得花上几个月的时间。积累的过程是枯燥的，但长期的积累才有可能厚积薄发，意识到自己的短板就要努力去补救，有足够宽阔的视野，就具有问题意识，知道如何寻找解决问题的办法。同时，我也非常愿意参加一些辅导员的论坛和比赛，因为通过跟同仁们的讨论和切磋，可以学到很多，也可以重新获得新的动力。那么对于我的学生，首先我要用自己的行动赢得学生的尊重。同样一句话，在不同的时候，用不同的语气，从不同人的嘴里说出，会产生截然不同的效果。当学生非常尊重你、崇拜你时，你说的话，他会非常重视；而当学生在心里根本不接纳你、不认同你，你说得再多，再苦口婆心，他也懒得听。而这种尊敬的赢得，可能是通过你不断进取的精神、你的爱心、你的耐心、你的正直、你的豁达、你所表现的自信心、你的一句鼓励的话语、一个到位的点评、一个信任的眼神得到的。其次，多一些鼓励，少一些数落。在学生犯错时，一定要考虑他们的情绪、性格特征和思想状况，找个他们能接受的方式进行批评教育。让学生感觉到我的关心无处不在，我可以是他们精神家园的引导者和守护者。无论什么时候，我都会及时出现，做他们坚强的后盾，给予他们力量。

编者：那么结束之余，您还有什么寄语想送给一同奋战在辅导员工作中的战友吗？

朱姝：每个孩子都是一粒种子，我愿做阳光，给他们以温暖；我愿做雨露，给他们以滋润；我愿做土壤，给他们以生机勃勃。作为辅导员队伍中的普通一员，我始终忘不了当时的入职誓言，那就是"我志愿成为一名高校辅导员，拥护党的领导，献身教育事业，恪守职业规范，提升专业素养，情系学生成长，做好良师益友，为培养社会主义合格建设者和可靠接班人而努力奋斗！"接下来的日子里，让我们继续用恒心、热心、爱心在平凡的辅导员岗位上谱写动人的诗篇。

（扫码观看人物介绍）

廖子龙

廖子龙，男，汉族，1990年9月生，中共党员，国家三级心理咨询师。2011年7月走向辅导员工作岗位，现为赣南师范大学历史文化与旅游学院专职辅导员。曾获第五届全国高校辅导员职业能力大赛第五赛区复赛优秀奖、第六届江西省高校辅导员素质能力大赛一等奖。

甘于奉献 潜心育人
做学生成长成才的引路人

◎赣南师范大学 廖子龙

编者：廖老师您好，您认为如何才能做好辅导员工作？

廖子龙：春风化雨，润物无声。辅导员工作以育人为本，是一朵云推动另一朵云，一个灵魂影响另一个灵魂的过程。古人云，"不积跬步，无以至千里"，辅导员工作亦是如此。作为大学生思想政治教育工作的骨干力量，辅导员唯有心怀关爱，身怀过硬本领，脚踏实地，点滴积累，甘于奉献，潜心育人，才能真正做到引导学生坚定理想信念、心怀远大抱负，帮助学生解决实际困难，"辅"学生成长，"导"学生成才，做学生成长成才的引路人。

编者：廖老师，您从事辅导员工作的理念是什么？工作以来有没有让您比较难忘的经历？

廖子龙：我觉得做辅导员要形成自己的理念，在辅导员的工作岗位上，我始终过得很充实，走得很坚定。我认为辅导员是学生的"摆渡人"，辅导员需要做的是"助人自助"，做好辅导员工作要有情、有爱、有心；我也始终告诫自己：做一名辅导员总要有点"日日行，不怕千万里；常常做，不怕千万事"的勇气、耐心和坚持。

比较难忘的经历是从事辅导员工作第一年，我带领着500余名大四毕业生前往北京的校外实训基地完成实训教学、顶岗实习、毕业设计等工作，这是一名基层普通辅导员所承担的不普通的责任。我承担的就是这样一种责任。"3+1"的办学模式也决定了辅导员工作的特殊性。在校外，我需要负责500余名学生的日常管理、就业指导、实习管理以及学生党建等一系列重要的工作，学生的思想动态把握和安全维稳显得更加重要。我处理过学生陷入非法传销、遭遇虚假招聘、突发疾病等突发事件，也处理过学生感冒发烧、宿舍矛盾、消极就业等一件件日常工作，但一直以来都秉持着"学生工作无小事"的工作原则，以帮助学生解决生活、工作中的思想问题和实际问题为己任，兢兢业业地驻守在辅导员工作岗位上。

编者：韩愈在《师说》中说到"师者，所以传道授业解惑也"，您在学生日常工作管理中是怎样践行这一思想的，有何妙招？

廖子龙：我深入学生群体，关注学生思想动态，以德为先，传授道德观念，做到了每周至少与学生谈话一次，每月至少与每位学生家长通话一次，在谈话间加强对学生的思想道德基础教育。当得知部分学生在就业过程中选择了报考研究生之后，我积极与校企合作企业联系，专门设立考研自习室，帮助学生备考。此外，我还为毕业生们开设了就业指导课，对毕业生论文设计进行指导，真正做到了传授以学。我连续两年被学校评为"就业工作先进个人"。两年的校外辅导员工作经历中，我帮助了近千名学生顺利地迈出了人生中的重要一步。有的走向了工作岗位，有的继续留在了校园深造学习，而有的开始创业，拥有了属于自己的人生舞台。远离家乡，每当同学们感到迷茫、遇到挫折甚至走向歧途时，我会陪伴在同学们身旁开导、维护、帮助他们，因为我坚信纵使有千难万难，有千斤的重担，也必须迎难而上，做学生的知心朋友，做学生的人生导师，用真情对待每一位学生。

编者：廖老师，作为一名辅导员，您如何不忘初心，践行使命？

廖子龙：在辅导员的工作岗位上，我带着初心和使命，贴近学生，努力扮演着知心朋友的角色，竭力提高着成为人生导师的本领，用汗水浇灌收获，以实干笃定前行。

我始终告诫自己，做辅导员工作，功成不必在我，底线不容有失；我也始终勉励自己，面对繁难困苦，唯有撸起袖子加油干，咬定青山不放松，才能迎来"轻舟已过万重山"的境界。

从事辅导员工作多年，我始终热爱着这份愿意为之奋斗终生的事业。工作中，遇到过挫折和困难，但坚持这份事业的初心从未改变，我一直对身边的人说："辅导员工作是平凡的、普通的，但意义是伟大的，辅导员和所有高校工作者一样肩负立德树人的重要使命，即使道路崎岖，也要不惧风雨，砥砺前行。"

带着初心，肩负着使命，我不断地通过各种方式加强学习，提升自身素质，匠心为学生筑梦的理想和始终对辅导员工作的热爱，是我甘于奉献的精神支撑。我坚信有始必有终，只要带着初心、匠心筑梦，无私奉献的精神就一定能助力学生腾飞。通过多年的工作，我深刻地体会到辅导员要心怀"天下事""青年事"，始终坚持从小事、易事做起，培养关心青年学生，做好人生导师，帮助青年学子扣好人生的第一粒扣子。长期以来，我以始终做到加强理论学习、提高政治素养，始终做到立足本职工作、勇于实践创新，始终做到不忘初心、甘于奉献为工作要求和标准，以《高等学校辅导员职业能力标准（暂行）》为对照。今后的工作中，我依然要怀揣着初心，肩负着使命不断提高自身专业水平和职业能力，做学生成长成才的引路人。

编者：廖老师，您在全省辅导员素质能力大赛中收获了好成绩，有什么参赛体会可以分享的吗？

廖子龙：让我感触最深的是比赛中，每一道题每一个环节都是辅导员日常工作中的"应知应会"和"情景再现"。赛后，我时常问自己"有没有一桶水？能不能给学生一碗水？学生会不会问我取水？我应该怎么给学生水？"等问题。参加辅导员素质能力大赛让我进一步地认识到了差距，找准了前进的方向，树立了奋斗的目标。参赛感悟和启发也越发的深刻。

一是通过比赛，让我坚定了理想信念、培育了实干精神。我深刻体会到辅导员素质能力大赛不是靠短短两个月的备赛就能突击成功的，备赛期间的辛苦付出和拼搏精神确实是大赛考察辅导员的一方面，但平时工作的积累，对每一个学生工作案例的总结和反思，对从事辅导员工作必备的业务理论知识的熟悉程度更为重要。在比赛中，优秀的辅导员会越发的游刃有余，相反则只能靠"套路"苦苦支撑。于我而言，理想信念和实干精神在比赛中都得到了不断的强化、深化。我想每一位参加过大赛的辅导员都曾经经历过彷徨、纠结和困苦，但最终都坚强地走上了大赛的舞台，展示自己、磨炼自己、提高自己。这就是比赛带给我们的宝贵财富。

二是通过比赛，让我体会到辅导员经验分享和工作交流的重要性。比赛的点点滴滴都是一次次很好的学习和交流的机会。大到对待比赛的认真态度和渴望成功的优秀特质，小到一篇底蕴深厚的"演讲稿"和一次成功的"谈心谈话"等。在备赛、参赛过程中，我们能够不断交流工作思路、分享工作经验、总结工作方法，让我获得了源于比赛，却又高于比赛的收获。我想比赛的初衷应该亦是如此，在比赛中锻炼自我，交流学习，在比赛后回归到本职工作，立足实际，开拓创新。

三是通过比赛，我对今后自身的成长有了长远的规划和目标。比赛的经历对我来说弥足珍贵，让我意识到了自己的不足，在今后的工作中，要不断树立更高的目标，规划好自己的事业，保持清醒的头脑，总结好的工作案例，走出赛场后依然保持高昂的斗志和积极的工作态度，潜心学习，尽自己所能带动学校辅导员队伍建设，尽自己绵薄之力为全省辅导员队伍建设做出贡献。

编者：廖老师，您认为做好辅导员工作的关键点在哪？

廖子龙：一是要守住工作底线。进一步强化工作认识，立足辅导员本职工作，守住学生平安稳定的工作底线。二是要始终以生为本。情系学生，热爱工作，始终把促进学生成长成才作为工作的动力，对待工作多一些耐心，多一份恒心。三是要提升素质能力。不只做"经验型"辅导员，要加强学习，积极实践，将好的经验做法转化为工作规律，提炼为理论成果。四是要提高工作站位。始终为学校、学院中心工作和重点工作服务，既仰望星空，又脚踏实地。

编者：廖老师，您是如何做好大学生日常教育管理工作的？

廖子龙：要特别注重学生的思想政治教育，在教育、引导、关心、帮助学生的同时，有意识、讲方法地把引导学生牢固树立"四个意识"和坚定"四个自信"、坚决做到"两个维护"贯穿其中，防止学生出现意识形态安全问题。在学生的日常管理上，始终坚持"与其补救于已然，不如防患于未然"的工作理念，松紧有度，突出教育引导，通过开展常态化的教育管理，帮助学生树立正确的思想观念。

涂　凰

涂凰，女，1990年7月出生，江西吉安人，中共党员，水利工程专业研究生。现任井冈山大学建筑工程学院专职辅导员、组织员、第一党支部书记。曾获2017年全省高校公共安全教育骨干教师教学能力展示活动一等奖、2018年第六届江西省高校辅导员素质能力大赛二等奖、2018年度江西省大中专学生志愿者暑期文化科技卫生"三下乡"社会实践活动先进个人、2018年全省优秀共青团干部称号、2019年江西省学校共青团"微团课"大赛二等奖等省级及以上荣誉6项，校级奖项10余项，主持、参与完成课题，发表省级以上论文10余项。

教育无他　唯爱与榜样

◎井冈山大学　涂凰

编者：涂老师您好，您当初为什么选择高校辅导员这个职业呢？您最初又是怎么认识这份职业的呢？

涂凰：您好，我出生在一个教师世家，我的外公、母亲、舅舅还有很多亲人都是从事教育行业的，打小就耳濡目染着家人们站在三尺讲台为学生传道授业解惑的场景，觉得这是一件非常了不起的事儿，内心充斥着满满的敬意和崇拜；而后自己念了大学，成为一名学生干部，和自己的辅导员老师接触也特别多，我当时就觉得，如果每天能和一群群年轻又朝气蓬勃的大学生们亦师亦友，一起交流和接触，聊聊人生、谈谈理想，自己的心态也会一如既往地年轻又充满活力吧，真好。所以，研究生毕业以后便非常果断地选择了这份职业。当时我理解的辅导员就像"辅导员"这三个字的字面意思一样，"辅"学生成才、"导"学生成长、"圆"学生梦想，温暖而又美好。彼时的我23岁初出茅庐，更多的是以一位朋友或是姐姐的身份与学生相处，学生们都亲切地喊我"涂姐姐"。学生半夜生病要去医院会想到我，同学间闹矛盾会想到我，上当受骗会想到我，失恋痛苦想不开时会想到我，在校外遇到麻烦事还会想到我，这种被需要的感觉让我过得充实，变得更有力量。不会忘记第一次与同学们开班会时的激动和欣喜，第一次参加团日活动时的欣慰和喜悦，和同学们第一次筹办晚会时的焦虑和紧张，第一次和孩子们过生日的温馨和感动，第一个拥抱，第一声"谢谢"，第一次肯定……这种种的"第一次"，让我成就感满满，对这个神圣的岗位肃然起敬。

编者：现如今，您在辅导员这条路上已经走过了七年，在这七年中，您的工作内容和心态会有不同的转变吗？您对辅导员这份职业有什么新的理解和体悟呢？

涂凰：要说转变的话，我会把这七年的辅导员职业之旅划分为三个阶段：刚开始工作那两年，因为那时候还没有成家，时间富足、精力充沛，对工作怀着满腔热情，干一行爱一行，总是和学生打成一片，我的工作重心主要放在熟悉了解学生、熟悉辅导员业务知识，锻炼基层行政能力上。有机会的时候，也经常挤时间虚心向前辈和其他同事们请教。后来，我逐渐步入了工作的第二个阶段，除了担任辅导员以外，还承担了学院的党、团工作。这个阶段需要我去做顶层设计，在领导的层面上思考问题、开展工作，逐渐学会站起来统揽全局，这使我在不同层面上得到了锻炼和磨砺，现在回想起来非常感谢这段经历，虽然其间有很多无法言说的心酸和坎坷，但是让我成长了很多。每个人在工作到一定时间，或是累积了一定的压力后，会进入到一个职业倦怠期，这也就是我工作状态的第三个阶段。我突然发现自己不堪工作繁杂而琐碎，发现很多时候对学生的一些问题的处理有些力不从心，那个阶段开始反问自己，到底适不适合从事辅导员工作，怎样才能做得更好。这期间我也曾迷茫彷徨过，心态的调整就显得尤为重要了，例如：我开始摸索一种属于我自己的育人模式，学会在工作中有的放矢、自得其乐，尝试着探索和思考如何创新性地开展班团建设工作，思考应该以什么样的方式快速提升自己的业务能力，如何以最直接的方式去影响学生，努力朝着一名专业辅导员、专家辅导员和职业辅导员的目标迈进。这个转变让我渐渐领悟到，我要做的不仅仅是学生有任何事情想到他们的"知心姐姐"，作为高校教师队伍的重要组成部分，作为高校从事德育工作、开展大学生思想政治教育的骨干力量，我们更要做大学生健康成长的指导者和引路人。就像天津大学辅导员老师柳丰林说的那样，"曾经我以为自己是警车，有事没事的就在别人的世界中巡逻；后来我以为自己是救护车，哪里有困难哪里就必须有我；慢慢地我才明白，其实我只是一辆出租车，每一位乘客都有自己的目的地，而我能做的最多也不过是帮他选择一条从经验角度看来更为便捷的路径"。我们需要春风化雨、润物无声地吸引和影响学生，用爱去塑造灵魂、塑造生命、塑造人格，用真诚带给学生人生的信仰、奋斗的方向和前行的力量。

编者：是的，思想政治工作从根本上是做人的工作，必须围绕学生、关照学生、服务学生。这需要每一位辅导员做到贴近学生、"爱"字当头、传递力量。那么，您是怎么在日常的工作中拉近与学生之间的距离的呢？

涂凰：我们井冈山大学学管人员的办公场所是设在学生宿舍的，这种举措延续了八年多，我觉得辅导员进宿舍办公非常有利于推动思想政治教育工作重心下移，也为我们更好地贴近学生、服务学生、帮助学生创造了有利条件，师生之间的物理距离缩短了，心理距离随之拉近了。我非常享受这种工作状态，我把宿舍当作自己的第二个家，把学生当作了自己的家人，随时都能和学生谈心。2017年9月，我们学院一名女生在父亲的陪伴下来校报名，可是在校期间，这名女生每天都以泪洗面。后来了解到这名女生从未离开过父母，有些娇生惯养，生活自理能力较差，她担心父亲回家后，自己无法应对大学生活，为此父亲连续退了几次火车票，一直在学校陪伴了她一个来月。了解到这一情况后，我每天都会陪她聊天，帮助父亲一起做她的思想工作："宿舍就是你的家，我们就是你的家人，只要需要，我随时都会出现在你的身边。"暖心的话语，贴心的陪护，给了这名女生和她父亲莫大的安慰和依靠，她似乎有了一个强有力的精神支柱。一个月后，这名女生主动催促父亲离校返家。后来，我还鼓励她积极竞选班干部和学生会干部，这名女生自信心得到了极大的增强，也顺利度过了大学新生适应期。如今的她性格开朗、自信、独立，在学生干部的岗位上干得得心应手。

编者：辅导员进宿舍办公能提高学生工作的针对性和实效性，还能扩大思想政治教育工作的辐射点和覆盖面，这种做法确实值得其他高校学习和推广。

涂凰：是的，利用工作场所的优势，结合工作性质，五年前，我还与学生共同约定了"一段特殊的在线时间"——致力于用爱与责任关照学生。参加工作两年后，我发现学生日常上课时间与我上班时间经常产生冲突，很多学生遇到问题都很难及时找到辅导员。于是，我为了能让学生在遇到困难后第一时间找到我，及时解决困难，特别为学生腾出了每天中午一小时的休息时间在办公室，为学生答疑解惑，与孩子们深入谈心谈话，这就是我的学生们都熟悉的"涂姐姐在线"一小时，这个与学生承诺的"在线一小时"的约定，一直延续到我怀孕临近生产的前一天，都从未断过。五年来，我利用每个在线一小时，与学生进行了上千次谈心谈话，无论是学习压力，还是情感问题，抑或是团学活动探讨，还是家庭困难，我都耐心细致地与学生们交流。有一次，一位贫困学生在一次"涂姐姐在线"一小时交流中向我痛苦地倾诉父亲突发癌症，面对家庭经济困难和巨额医疗费用的压力，学生愁眉不展，我得知此事后带领班委们一同帮助这位同学通过线上网络平台和线下筹款达50000余元，解决了学生父亲做手术的燃眉之急，让学生感受到了来自老师和集体的温暖和力量，用爱心和温暖赢得了学生的心。

编者："一段特殊的在线时间"，我想一定倾注了您很多的心血和爱，才能五年如一日地坚持着。那么您还有什么特殊的工作模式供大家学习吗？

涂凰：其实，我在工作中一直围绕"三个一"的育人模式，用初心信念引领学生、用爱与责任关照学生、用身体力行服务学生。除了"一段特殊的在线时间"以外，还创设了"一个特殊的思政教育场所"——致力于用初心信念引领青年。《普通高等学校辅导员队伍建设规定》（教育部令第43号）中将"思想政治教育和价值引领"列为高校辅导员九大职责之首，足以显示其重要性。我们所处的时代，各种社会思潮相互激荡，学生正处在人生成长的黄金阶段，世界观、人生观、价值观还未完全成熟，随着社会环境的不断变化和高等教育改革的不断深入，当今的大学生大多个性鲜明，容易受到各种思潮和社会环境的影响，这对为我们辅导员工作带来了巨大挑战。因此，坚持马克思主义在意识形态领域的主导地位，做好青年学生的思想政治教育和价值引领工作极为迫切和重要。在日常思想政治教育中，我积极开展集中性主题教育活动100余次。通过带领学生学习贯彻党的十九大精神等系列活动，积极运用网络平台对学生进行思想政治教育，增强青年学生"四个自信"。我作为学校"映山红"青年学院党史教育读书班的导师，组织学生开展党史教育系列学习活动；我连续多年担任井冈山大学红色励志教育培训班的辅导员，多次为学校红色励志教育培训班学员开展了井冈山教育实践现场教学、"改革开放四十周年"主题宣讲，有针对性、时效性地对广大学生开展思想教育。为拓宽思想政治教育渠道，我不断摸索，创造性地将思想政治教育融入宿舍文化建设中，开辟了一个特殊的思想政治教育新场所。我积极为学院打造 "一栋一景"工程，利用专业特色，邀请建筑学专业的学生经过整整一年的策划、设计、打磨、完善、施工，从社区党建、院士风采、优秀学子风采、文明宿舍成员风采、第二课堂活动成果以及各类专业学生作品展等方面打造了具有专业特色的宿舍文化，在学生宿舍建立的"共享图书角"，定期开展年级"读书日"活动和思政教育学习实践活动30余次，不仅为所带班级、团支部、社团活动的开展提供了优质的场所，还将专业文化、红色文化、感恩教育等内容融入宿舍文化中，拓宽了思想政治教育的新途径，开辟了学习教育活动的新阵地。2019年6月，省委书记刘奇也曾莅临"一栋一景"宿舍走访参观。

编者：您提到了工作中"三个一"育人模式，最后一个"一"又是什么呢？

涂凰：工作中，我还建立了"一支特殊的实践服务队"——致力于引导学生身体力行服务社会。在"十大育人体系"中，实践育人对于大学生，特别是我们理工科类的学生尤为重要。我在所带的学生中创设了一支专属的"建工实践服务团队"，指导团队结合"专业实践"和"志愿服务"两大主题，开展了50多场建筑专业特色竞赛和60余场志愿服务活动。在专业实践方面，我以学院专业社团为依托，鼓励实践队学生积极参加全国"挑战杯"和各项学科竞赛，所带学生在若干国家级、省级赛事上获奖10余项。同时，连续六年组织开展学院"建筑文化节"系列活动，打造"一院一品"，通过专业技能竞赛，提了学生的专业动手能力，浓厚了学院的学习风气。在志愿服务方面，我带领服务队连续6年组织青年大学生开展"公交站台天使"活动20余次，美化公交站台、引导乘客有序乘车，为文明城市创建贡献力量；协助学院暑期社会实践团队连续5年与同济大学开展联合社会实践。2018年暑期，我带领"建工实践服务团队"部分成员深入吉水县水南镇，开展了美丽乡村建设社会实践活动，在文化广场和村委会大院以及村主干道宣传栏进行墙绘，净化了乡村人文环境，提升了乡村文明、整洁美观度。同时结合学院专业特色和水南镇古建筑特色，通过对古建筑和人文景观的实地考察和调研、进行村民调查以及档案参阅，整理实践调研报告，为当地古建筑保留调研资料，在新农村建设中加强对古村落乡土文化遗产的保护。该实践活动团队在全国大中专学生志愿者暑期"三下乡"社会实践活动中获全国优秀实践团队称号，被国家级、省市级等多家媒体报道。

编者： 相信这些宝贵的经验都是您从一点一滴的工作中总结、提炼、打磨出来的，自身也在潜移默化中不断地提升。那么您认为辅导员工作七年来，是什么让您提升和成长最快速呢？

涂凰：那一定是参加培训和比赛了。学生工作并不是有爱和责任心就能做好，也不是闭门造车，职业技能的提高需要我们走出去，利用一些培训学习的机会与其他高校的辅导员成为朋友，通过倾心交谈我们不仅可以缓解互相的压力和困惑，又能在日后的相互学习中取长补短和改进工作。我们在培训中可以得到更加系统和全面的学习，将理论和实践有效地联系起来，思政教育工作才能更有针对性和亲和力，才能用真功、出实效，我认为参加培训是自我提升很重要的因素之一。此外，参加比赛也是加速成长的催化剂，正所谓以赛促学、以赛代训，令我印象最深刻的是参加江西省辅导员素质能力大赛的那段痛并快乐着的时光，这是一个从身体到精神接受全面洗礼的过程，从校赛到备赛到比赛，一遍遍地刷题背文件、一次次地模拟演练，比赛内容涵盖了方方面面，很好地检验了我们是否了解学生、扎根岗位、履行职责，帮助我转变工作方式、思维方式、价值观念，以此更好地解决学生的实际问题，不断提高工作的有效性和针对性。也让我重新认识自我、挑战自我、超越自我，让我能沉下心来重新对以往工作进行梳理和总结，提升自己的理论水平、专业素养和宣讲能力，反哺于日后工作；山外有山，人外有人，在与兄弟院校其他优秀辅导员切磋较量的过程中，我也开阔了眼界，学习到了很多工作技巧，找寻到了今后努力的方向。当然，参加全省高校公共安全教育骨干教师教学能力展示比赛和江西省学校共青团"微团课"大赛，让我在精心准备和反复打磨的过程中，不断地去思考应该如何将理论知识以学生喜闻乐见、生动活泼的方式去教育学生、引领青年。比赛是一个过程，是一种修炼，是舞台更是平台，我感谢这段难忘的经历。当然，所有的成绩属于过去，如果把比赛比作是百米赛跑，那么我的辅导员职业生涯之路便是一场马拉松，在辅导员职业化、专业化、专家化的育人路上我还有很长的路要走。

编者：我想，您的学生们看到自己的辅导员老师一点一滴地进步，获得了那么多奖项和荣誉，一定也会以您为骄傲和榜样吧？

涂凰：我一直认为，榜样的力量是无穷的。作为辅导员，以身作则、率先垂范是一种巨大的教育力量，身教远远重于言传。辅导员的理论素养、道德品行、人生理想、见识学识直接影响着学生的思想水平、政治觉悟、道德品质和文化修养，因此我们要做马克思主义、共产主义、中国特色社会主义的坚定信仰者和积极传播者，要用有理想信念、有道德情操、有扎实学识、有仁爱之心的"四有"好老师的人格魅力引导学生。在对待工作的态度上，学生能看到我废寝忘食、身怀六甲踏着星辰回家的身影；在公事和私事冲突的时候，我会把公事放在前，做放弃陪伴儿子过生日的"无情妈妈"；在面对比赛带来压力的时候，他们看到了我努力的样子和美好的回报。这不仅能得到学生的敬重，还能潜移默化中影响感染学生，他们便会以同样积极向上的姿态面对学习、工作和生活，你就能与每一个青春力量协力携手、同向同行。

编者：流光似水，沙漏无言，厚积薄发，沉淀芬芳。您是学生的人生导师"涂导员"，也是学生眼里的知心"涂姐姐"。辅导员于您，不仅仅是一份职业，更是一份爱、责任和担当。作为一个思想教育工作者，您做的不仅仅是一种传教，更是一种身教。您在辅导员职业化、专业化、专家化的道路上，始终不忘"以生为本"初心，牢记"立德树人"使命，在爱与榜样的路上，坚守着您职业生涯"三个一"的育人模式，润物无声、悉心坚守、用爱守护学生成长。感谢涂老师！

吴丽花

吴丽花，女，汉族，1984年10月出生，江西吉安人，中共党员，理学硕士。现任井冈山大学生命科学学院团委书记、学生支部书记、就业干事。担任该学院16级、19级共计288名同学的专职辅导员、获2019年全国辅导员年度人物入围奖、2018年全国环保知识竞赛优秀指导老师奖、2019年江西省十大最美辅导员奖、江西省优秀共青团干部、江西省辅导员技能大赛二等奖和三等奖、江西省优秀工作案例三等奖、江西省暑期社会实践优秀个人称号等省级以上荣誉8项。主持和参与省级以上课题7项，发表文章8篇。

用心坚守 用情做"实"

◎井冈山大学 吴丽花

编者：吴老师您好，请问您当初为什么选择了辅导员这份职业？

吴丽花：我出生在一个贫困农民家庭，乡村小学只有5名教师。他们朴实的为人、无私的奉献精神影响了我，让我从小便萌生了立志要做一名人民教师的想法。大学期间自己的辅导员老师工作踏实，服务细致，高度的热情和爱心深深地感染了我，我也想成为一名热心的服务者。而研究生期间，导师黄路生严谨的科学态度、春风化雨的大师风范更坚定了自己想要走进高校成为师者，为学生授业解惑的想法。2012年看到学校招聘辅导员信息，我欣喜若狂，悉心备考，对辅导员工作的性质和要求也有了更深层次了解，随后如愿考取了井冈山大学生科院辅导员。习近平总书记在2016年全国高校思想政治工作会议上强调："教师是人类灵魂的工程师，承担着神圣使命。传道者自己首先要明道、信道。"辅导员岗位职责第一条就是要帮助学生树立共产主义的远大理想，确立马克思主义的坚定信念。所以初为人师的我，带着神圣的使命，努力想在思想理论教育和价值引领、党团和班级建设、学风建设、学生日常事务管理、心理健康教育与咨询、网络思政教育、校园危机事件应对、职业规划与就创业指导、理论研究等九大领域发挥作用，希望能通过自己的言行影响和鼓舞到学生。努力使自己成为先进思想文化的传播者、党执政的坚定支持者，更好担起学生健康成长指导者和引路人的责任，在这个平凡的岗位上发光发热。

编者：听同学们说总是能在食堂、宿舍、教室看到您的身影，那么您是如何保持一如既往的工作热情和责任心，担起学生引路人和知心朋友这两个角色的呢？

吴丽花：干一行，爱一行。我是一个热爱学生工作的人，非常喜欢和学生在一起，能从他们身上找到青春和活力，也能学到很多新技能。做学生工作的同仁们或许都有所感触，那就是中午、下午放学后，周末的时间大部分是属于学生的，因为学生来办事也得是课后，学生活动得是周末才有时间。所以为便于处理学生事务，我中午不会回家，中餐都在学生食堂，于是实行了自己的"午餐计划"：即利用午餐时间约上宿舍成员或者一个部门干部边吃饭边了解掌握学生的学习、生活、心理、工作等动态，以答疑解惑。为了及时发现学生上课状态、宿舍隐患，解决宿舍矛盾或纠正不良习惯，我常常抽空走进教室和宿舍，或是观察，或是与学生交流或深谈。在我看来，为学生解决一件件在我看来不是大事，但却是他们很关心的事，这就是一件最快乐的事。我认为我的工作热情和责任心是工作中一点一滴积累和历练的，感谢工作让我对资助、奖惩、安全、创新创业、助力考研、班级管理、发展党员、干部培训及管理等学生工作都还有较丰富的经验。要能担起学生引路人和知心朋友的角色，就得熟悉以上各项工作，并熟悉每个学生的特点、家庭背景，以便做好服务工作。同时努力提升专业素养，业务能力，用钉钉子的精神和人格魅力感染一届又一届的学生。记得2018年做就业工作时，所带年级一个多才多艺的西藏党员毕业生，立志考公务员却几次碰壁，心情沮丧。当我了解到情况后，把国家援疆计划的优惠政策详细地和他讲解，并鼓励他服务西部。后来他义无反顾地奔赴新疆，奉献青春热血。类似这种报效祖国的学生还有很多，看到他们有所成就，有所贡献，我心里特别欣慰。

编者：前不久各高校都在火热地开展"不忘初心，牢记使命"主题教育，作为工作近8年的辅导员，我想问问您的初心是什么？

吴丽花：习近平总书记在党的十九大报告中指出："中国共产党的初心和使命，就是为中国人民谋幸福，为中华民族谋复兴。"作为一名高校辅导员，高校思政教育的骨干力量，我想我的初心便是为学生成长成才铺路架桥，甘当明灯照亮他们前行的路，以此回应总书记的期盼。立德树人是高校的根本使命，作为高校一分子、基层工作者，我深感使命在肩，责任重大。为了胜任"保姆""良师""益友""法官""经理""百事通"等等角色，我自入职以来，先后参加了江西省第25期辅导员培训、江西省第51期全省高校辅导员骨干培训班、高校辅导员学习十九大精神网络培训示范班、江西省创新创业培训班、江西省首届基层党支部书记师范培训班以及学校举办的多期班主任、辅导员思想政治工作专题培训班，以提升专业素养。同时扎根基层，从事团委、学生科、党支部书记、就业辅导等各项工作，以实操提升辅导员工作经验与能力。我还勇于突破舒适区，承担了学院首次创业课程，所教三个班级全体学生以小组形式均申报了创新创业项目，并带领学生参加学校创新创业大赛和创业挑战杯大赛，项目均获得校级三等奖和优秀指导老师奖。通过以赛促学，不断增强了学生的创新创业意识，提高了学生综合能力。在前一段时间开展的"不忘初心，牢记使命"主题教育中，我也有幸成为学校主题教育督促组干事，向各学院学习先进做法，同时认真把守初心、担使命、找差距、抓落实的总要求贯彻于工作全过程，将理论武装、学习教育、调查研究、整改落实等走深走实。

编者：据了解，辅导员工作几年后，会有个倦怠期，我们也常听到"心累""基层保姆""路不通畅"这些词，您同意这个观点么？如何理解"辅导员的春天"呢？

吴丽花：对辅导员工作认不认同直接会影响自己的情绪和工作态度。我想不管做什么工作，久了都会有一段倦怠期，这并不可怕，关键是如何调整状态尽快打破这个倦怠期。辅导员是高校思想政治工作队伍中的一支专门力量，是大学生思想政治教育工作一线的教师，担负着高校学生思想政治工作中的重要任务。习近平总书记非常重视我们这支队伍的建设和发展，在全国高校思想政治工作会议、全国教育大会、学校思想政治理论课教师座谈会、纪念五四运动100周年大会上的重要讲话也多次寄语我们思政工作者希望，在几次全国表彰大会上更是亲自与辅导员握手交谈。还有各高校出台的各类辅导员文件，提出如辅导员单独评审、岗位津贴增加等意见，无不体现党和国家对这支队伍的关心关爱，我为我是一名辅导员由衷地感到自豪，我觉得我们的春天已经来了。为了迎接这个春天，我们要不断给自己充电，时刻保持空杯心态，提升自己业务能力，让自己不要闲下来，这样才有底气和资本欣赏和享受这"春天的美景"。

编者：从您展现给大家的热情和微笑，我能感受到您是一位有爱且平易近人的辅导员，您一定有很多宝贵的工作经验，能分享一下您的工作思路吗？

吴丽花：您太客气了，经验谈不上，这几年一件件工作干下来也总结了一些做法。那就是辅导员工作一定要深入一线，和学生打成一片，围绕爱心和责任心做工作。8年来，我在学生宿舍办公，中餐在学生食堂用餐，学生有事或需要帮助能第一时间联系到我，这让学生很安心，也让我更能第一时间发现学生中的突发事件或安全隐患，提高了工作效率。

我的具体工作思路是：第一，树人以德，以井冈山精神铸魂育人。我坚持以学习和贯彻习近平新时代中国特色社会主义思想、传承发扬井冈山精神作为自己的政治任务和核心工作开展思政教育，扎实做好青年团员的思想引领工作。参与学校和学院各种场合的江西省"十百千"宣讲团宣讲、红色励志教育、改革开放40年宣讲、基础团务培训宣讲等等。时常向学生积极传播红色文化，进行红色励志教育宣讲，带领学员走挑粮小道，领悟革命精神。让学生不仅时常能看到辅导员的身影，拉近相互的距离，也能从思想上时常接受辅导员的洗礼，形成正确"三观"，树立"四个自信"，坚定跟党走中国特色社会主义道路的理想信念。此外，组织和带领学生进行红色经典诵读和红歌唱响活动。第二，育人以真，甘为"砖头"做学生引路人。都说"辅导员是块砖，哪里需要哪里搬"，我为了学生的成长成才，很甘愿做一块朴实的砖头。每天愿意回答和解决学生各种疑难问题，为学生扣好了大学期间的第一粒扣子。学生说我是他们眼中的百事通、热情姐，遇事找我就对了。还有学生说我是学生工作的万能胶，什么恋爱、就业、学业等各种问题，我都能坚持问题导向，引导学生自己找到问题的答案，自我改正。这种以学生为中心开展工作的方式他们非常喜欢。第三，待人以爱，爱心成就学生梦想。全国先进辅导员代表曲建武、陈小花等相继来校分享了自己的感人故事，我深受感动，受益匪浅，也立志要做一名有"温度"的辅导员。于是在工作中自己暗自较劲要做到"三个不"：不要忽视学生任何一个求助，不要放弃任何一个问题学生，不要给学生任何不良的行为示范。我充分发挥互联网的作用，利用其"键对键，心贴心"的服务功能，和学生在"1+100"团干部联系青年、"青年之声"上实现线上的交流与互动，回答了学生6000余次提问，切实解决了学生学习、生活等方面遇到的困惑。此外，组织"爱心社"青年志愿者长期开展敬老助残、扶贫帮困、环境保护等活动，目前"爱心社"为患病学生唐乔乔同学筹集善款7万余元，每年资助20余名学院贫困生。动员全体40名学生党员为支持新冠肺炎疫情防控工作筹集善款1295.2元，疫情期间，主动到所在社区报到，参与小区志愿服务工作，为小区住户量体温，提醒居民疫情期间的各种保护措施和注意事项。

　　编者：非常有爱和责任心的一位辅导员，那请问您目前觉得最满意的2项工作是什么？能和我们说说吗？

　　吴丽花：其实我有一点完美主义情结，觉得自己的工作还可以做得更好，对学生还可以更加用心。如果一定要说满意的工作，我想就是辅导员本职工作和团委工作。我担任辅导员这些年，始终告诫自己要以饱满的热情积极投身到工作中。不断加强党团和学生工作业务理论学习，坚持立德树人和服务青年成长成才。参与了学校本科审核评估校级联络组工作、校庆60周年礼仪组工作和"不忘初心牢记使命"督查组工作等大大小小的各种工作。日常思政工作以井冈山精神筑红色励志魂，多次参与学校和学院各种场合的"十百千"宣讲、红色励志教育、改革开放40年宣讲等，4次为学校、班级等进行爱国主义及红色励志专题宣讲，大力传承红色基因，坚定大学生理想信念，使学生近距离和辅导员交流，拉近彼此距离。平时和学生相关的党课、安全课、考研动员、就业指导课、创新创业课、学生干部培训课，我努力做到让学生课课都能见到我的身影。心理、资助、安全、就业、党务、学生日常事务管理等各种工作我也非常熟悉，所带年级未发生重大安全事故。工作在成就他人的同时，也让我收获了2019年全国辅导员年度人物入围奖、2019年江西省十大最美辅导员奖、江西省辅导员技能大赛二等奖和三等奖、辅导员优秀工作案例三等奖、社会实践优秀个人等省级以上荣誉，并连续4年获"井冈山大学优秀辅导员"，井冈山大学辅导员技能大赛二等奖1次、三等奖3次。而主抓的团委工作7年来，围绕"凝聚青年、服务大局、当好桥梁、从严治团"四维工作格局，强化大局意识，加强了团的自身组织建设，努力提高团员的政治思想素质，积极发挥团员的先锋模范作用。制定并完善了团委各项规章制度，成立了新媒体工作室，从严规范了"三会两制一课"制度，推进"智慧团建"，扎实推进思想引领、素质拓展、权益服务、组织提升等各项工作有序开展。大力服务考研和挑战杯工作，每年的考研服务工作烦琐细致，自己总能把每一阶段要做的工作筹划好，考研动员会、经验交流会、复试调剂指导会、考研意向摸底、备考过程服务、考研上线和录取统计等工作都扎实推进，潜心助力学子考研，学院考研工作多次获考研先进单位。在暑期社会实践中，带领学生团队把红色家书诵读、十九大宣讲、垃圾分类等活动带到乡村，开展了有特色的红色教育和环保服务活动，服务周边乡村建设共计6个，并获"江西省暑期三下乡优秀服务队"称号2次。推出集体或个人获评"全国活力团支部"1个，"全国大学生自强之星"1人。作为指导老师指导的碧水蓝天环保志愿者协会获评2017

年"江西省优秀青年环保志愿者集体奖"。在校级团委工作五四评比考核中,获"五四红旗团委"称号4次、"团建先进单位"称号2次。获校级考研先进单位5次、校级挑战杯优秀组织奖5次、校级暑期社会实践先进单位6次。个人获全国环境知识竞赛优秀指导老师、"江西省暑期三下乡优秀指导老师"、校级优秀共青团干部、创业挑战杯优秀指导老师、考研先进个人、就业先进个人等荣誉20余项。不管是个人还是集体荣誉,我都把它看成是对自己进步的肯定和积极向上的动力。

编者:听说您参加了两次江西省辅导员职业能力大赛,也听说了您的爱人常年工作在外,您身边有两个不到6岁的娃,您是如何克服并参赛的?

吴丽花:很惭愧,两次参赛没有取得较好成绩,虽然基础知识测试部分我还算比较扎实,但台上临场应变能力还有待提高。我很感恩学校的信任,让我有两次参赛的积累,自己对辅导员业务相关的各大类文件也有了系统全面的掌握和了解。我一直认为参赛是以赛促学的最好方式,不但提升了业务技能水平,而且有机会见识全省各大高校优秀的同仁。所以不管多大的困难我都给自己打气,一定可以想办法克服,我的学院领导、家人也给了我相当大的支持。在学院里有热心的同事会分担自己的工作,让自己可以有多些时间备赛,自己也想办法合理安排并高效处理工作。虽然爱人不在身边,但是他的父母是我坚强的后盾,他们把两个娃和家照顾得很好,让我备赛没有后顾之忧。虽然过程中由于娃太小总会有些干扰,尤其是晚上哭闹着都要和我睡,所以我一般晚上下班后会陪伴两个娃一会儿,然后晚上安顿好他们睡觉后就安心备赛了,那段时间特别珍惜晚上10点到1点的黄金时间。我一直有一个信念,就是做不做得好是一回事,态度和责任心一定要好。认真准备是对赛事最基本的尊重,所以就是这么自然地克服下来了。

编者:我们也了解到你担任了学校红色励志班辅导员,请问这是个什么样的班?

吴丽花:在学校校园里,有这么一群人,他们身着统一的服装,系着一条红色的识别带,胸前别着特殊的标志,每天清晨风雨无阻跑步半小时,之后开始晨读。这道风景从2013年开始已经持续了6年,这群人就是井冈山大学红色励志班学员。红色励志班面向大一新生,每学期在全校数千名自愿报名的学生中,严格筛选出200名学员，开展为期一个月的集中培训。学员分为5个连队，接受励志专题教育、励志实践体验、重走红军路体验式教学以及红色励志精神传播等培训。据统计，结业学员在入党、担任学生干部、获得奖学金、继续深造方面的比例远远高于全校平均水平。学校以井冈山精神办学育人，红色励志班充分挖掘了井冈山丰富的红色资源，成为传承红色基因、弘扬井冈山精神的一个非常重要的抓手。不但锻炼了大学生的意志，而且树立了他们坚定的理想信念，坚韧的意志品质。我也有幸被这样一个集体吸引，担任了两期的辅导员，成为其中一个连队的一分子。其间，时常融入学生之中，向他们积极传播红色文化，传承红色基因，并多次在井冈山给井冈山大学红色励志培训班学员进行红色励志教育宣讲。带领学员走挑粮小道，领悟革命精神。1个月下来自己的精神也深受鼓舞，以满满的干劲和正能量投入工作。

编者：在采访结束之际，请您用一句话给辅导员同仁们加油吧。

吴丽花：心中有信仰，脚下有力量。在辅导员这个平凡而伟大的岗位上，希望我们继续不忘初心、牢记使命，贴近青年，努力用实际行动使每一个学生得到恰当的关爱。把每一件平凡的事情做好，守好辅导员的渠，种好辅导员的责任田，朝着成为一名高校思想政治教育专家的"专业化"职业理想不断前进。

刘 兴

刘兴，女，汉族，1988年6月出生，江西南昌人，中共党员，基础数学硕士研究生。2012年开始从事辅导员工作，现为江西科技师范大学数学与计算机科学学院团委书记、专职辅导员。曾获第八届"全国高校辅导员年度人物"入围奖、全国高校辅导员职业能力大赛复赛二等奖、江西省高校十大"最美辅导员"、江西省高校辅导员精品项目二等奖、江西省学校共青团"微团课"大赛一等奖、江西省高校辅导员职业能力大赛二等奖、校优秀辅导员、"三下乡"优秀指导老师、新闻先进个人等荣誉。

为青春解惑，为成长护航

◎江西科技师范大学　刘兴

编者：您好，在接触过程中我发现您和学生们的关系特别亲近，他们都叫您"兴姐"而不是"刘老师"，您能不能跟我们分享一下这个称呼背后的故事？

刘兴：这个称呼从我刚入职带第一届学生起就有了，其实当时也没有特别的含义。我研究生毕业进入大学担任辅导员，从学校到学校，没有任何社会工作经历和经验，加上只比他们大五六岁，兴趣爱好相仿，于是就很自然地和学生们"打成一片"。大部分学生感觉我与他们印象当中传统刻板的老师形象不太一致，就开始"兴姐兴姐"地叫我。可是，这正是很多初入教育行业职场"菜鸟"的一大误区，自己并没有很好地完成从"学生"到"老师"的身份转变，简单地认为与学生"关系好"就可以做好教育工作。

编者：看来，这个称呼最初没有带给您原本想要的效果。那么，后来又发生了什么呢？

刘兴：很快，在学院领导和前辈们的帮助指点下，我意识到了自己师生关系处理中存在的问题。我甚至曾在公开场合中强调不准学生叫我"兴姐"，而必须叫"刘老师"。显然，仍旧是工作经验不足矫枉过正了。仅仅是表面上改变称呼，并不能实质性改变学生对你的态度，甚至反而会让这些极具个人评判标准的"95后""00后"大学生产生反感，渐渐变得疏远。入职初期，我的确花了很多时间和精力不断找准辅导员的角色定位，不断在各项工作中揣摩"良师益友"的真正标准和内涵。

编者：您说到的这个问题许多年轻的辅导员都遇到了，过于亲和会失去威信，过于严肃又不利于开展学生工作。结合您的个人经历，可以给正在走弯路的年轻辅导员提供一些成功的经验和建议吗？

刘兴：习近平总书记在全国高校思想政治工作会议上的讲话中强调，"提升思想政治教育亲和力和针对性，满足学生成长发展需求和期待，是新形势下提高高校思想政治工作实效性的关键"。要想让辅导员工作有深度、有温度，就必须要有自己的态度，重点把握三个角色定位：一是政治思想引领者。这是岗位首责主业，旗帜鲜明讲政治，加强理论学习，提高理论素养，明确学生工作的"准线、红线、底线"。在具体落实的时候，要把握学生成长规律，讲究工作方法，杜绝简单说教，要把理论知识很自然地融入学生的学习生活方方面面，春风化雨、润物无声，增强感染力和可信度。二是成长成才助力者。辅导员不是"高级保姆"，治标还需治本，帮助解决困难的同时，更应教给学生面对困难的勇气和解决困难的能力。授人以鱼不如授人以渔，把"陪伴"变为"培养"，带领学生开拓思路眼界和思维视野，提升实践能力和创新水平，制定职业规划和发展目标，促进学生自我成长。这关乎一个孩子的前途，一个家庭的未来，一个民族的希望。三是身心健康的守护者。通过多种渠道引导学生树立安全意识和自我保护意识，通过谈心谈话和团体辅导等途径及时疏导心理问题，早发现早应对，提升心理危机干预的能力。通过长时间的打磨积累，"兴姐"已不是当年最初的那个"兴姐"了，亲切的语气背后是对我的尊敬和信任。

编者：您对辅导员的这三个角色定位十分确切精准，年轻辅导员一定会非常受用。高校辅导员的工作涵盖广泛，心理辅导、就业指导、寝室管理、危机处理、勤工助学、社团活动等等，千丝万缕、千头万绪，您是怎样提升自己的工作能力呢？

刘兴：辅导员大量的事务性工作繁杂琐碎，很容易陷入"忙盲茫"的无奈境地，我认为抽身出来提升能力最直接有效的方法就是——参加比赛，以赛代训、以赛促学、以赛促练。高校辅导员职业能力大赛是我参加过的最紧张激烈、最丰富全面的比赛，包含了理论笔试、网文写作、案例分析、理论宣讲和谈心谈话，几乎涉及了辅导员工作的全部内容。从校赛、省赛到国赛，研读演练实操，仅仅参加两年工作的我通过高强度的备赛集训，如同海绵吸水一般迅速汲取前辈们的经验养分，职业能力得到了显著提高，并取得了比较理想的成绩。比赛可不是年轻"小白"的专利，时隔六年，作为学院团委书记的我又代表学校参加了江西省学校共青团"微团课"大赛获得一等奖。比赛过程中重新让自己归零，跳脱出"经验模式"的固定思维，站在学生的角度去思考他们要学什么、想听什么、能做什么，多次辗转场地观摩其他选手的现场授课，拓宽视野、提升格局、革新思维、创新方法，综合素质能力得到明显提高。

编者：这么多比赛的项目落实回归到现实工作中，您先后共计担任了500多名学生的辅导员，百人百事，几乎每个人的家庭背景、性格特点、处事能力都不一样，您还要负责学院1500名学生的日常管理和党团员活动，工作中您最拿手的是什么呢？

刘兴：称不上最拿手吧，只是我意识到一个道理，"如果你要和鱼对话，就不要站在岸上，要站在水里和他们一样自由自在地呼吸"。所以我始终坚持与学生们谈心谈话，走近学生，更走进学生。何时谈？以下六种情况出现时需要谈：学生有需要时要谈、发生重大变故或事件时要谈、受到奖惩时要谈、学生间有矛盾时要谈、情绪出现波动时要谈、重点学生要谈。2012级学生熊某是一名来自贫苦农村单亲家庭的孩子，底子差、不善言辞又没有班委经验，却很想竞选班级学习委员一职。经过谈心谈话后我发现他勤奋好学吃苦耐劳，每天早上坚持五点起床看书背单词。我决定破例给这个孩子一次机会，并鼓励他："判断一个人优秀与否，并不取决于他到达巅峰的高度，而取决于触底反弹的力度。"功夫不负有心人，事实证明这条路铺对了，各方的悉心帮扶熊某倍感珍惜，多次获得一等奖学金、优秀学生干部称号，大三荣升为学院学习部部长，获得国家奖学金，作为学生代表赴台学习。大学四年共获得三万多元奖学金和助学金，现正攻读硕士研究生。怎样谈？我曾用一个暑假的时间学习专业的心理学知识和心理咨询技巧，无条件尊重他人、热情真诚不偏见，积极关注闪光点，最终达到与学生共情、共识、共勉。这样的谈心谈话会更有内容、有效率、有针对性，能够帮助我们快速了解学生情况，沟通感情，答疑解惑。值得一提的是，近年来我特别关注原生家庭的影响，并积极促进与家长及时地信息互通与交流。因为虽然我们与学生的焦点在学校，但延伸在家校沟通，走进家庭、走进学生父母，方能走进学生心灵最深处，架起沟通心灵的"心桥"。　在一次助学金评议小组讨论会上，大家对2018级唐某的评议与其提交材料的内容大相径庭。同学们反映唐某经常外出参加活动、出门爱化妆打扮，而唐某却哭诉说自己经济条件确实困难。我即刻与家长取得沟通联系，才得知该生是被领养的孤儿，养母身患疾病租住在亲戚家的一间小库房里，靠独自一人打工抚养供读，倾尽所有只是为了不让女儿在学校被"歧视"。我当即决定必须给唐某评助学金，虽为保护当事人未向评议小组揭露隐私，但基于充分的信任学生们一致通过了这个决定。事后我再次找到唐某，悉心教导她生活的不易要勤俭节约，鸟有反哺情，羊有跪乳恩，成才后定要好好报答母亲的养育之恩。

编者：谈心谈话工作确实是辅导员常用的工作方法之一，也是思想政治教育

的基本方式之一，摆事实、讲道理、谈感情、化心结，在谈的过程中学生能倍感关心关爱。那您最不擅长的又是什么呢？

　　刘兴：前面介绍了我本硕专业是基础数学，作为一名"纯理科生"，与数字、符号、解题打交道我是驾轻就熟，可背文字、写文章我就不太擅长了。但是辅导员很多工作是要求有文字记录的，案例分析、总结报告、新闻宣传等等，我就逼着自己在短板处下功夫，颇有成效的方法就是多学，多看、多写。多学习理论知识，守牢思想阵地，练就"硬本领"。特别是读原著、学原文、悟原理，具备一定的知识储备量才能支撑文章的深度和高度，才能立稳"大思政"的根基。多看优秀经典的文章，知网、学习强国、辅导员工作相关微信公众号、微博等都是不错的网络学习渠道，掌握文章写作的技巧，找到分析问题的角度。多写自己的亲身经历和真实想法，以情感和故事吸引读者，用最朴实的语言传递最有爱的力量，在写的过程中总结凝练、反思提升。依靠这样的方法加强练习，我主持参与了近二十项省校级课题、协同育人项目，发表了十余篇大学生思想政治教育相关文章，多次在学校辅导员论文、案例分析写作比赛中获奖。更重要的是，"能写"是"能说"的基础，我的主题班会和宣讲演说变得更有理论依据、现实题材和吸引力了。一次职业生涯规划课结束后，一位学生发朋友圈说，感触最深的一句话是："博士坐下，硕士留下，本科等下，专科让下。"像这样生动活泼又容易被大学生接受和理解的"小段子"可以成为我们思想政治教育中的"巧劲"。

　　编者：把短板变成长板，化劣势成为优势，您为了做好辅导员工作花了精力下了苦工。一路走来，是什么信念激励着您继续前行，是什么力量支撑着您做出如此大的改变？

　　刘兴：往小了说，一名学生是我工作的两百分之一，学校的两万分之一，却是一个家庭的百分之百；往大了说，青年是实现中华民族伟大复兴的中国梦的最强主力军，是社会主义现代化强国的建设者和接班人。高度的责任感和使命感始终是我精神世界的支柱和不竭动力的源泉。听上去"高大上"，具体落实下来就是"每天把简单的事情做好了，就是不简单，每天把平凡的事情做好了，就是不平凡"。2015级学生李某家庭条件优渥，酷爱篮球，父母希望他毕业后回家乡从事稳定的中学数学教师工作。然而他自己并不喜欢本专业，加上本能的叛逆心理，挂科率极高，已学籍预警，险些降级。一次偶然他与所在的篮球队队员共同在护校河边救起了两名失足落水的女生，一时间成为校方宣传报道中的"见义勇为小英雄"。我抓住机会肯定他的道德高尚和英勇果敢，激励他在完成学业的前提下找到自己的职业目标并制订实施计划。布莱克曾说："命运并非机遇，而是一种选择；我们不该期待命运的安排，必须凭自己的努力创造命运。"他燃起希望重拾信心，立志成为一名律师。最终不仅顺利完成学业拿到数学中学教师资格，还通过培训和自学考取了国家法律职业资格证书A证，实现了职业梦想。我还深深地记得，毕业典礼上他满脸鼻涕和泪水地抱着我痛哭："兴姐，大学里我最感激的人就是您！如果当时不是您劝导我，真不敢想象我现在会是个什么样子！"普天之下做人的工作是最难的，高校思想政治辅导员的工作任重道远，但"志之所趋，无远弗届，穷山距海，不能限也"，能够用心灵陪伴心灵，用青春点燃青春，用梦想照亮梦想，不正是我们的人生价值所在吗？

编者："育才造士，为国之本"，您深怀爱生之心，恪守为师之道，善谋导航之策，多做利生之事，确实值得我们每一位思政工作者学习致敬。道理说起来简单，但做起来可就不容易了。您是如何做到扛责任担使命，护航学生成长的呢？

刘兴：四个字——以身作则。孔子曰："其身正，不令而行，其身不正，虽令而不从。"我们要身体力行，用实际行动去感染和带动学生，否则讲的道理再透，教育的形式再好，艺术性再强，都是无根之树、无源之水。我充分利用本地红色资源，与学生一起学习参观八一起义纪念馆、方志敏烈士陵园、小平小道等红色主题教育基地，回到历史发生的地方，重现历史发展的过程，在庄严圣地一同追忆战火纷飞的艰苦岁月，一同学习革命先烈的信仰与赤诚，传承红色文化，培育爱国情怀。我定期带领党员学生走访服务基地，为农村留守儿童做义务家教，每逢节日到中华情老年公寓送温暖送祝福，成立党员志愿者站积极投入迎新生、文明示范寝室、公交服务等工作中。我这辈子做的最光荣的一件事，就是成为一名军嫂，把青春奉献给国家军队，把生命寄托于教育事业。2017年，临近生产时丈夫被调配到基层部队带兵，一周只能见一次面。在心理和生理的双重压力下，我仍惦念着自己曾经带的班级，千叮万嘱学生们要服从学院安排尽快适应新辅导员的管理，要更加严格自律砥砺奋进。休完产假回到辅导员岗位，一边是拔节孕穗的百位青年学生，一边是嗷嗷待哺的稚嫩婴孩，既要保证学生思想政治教育质量，又要保障军人丈夫的大后方，我在"5+2""白+黑"的工作模式基础上，不断增强学习提高能力，坚守住每一个岗位。我相信，辅导员的一举一动、一言一行、一思一想、一情一态，都清晰而准确地印在学生的眼里和心里，这种示范性将在学生的心灵深处构成一股排山倒海般的内化力。

编者： 刘老师平日润物无声的教诲，注重道德知识的传授和践履，感动并感染了很多人。您所在的学院是数学与计算机科学学院，对于大学生思想政治工作，结合您所在学院的专业特点，还可以给我们介绍一些好的工作经验和方法吗？

刘兴：思则变，变则通，通则达。全媒体时代已经到来，信息无所不在、无所不及、无人不用。如果因循守旧，缺乏亲和力与针对性，不能满足学生成长发展需求和期待，就很难取得实效。只有沿用好办法，改进老办法，探索新办法，不断增强针对性、时代感和吸引力，才能在媒体融合加快发展过程中运用全媒体提升高校思想政治教育育人成效。我带领学院计算机专业学生干部接管了早在2011年创立的学院官方微博，发布内容包括团委各项活动，学生学习生活动态，学生会工作情况。目前粉丝总数为2005，截至2020年2月1日，共发表696篇微博，近4万字，4个视频，83张图片，单篇微博《"薪火相传"社会实践服务队赴九江修水》最高浏览量4637。2013年创立学院微信公众号，包括学院动态、原创系列、心灵驿站、两学一做、荐读、热点、不忘初心，牢记使命、新生特辑、学生会特辑等10个版块，每天根据不同情况至少推出4个板块。目前总用户数为3868，共计1435期推送（截至2019年12月），推文5692篇近400万字，图片3275张，单篇文章《毕业照，是你和我唯一的合影》最高浏览量1033。主题团日活动中我还开展了一系列PS海报设计、表情包设计、H5制作、APP小程序制作等比赛，激发学生自主发现、分析思考和解决困惑的内驱力，筑牢人生未来发展的根基。此次突发新型冠状病毒疫情，我通过网络渠道第一时间向学生传达中央会议精神，宣传疫情防控办法，发起"抗击疫情——我承诺"微信接力活动、手势舞抖音接力活动、团章团史挑战赛、公益志愿服务、创意秀、线上学习等，以知识健脑，以知识润心，为祖国加油，为武汉助力。

编者：感谢您的倾囊相授，分享了这么多自己真实的工作经历和心得体会，特别是一个个生动鲜活的案例，让我们受益匪浅！采访结束之际，请您用一段话概括对辅导员工作的认识。

刘兴：唯其艰难，方显勇毅。越是伟大的事业往往越是充满艰难险阻，越是需要坚持坚守的定力、奋起奋发的胆力。辅导员工作在我看来，就是遇见热爱与坚持，用德育的力量点亮学生真善美的心灯。愿每位辅导员遍尝酸甜苦辣，历尽喜怒哀乐，仍然眼里有片海，心里有束光。每年迎接新生的时候，我都会对着这群可爱的孩子们说一句："你好，这是你第一次当我的学生，我也是第一次当你的辅导员，互相学习，共同成长，请多多关照！"

（扫码观看人物介绍）

桂　伟

桂伟，男，汉族，1981年2月生，江西进贤人，中共党员，硕士研究
生，副教授，现任江西中医药大学人文学院党委委员、团委书记。
2006年至今一直担任江西中医药大学人文学院辅导员，主持江西省高
校人文社科思政专项、江西省高校党建课题、全国高等中医药院校学生
工作研究会等项目数项，发表论文数十篇，2016年、2018年入围"全
国高校辅导员年度人物"、2018年江西省高校十大"最美辅导员"、
江西省高校辅导员优秀工作案例一等奖、江西省高校辅导员职业能力大
赛二等奖等省级以上表彰30项。

真情服务广大学子　大爱呵护青年成长

◎江西中医药大学　桂伟

**编者：桂老师您好，您从事辅导员工作已经14年了，您是如何理解辅导员的
"初心"的呢？**

桂伟：习近平总书记在党的十九大报告中指出："中国共产党的初心和使
命，就是为中国人民谋幸福，为中华民族谋复兴。"不忘初心，方得始终，牢记
使命，方能幸福。对于我们辅导员来说，我们的初心就是立德树人，我们的使命

就是凝聚青年跟党走，我们的幸福就是青年成长成才。中国道路激荡世界，中国贡献惠及世界，中国智慧启迪世界，为中国人民谋幸福，为中华民族谋复兴，这也是党对我们辅导员的殷切希望，助力青年更有理想，更有本领，更有担当，为学生谋幸福，为千万个家庭谋幸福，为中华民族谋复兴。辅导责任重大，使命光荣，其实也很幸福。

编者：是的，辅导员也是很幸福的，您能谈下你的幸福体会吗？

桂伟：我们会在同学们逃课睡懒觉的时候，突然出现在教室，对着名单一个一个地点名；我们会在同学们心血来潮想在宿舍做火锅时，语重心长地劝他们不要在寝室使用大功率电器；我们会在课余空闲时间，组织各种各样的讲座，要求他们前往神曲厅、科报厅集体参加。

最初，同学们可能还会为辅导员的尽职点赞，但是时间久了被约束得多了，可能也多了些埋怨和不解：请假这种小事还一定要走那么多程序，真烦啊；电磁炉不是日常电器吗，怎么到学校就变成寝室违禁品了呀，规矩真多；都大学生了，还整天组织早锻炼晚自习，我想睡觉；总是要我们去参加那些所谓名人名师的讲座，还点名呢。

确实，有时候我们辅导员觉得自己就像夹心饼干，但是我们却乐此不疲，因为这其中藏着幸福，关乎学生的幸福，这就是我们辅导员的幸福。当同学们吐槽请假程序烦琐时，我们坚持常保持密切联系，家校共建；当同学们吐槽辅导员频繁访问寝室时，我们坚持每周下寝室走访上百间宿舍，确保了一方平安；当同学们抱怨评优材料太烦琐时，我们担心学生丢失评优机会，一次次地加班到凌晨，只为核对每位同学的资料；当同学们抱怨各类活动太多时，我们积极地组织同学们参加各类竞赛，摘金夺银，提升专业素质。

每天，我们做着一件又一件平凡的事情，然而，就是这一件件小事情，却关系着每位学生的健康成长，关系着每个家庭的幸福，关系着国家和民族的希望，平凡之中孕育着伟大。春雨润物，立德树人，把思想政治工作做到学生们的心里去，做青年学生的知心朋友，做青年学生的人生导师，这正是辅导员工作价值所在，也是辅导员的幸福源泉。

编者：确实，学生的幸福，就是辅导员的幸福，也是党和国家的幸福。有些辅导员一直说自己每天埋头于无比琐碎的事务性工作中，根本无法抽身去与学生交流，据我了解，您现在带两个专业8个班，346位同学，肯定工作量很大，您如何破解这一难题呢？

桂伟：是的，根据《普通高等学校辅导员队伍建设规定》，辅导员的工作职能主要有九项，既有思想引领方面的，也有为学生日常事务服务，想必大家都看过很多关于辅导员工作的吐槽：白加黑，5+2，从入学教育到学生就业，大事小情都要找辅导员，"上面千条线，下面一根针"，毋庸置疑，辅导员肯定是校园里的忙碌一族。

解决思想问题与解决实际问题相结合是我们党的思想方法和工作方法。在加强和改进大学生思想政治教育中，我们同样要把加强思想政治教育与解决实际问题结合起来。只有这样，才能提高思想政治教育的针对性、实效性和吸引力、说服力、感染力。其实我们大可不必被这些琐碎的事务性甚至突发性事件吓到，更不要担心因此而没时间与学生交流。辅导员开展课堂督导、宿舍安检、评优评先、学生资助、文体活动这些学生日常事务的时候，帮学生解决实际问题的同时，其实就是在与学生交流，这些日常工作就是我们对学生开展思想引领的载体。

要破解这一难题，我认为辅导员思想上要认识到这些工作的意义，关键在于精准服务，提高工作效率：一是要十分熟悉学生；二是要熟知学生制度、政策及日常学生事务办理流程；三还要熟悉校园环境。在熟悉学生方面，我们通常会翻阅学生档案，每学期与每位学生家长联系一次，建立家校联系，每学期向家长寄送成绩单。特别想说的是和学生谈心不一定要在办公室，可以在球场、食堂、图书馆、十佳歌手现场；可以是预约的，也可以偶遇，甚至可以是有计划的偶遇；可以是畅谈，也可以是三言两语。总而言之，做个有心人，让学生感觉到我们时刻在关注他，收集更多学生的信息，全方位了解学生，烂熟学生账簿。在帮学生办理日常事务时，我们要精通业务流程，做个靠谱的辅导员，争取做到让学生一件事最多跑一次腿，做到精准服务，少跑一次腿，学生就会多一份亲近你。比如学生咨询如何缴纳学费时，我们一般会把线上线下缴费方式提前告知学生，同时我还会多补充一点，如果去校园卡中心刷卡缴费一定要上午9点之后下午4点之前去，因为校园卡要和银行结算，上下班时间和学校作息时间有不同，可以避免学生白跑腿。熟悉校园环境也很重要，抓住新生入学教育时机，告诉学生医院、保卫处在哪、电话多少，诸如学校食堂没辣椒的菜在哪个摊位、校园浴室在哪、宿舍床铺尺寸等问题，辅导员都要一一准确知晓，做一个校园百事通，以便精准服务，提高效率。

编者：桂老师对学生真的是非常用心，据说您还对特殊群体学生有更细致用心的帮扶，能分享一下这方面的故事吗？

桂伟：有部电影叫《一个都不能少》，讲述的是主人公魏敏芝只是水泉小学的高老师临时找来看管学生的，但就为高老师临走时交代的一句话——"一定要把娃看住，一个都不能少"，她表现出了惊人的执着和认真。尽管她不懂教学，但"责任"——这个教师身上最可贵的精神却在她身上得到了最朴实无华也最完美的体现。为了做到"一个都不能少"，我们学校启动了特殊群体关爱工程，旨在帮扶学业有困难、行为有过错、心理有障碍、家庭经济困难等各类学生克服困难，完成学业。"一个都不能少"，同学们学习的艰辛，成长的烦恼，理想的困惑，择业的焦虑……学生的喜怒哀乐、成败得失、点点滴滴，都牵动着我的心。欣喜的是，14年来，我所在学院，未发一起意外伤亡事件，各类困难学生都得到了较好的帮扶。

2006级学生张某，在大二时，多门课程不及格，作为辅导员的我，看在眼里，急在心里。为此，我多次与这名学生促膝长谈，逐渐了解到这名同学原本是位非常不错的学生，上大学以来，由于没有及时树立学习目标，也很少参加学生社团活动，因而大学生活比较空虚，进而迷上网络游戏，导致学业荒废。为此，我们制定了一个积极的拯救方案。首先，鼓励该同学竞选担任班级体育委员，在为同学服务中，他渐渐地找回了自信。其次，给他压担子，培养他勇于担当的精神。2008年和2009年暑假，这位同学两次前往四川灾区开展心理危机干预志愿服务，赢得了各界的一致认可，被评为全省社会实践先进个人，从那以后学习成绩也是节节高，顺利完成学业。

2008级学生刘某，性格内向，家庭经济困难，不善言谈，但对未来充满憧憬，学习之余，偶尔从事兼职工作。2009年7月到2010年3月份期间，曾多次不顾家人的强烈反对断断续续加入外省传销组织，执意要去实现自己一夜暴富的梦想。经过父母以及师生多次劝说效果不明显。详细地了解完情况后，为了进一步帮助刘同学摆脱传销梦魇，我和心理咨询师以班级名义组织了"认识自我""悦纳自我""发展自我"三次心理团辅活动，经过团体心理辅导，刘同学逐渐从传销的迷途中走了出来。从那以后，刘同学就逐渐变了样，没变的是他的创业梦想，在老师和同学们的帮助下，该同学发挥自己的专业特长，与同学合伙开起了xx吉他培训班，丰富了同学们的业余生活，繁荣了校园文化，为家庭减轻了负担，同时圆了创业梦想。更为欣喜的是，该同学忙于创业的同时，并没有耽误学习，在创业期间还获得一项省级钢琴大赛的银奖，顺利完成学业，现就职于一家医院，从事心仪的音乐治疗工作。

编者：是的，每一个困难学生的进步都离不开我们辅导员默默守护。我们了解到，在2012年5月，您还发起组建了"心灵乐梦团"的志愿服务团队，和一所山区小学做了一个约定，能帮我们介绍下吗？

桂伟：《中共中央、国务院关于进一步加强和改进大学生思想政治教育的意见》指出："社会实践是大学生思想政治教育的重要环节，对于促进大学生了解社会、了解国情，增长才干、奉献社会，锻炼毅力、培养品格，增强社会责任感具有不可替代的作用。"作为社会实践的重要形式的志愿服务是高校思想政治教育的重要活动载体和实现途径。为此，2012年5月，组建江西中医药大学人文学院"心灵乐梦团"大学生志愿服务团队，提供音乐治疗、心理辅导等服务，"心灵乐梦团"的名字源于我们学院音乐治疗和应用心理学两个专业。

心灵乐梦团第一项活动是："我和山区孩子有个约定"——关爱山区留守儿童，在景德镇程家山小学就有39个孩子，她们喜欢音乐，但是真的拥有一些属于自己的乐器却只能在梦中。每个孩子都拥有幸福快乐的权利，为了实现他们的梦想，2012年5月，"心灵乐梦团"的志愿者们积极行动了起来，举办爱心义演，为程家山小学募捐了6000元，全部用于购买音乐器材。当颠簸了数个小时把乐器送到山区的孩子们手中时，看着孩子们天真的笑脸，我一定还会再来的，我和孩子们做了一个约定。2012—2019年我践行了自己的诺言，我先后9次带领"心灵乐梦团"来到大山深处的景德镇程家山，为留守儿童开展"我和山区孩子有个约定"爱心夏令营，开设了音乐、体育、团体心理辅导等素质课程。课堂外，大学生和小学生手牵手，一起做心理团辅游戏，引导孩子们在团队中健康快乐成长。

编者：为"心灵乐梦团"的爱心和坚持点赞。据我们了解，"心灵乐梦团"志愿服务团队9年来坚持为校内师生开展志愿服务，同时走出学校，深入中小学、医院、社区、未成年犯管教所等，开展音乐治疗及心理辅导志愿服务。先后受到了中青网、大江网、江西日报、搜狐等媒体关注报道近百次，同时荣获全国首届高校思想教育网络作品评选三等奖、全国中医药高等院校学生工作特色工作奖等多项表彰，能谈谈您的体会吗？

桂伟：是的，"心灵乐梦团"竭诚服务于我校师生心理健康，同时走出学校，深入中小学、医院、社区、未成年犯管教所等，开展音乐治疗及心理辅导志愿服务。并逐步形成志愿服务常态化、项目化，建立了多家志愿服务基地，充分调动同学们主动性和积极性，引导同学们进一步了解社会、深入社会、服务社会。积极探索志愿服务与专业学习相结合、与服务社会相结合的长效机制。先后开展了"音你而美·乐动校园"——助力"健康江中"、"从心出发·乐动校园"助力新生"心"成长、"乐疗我心·轻心轻身"——助力"朋辈心理团辅"、"打开心结·乐动生活"——关爱老人，点亮戒毒人员、失足人员"心灯"系列活动。

坚持"党建团建+志愿服务"，坚定理想信念，点亮学生成长之路。我们以志愿服务作为大学生思想政治教育的抓手，将思想政治教育的内容寓于志愿服务之中。志愿服务为高校思想政治教育发展及深化提供了鲜活动力，为思想政治教育提供最好的素材、内容和方式，帮助提升大学生的思想、政治、道德素质。在爱心引领下，"心灵乐梦团"志愿者勤于实践、勇于探索、甘于奉献，了解了国情，增长了才干，锻炼了毅力，增强了社会责任感，用实际行动践行了社会主义核心价值观。先后有300多人次学生党员、入党积极分子参加志愿服务，人均每周参加志愿服务3小时，逐步形成基于学生党性教育的志愿服务常态化机制。

坚持"专业实践+志愿服务"，着力提升专业服务技能，助力学生成才。我们以志愿服务作为专业实践的载体，紧紧围绕音乐治疗和应用心理学专业学习，主要为留守儿童、空巢老人、失足少年提供音乐治疗和心理援助服务。学生参与志愿服务前，必须经过严格的专业培训，取得国家心理咨询师等相关资格证书。在志愿服务中，学生会发现自身的不足，及时调整课程选择，完善知识结构，强化专业技能训练，实现知识向能力的转化，由学业意识向职业意识转化，拓宽了大学生的职业选择渠道，提升了大学生创先创业能力。"心灵乐梦团"共获得国家级大学生创新创业训练项目3项，省级7项。

编者：辅导员工作是一份很细致很平凡的工作，您用心服务广大学子，用爱呵护青年成长，做您的学生是幸福的，您也是幸福的，感谢桂老师！

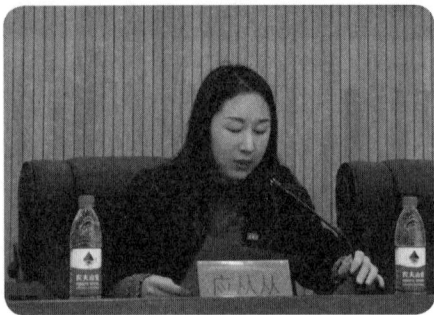

应丛丛

应丛丛，女，汉族，1986年1月生，江西九江人，中共党员，设计艺术学硕士，讲师。2014年起从事辅导员工作，现任景德镇陶瓷大学陶瓷美术学院学工办副主任、专职辅导员、学生支部书记。曾在第六届江西省高校辅导员素质能力大赛（本科组）中荣获二等奖。参加江西省哲学社会科学教学科研骨干第47期、54期研修班。多次获得景德镇陶瓷大学"优秀辅导员"、"优秀班主任"、"综治先进个人"、大学生志愿者暑期"三下乡"社会实践活动优秀指导老师、"优秀党务工作者"等荣誉称号。

青春里 你我同行

◎景德镇陶瓷大学 应丛丛

编者：应老师，您本硕学的都是陶瓷艺术设计，景德镇又是一座历史悠久的文化名城，有着得天独厚的陶瓷艺术研究氛围，也听说您是有个人艺术工作室的，但为何却要从事一线辅导员工作呢？

应丛丛：这二者并不冲突，在我还没有从事辅导员工作时，几乎每天都在工作室进行创作，但是有时候市场和这个一味讲求高速、追求创意的现代社会会促使你失去创作最原始的状态。我时常讲，做艺术要有"匠人精神"，这不仅体现在继承优良的传统技艺上，更多的是如何塑造一流的人品。当你努力去提升自我的思想认识，"先德行，后技能"，就会渐渐感觉到"己成，则物成"。其实中华民族文化传承的核心是"孝道，师道"。如何上行下效，只有深入到学生工作一线，从日常相处中去行德政和德行教育，才能明白如何正己化人。辅导员是思想政治教育工作者，既为学生师又为学生友，在他们身上，有一种愚公移山的坚持，有一种化腐朽为神奇的力量，也正是辅导员这个职业让我有了对初心的坚持，让我学会在快节奏的世界里慢下来，而这种心态在我再进行艺术创作时，增添了自信和底气。我所在的学院是陶瓷美术学院，也正因为和学生专业相通，除了思想上的交流，我们更多的时候会因为拥有共同探讨的专业话题而变得亲密无间。所以，辅导员工作并不影响我对专业的进一步探索，这二者是相互促进的。

编者：我们知道，辅导员工作其实是非常繁杂的，包含了学生学习生活的方方面面，甚至会大量占用到休息的时间，应老师，在这种情况下，还有时间进行艺术创作吗？

应丛丛：经常会有一些大一的学生问我，应老师，如果我担任班干或者参加学生社团，会不会影响我的学习。我想，这是同一个问题，问题的核心就是自我管理，每个人的人生都由家庭、事业、职业、学习、社交等多方组成，每一个有成就的人都是运用时间的高手。我所带过的学生中，不乏在兼任多个学生组织及班级重要职位时依旧能保持学习成绩名列前茅的，他们的事务性工作也做得很好。国家奖学金、励志奖学金获得者不在少数，更有连续5次获一等奖学金的佼佼者。这些学生平日都非常繁忙，要协助老师管理班级、处理各类日常事务，只有在时间不够用的情况下，他们才会学习如何规划、如何提升工作效率、如何科学运用时间，我认为这是大学生应该去自我修炼的一项技能。回到我身上，自然，除了工作，空余的时间都在做专业研究，时间也许是有限的，看起来不能100%全力以赴，但101%的态度决定了你可以做到什么，拥有什么。

编者：的确，时间的把控对发展尤为重要。应老师，您是2014年开始从事辅导员工作的，那么您是如何看待辅导员这项工作的？工作以来感触最深的是什么？

应从从：辅导员是思想政治教育工作者，他拥有"干部"和"教师"的双重身份，更是大学生在学校里的"家长"。有人说这世界上最难的职业就是"父母"，而辅导员却担任着他人孩子在学校的"家长"职业。无疑，辅导员的日常就像千千万万家长的日常，对孩子们的关心事无巨细。这是我对辅导员工作的最初印象。随着时间推移，我更多地感受到了辅导员最重要的、最核心的工作不是日常事务，而是做好学生思想上的引路人。说到思想，想要把自己的思想放进别人的脑袋里，是件很难的事。立己易，立人难，而在"立人"之前，我们又要做到正己而后正人，于是，管理学、心理学、哲学、传播学、组织行为学、公共关系学、思想政治理论、时事前沿、历史人文、新媒体运用等等都是辅导员需要每日不断吸取的知识养分。所以，辅导员职业在我看来是个杂家，更是学生的知心好友。我从事辅导员工作已经第六个年头了，让我感触最深的是，在和学生们日常相处过程中，用情比讲理更为重要。当代大学生已经是"95后""00后"，他们成长在信息化的时代，知识面远广博于我们那个年代，他们接触新鲜事物的能力也比我们强。其实"道理"是无处不在的，在我们进行思想政治教育时，如果一味地摆政策，讲大小道理，便无法"循循善诱"。但若能寓理于情，入情入理，通情达理，学生就会自然而然地接受，只有用情才能入耳入心，随即入理于脑。这时，教育才会在内心深处发生作用，产生效果。

编者：是的，用情的教育就像春风细雨一样，"润物细无声"地影响着学生，也更能走进他们的心里。但是对于新入职的辅导员，他们该如何与学生相处，如何快速地融入学生日常事务管理中去呢？您有什么好的建议？

应从从：我刚入职时，担任了88名雕塑专业学生的班主任，负责全院学生的综合测评工作及毕业生的就业工作。在没有任何工作经验的情况下，我的第一件事，就是每日背诵学生的姓名，记住每一位学生的脸庞。军训结束，我记住了班级88名同学分别来自哪个省市；当就业工作结束时，我几乎记住了500多名毕业生的姓名，哪些是考上研究生的、哪些是创业的、哪些是应聘用人单位的。那个时候，就像考试复习一样，每天翻阅着学生的基础资料、学习情况，不停地熟悉着，我想这是一切工作的基础，事实证明，这为快速融入学生群体以及工作开展提供了方便。除此之外，还有几点建议：

第一，当代大学生的思想都是灵活跳跃的，我们要用自身过硬的思想政治素质去影响和感染学生，避免说教。这就体现了我们日常的修识水平。第二，要善于积累，尤其是要学会建立和管理日常工作台账，要有记录、有条理、有反思、有总结。第三，要学会"循循善诱"引导学生提升自我教育、自我管理、自我服务的能力。第四，要与时俱进。习总书记在全国高校思想政治工作会议重要讲话中指出，"高校思想政治工作，必须做到因事而化、因时而进、因势而新"。辅导员的工作不是一成不变的，对象会有变化、社会环境会有变化、矛盾本就处在变化之中，所以，我们要不断吐故纳新，除了优化自身的知识结构，还要不断结合时代特点去创新工作方式。特别是在这个网络信息时代，我们更要学会拓宽渠道去做好学生工作。

编者：非常不容易，记那么多的姓名本应该是件很头疼的事，但融入在工作中，融入在和每一位学生相处的过程中，也就是一种乐趣了。我们知道，现在工作的方式是非常多样化的，您也提到了要拓宽互联网这个渠道来开展学生工作，那么，您日常是如何运用互联网开展网络思想政治教育的呢？

应丛丛：现代社会已经进入一个信息化高度发达的时代，网络成为人们生活的主要组成部分，大学生思维跳跃，又是网络上最为活跃的群体。因此，高校自然就成为网络时代思想政治教育工作的前沿阵地，拓宽网络思政教育渠道就显得那么迫在眉睫了。去年12月份，我有幸参加了江西省哲学社会科学教学科研骨干研修班，在此次研修班中，有一堂课令我印象深刻，就是省委网信办副主任周森昆教授为我们讲授的"把握互联网发展新趋势新特征，着力提高网络舆论引导能力"课程，他讲到互联网对意识形态安全的影响、网络舆情风险的控制等内容，我深有感触。将这些联系到大学生的身上，不难想到，网络信息改变着大学生的思维模式、道德观念和价值追求。网络是把双刃剑，在大量泥沙俱下、良莠不齐的信息面前，网络思想政治教育工作迫在眉睫，也面临着巨大的挑战。我们要引导大学生在海量复杂的信息面前调整，认识偏差，树立正确的世界观、道德观和行为规范。今年开春，疫情肆虐，全国上下齐心协力在打一场共同的疫战，开学时间一再延后，此时，网络思想政治教育变得空前重要，师生无法见面，微信、QQ、学习通、微博成为师生沟通的主渠道。视频班会、微信群的信息接龙、网络征稿、线上防疫主题作品展、同学们的志愿活动事迹等等成为此时思想政治教育的主旋律。开展网络思想政治教育是密切关注大学生身心发展、情感交流及学习交往的重要渠道，也是新时代辅导员将面临的全新教育模式及重大课题。

编者： 刚说到您负责全院毕业生的就业工作，那么对于当前的就业形势，您想要对即将毕业的学生今后的职业规划说点什么呢？

应丛丛： 职业规划实际上是一个持续不断的探索过程，不是一蹴而就，更不是毕业生在毕业之际就能完全规划成熟的。在这个过程中，每个人都要根据自己的天资、专业属性、能力、动机、需要、态度和价值观等诸多因素慢慢地形成较为明晰的与职业有关的自我概念。当这种自我概念越来越清楚时，就会形成一个"职业锚"，也就是人们选择自己职业发展时所围绕的中心。每个人的职业锚都是在不断变化的，因而，我们在进行职业规划时，第一个要做的就是自我定位，既要放眼未来，又要着手当下。第二，要清楚择业和就业的关系，清楚如何进行职业准备和职业选择。第三，要树立正确的就业观，调整好就业心理，也就是进行职业适应。随着"大众创业、万众创新"的浪潮掀起，当代大学生的择业形式也不再单一。我所在的学院，学生专业大多偏纯艺术类，在历届毕业生中选择升学、创办工作室、自由职业的学生比重较大，其实这是符合专业特性的，但是长久的规划必定是在不断地自我认知、自我革新的基础上逐渐完善的。

编者： 谢谢应老师，最后一个问题，我们都知道辅导员是思想政治教育工作者，近年来各高校一直提倡"课程思政"这个概念，您是如何理解"课程思政"的呢？

应丛丛： 课程思政是使各类课程与思想政治理论课同向同行，把"立德树人"作为教育的根本任务的一种教育理念。其实高校所开设的课程均为国家意志的体现，都承载着培育德智体美全面发展人才的重任。每位老师在教授课程的过程中不仅要"授业"，更重要的是要"传道"，在学习和处世中教会学生如何树立高尚可贵的品质，从而避免自己成为一名简单的教书匠。以我们学院艺术类专业课程为例，"课程思政"概念的融入是在专业学习过程中，构建专业课、思想政治课、综合素质课三位一体的协同联动育人体系。教师通过对中国优秀传统文化、红色文化、社会主义先进文化内涵的研究与学习，掌握其思想根基和精神追求，来探索其在艺术中的不同表现方式，以此来指导学生创作出具有家国情怀、高情远致的优秀作品。我想任何一门课程都是一样，课程思政的作用不仅是要将教书育人外化于课堂教学主渠道，更内化于将知识传授与价值引领完美结合。教师做的不仅仅是传播知识本身，更要注重传播知识底蕴，于润物无声中立德树人。

查美云

查美云，女，1988年出生，江西九江人，中共党员，硕士研究生，2012年8月开始从事辅导员工作至今，现任南昌工程学院机械与电气工程学院学工办副主任。曾获江西省辅导员精品项目提名奖、江西省高校校园文化建设成果优秀成果奖、江西省辅导员素质能力大赛二等奖、校优秀辅导员、优秀班主任、优秀共青团干部等20余项荣誉表彰。主持或参与省级课题5项。

以心换心，做学生的良师益友

◎南昌工程学院　查美云

编者：查老师您好，能谈谈当初为什么选择辅导员这份职业吗？

查美云：我大学学的是思想政治教育专业。入学之初，在接受入学教育时我就了解到，这个专业的就业方向之一就是高校辅导员。多年来，这个专业已经向社会输送了许多优秀的高校辅导员。而且，我大学期间的2个辅导员都是毕业之后留校的学姐、学长，他们对我的影响是巨大的，那时对他们是一种信任、仰望、崇敬的感情，因此我对高校辅导员这个职业是很向往的。研究生毕业后，看到有高校辅导员招聘我就参加了，很幸运被录取了。我本科班上有5个同学在读完研究生后也选择了高校辅导员。记得辅导员应聘时也问了同样的问题，为什么选择这个职业？我就讲了两点，第一是热爱，第二是适合。这也是真情流露。

编者：因为热爱，所以坚守，您从事辅导员工作已经8个年头了，能谈一谈负责过的主要工作，传授一些好的做法和经验吗？

查美云：辅导员工作是繁杂琐碎的。多年来，我负责过多项工作。其中，大学生科技创新教育是我倾注了大量心血的一项工作。机械与电气工程学院作为全校人数最多、专业设置最广的学院，历来十分重视大学生课外科技创新教育，这是培养应用型人才的重要抓手之一，被作为一项"品牌项目"来抓。在学院领导的大力支持、指导下，我积极探索和创新，走出了一条大学生科技创新教育的特色道路，提出了以"培养创新意识，强化实践能力"为主题的"创新教育周"概念，以此为平台，打造"123"大学生课外科技创新教育新模式，即依靠1个协会，2个基地，3类活动打造大学生课外科技创新教育新模式。

1个协会是机械与电气工程学院大学生科技创新协会。我担任协会的指导老师，总负责日常管理工作。协会吸纳科技创新先进分子担任骨干，吸引普通同学成为会员。设置主席团、创新竞赛项目组、技能型竞赛项目组、综合事务部四个职能部门。学院科技创新的基础较好，有大学生机械创新基地、大学生电子电工创新基地2个基地。里面硬软件设施齐备，指导老师实力雄厚。我们主要开展了科技竞赛、成果展示、学术讲座3类活动，载体是创新教育周。通过举办"创新教育周"，宣扬成果，辐射周边，吸引了大量师生驻足观看，形成了创新教育的浓厚氛围。

应该说，经过多年的用心运营，学院实践育人成效显著、先进典型不断涌现、社会声誉反响良好。学院学生科技创新参与率超过60%，获奖率超过25%。有动力航模之家、汽车总动员、三维工作室、电子技能协会等超过20个各具特色的科技兴趣小组，呈现出全员、全方位参与科技创新的趋势。学生在重大赛事及科研创新上硕果累累、成绩辉煌。学院学生共有1000多人次在省级以上竞赛中获奖，其中国家级奖30多项，省级奖100多项。学生共申请获得了50多项国家新型实用专利，发表学术论文20多篇。学院2012—2014连续三年有学生获得"江西省大学生年度人物"奖项。特别值得一提的是，11级双超军同学由于在科技创新方面的突出成绩获得了第九届"中国青少年科技创新奖"，是青少年科技创新领域的最高荣誉，全省仅2个名额，该生之后又获得了2014年度"中国大学生自强之星"、2014年度江西省五四青年奖章，均实现了学生在这些奖项上的"零突破"。除此之外，学院学子在格力、美的、方太等中国排名前十的制造业中担任研发工作的约有80余人，其中绝大部分在校期间都拥有骄人的科技创新成绩。

好的工作经验离不开提炼总结。我们的大学生科技创新教育相关经验、案例获得了江西省辅导员精品项目提名奖、江西省高校校园文化建设优秀成果奖，校品牌文化等奖励，申报了2项省级课题并顺利结题。

编者：辅导员是一项实践性非常强的工作，作为一线辅导员经常要和各种学生打交道，能谈谈您的心得体会吗？

查美云：我认为辅导员要经常关注两个群体——学生干部和特殊学生。我先说学生干部。学生干部来源众多，有团学干部、班干部、社团干部、社区干部等等，都是辅导员开展大学生思想政治教育的重要依靠力量。我曾经负责带学院团委学生会干部队伍。我主要从以下几个方面开展工作：

一是建立健全各项规章制度，打好工作基础。为规范化管理团委、学生会，我联合主要团学干部制定、完善了"团学干部量化考核条例""团委、学生会文件格式管理规定""团委、学生会优良学风部门创建与考评制度""班主任助理考评制度""部门公共邮箱与云盘管理办法"等20余项制度，为团委、学生会各项工作顺利开展打下坚实基础。

二是增强团学干部队伍凝聚力与战斗力，抓好队伍建设。由于学院学生人数有3000多，我们团委、学生会也吸纳了100多名学生干部，划分为14个部门，给有志者尽量提供一个平台。为了增强这支队伍的凝聚力与战斗力，我每年坚持举办团学青春嘉年华、篮球嘉年华、会前5分钟、部门风采展等活动，让团学干部们彼此加深了解，加强沟通与联系。同时，通过校运会、院运会、院元旦迎新晚会等大型活动时机，加强各部门协同合作，让他们在相互合作中增强集体荣誉感。

三是加强日常教育与管理，促进团学干部和团学工作共成长。面对不断涌现的学生工作新问题，我经常组织团学干部骨干成员开座谈会，分析问题，剖析原因，找准对策，及时解决，使团学干部自身得到成长，团学工作顺利推进。紧紧抓住学院学工办（团委）——学生会（团委）——班干（团干）这条纵向线，教育团学干部树立服务意识，做好桥梁和纽带。

每个高校辅导员都要承担带班任务。工作以来，我共带完1届专科生、1届本科生。两届学生4个班没有任何人留级、退学、发生重大事故，专科班就业率全院第一，本科班考研录取率全院第一。我觉得能取得这些成绩，跟选拔、培养了一批好的班级干部是不可分开的。班干部要各司其职、尽心尽责、团结一致，而且很重要的一点是，班干部队伍要引领班级的核心价值观，即班干部要引导同学们认识到什么是应该做的，什么是不应该做的。举个例子，我带的15级能源与动力工程1、2班，班上的班干部平时上课都是坐前面，考研率超过了80%，大家一看，班干部都在这么认真地学习，那我也要向他们看齐。扭住了学风这个"牛鼻子"，其他问题就好办多了。

对于特殊生群体，这是牵涉辅导员较多精力的一个群体。心理特殊生、学习困难生、贫困生、人际交往困难生、网瘾学生、违纪学生等等，都是我们工作中会碰到的。《说苑·杂言》记载了孔子赞美水之"善化"德："不清以入，鲜洁以出，似善化"，意思是各种不清洁的东西流入水中，后通过水荡涤沉淀，便鲜美洁净，水可以荡涤一切脏污，好像君子的善于教化一样。面对特殊生，我坚持教育、引导、转化的原则，对他们进行思想政治教育的精细化管理，建立档案，加强管理；定期谈话，重点引导；用心呵护，改造转化。就像水一样，即使泥沙俱下，浊清共存，最后都能净化成一汪清水；无论特殊生存在何种问题，我都秉承着爱心、耐心，责任心，以育人成才为标准，尽力将学生教化、改造为普通正常学生。我觉得聊天就是最好的思想教育，时不时和特殊学生聊一聊，让他感受到老师的心和他在一起。聊天的时候要注意方式方法，全面了解情况，肯定进步又指出不足，以鼓励为主。我曾经带过一个学生，误入了网贷，和家里父母关系搞得很僵，我介入这个事情后，始终坚持在学生和家长两边做工作，用爱心、耐心、细心关怀学生，最终这个事情得到圆满解决。我教育学生，要吸取教训，化悲愤为动力，好好学习，报答父母。最终学生考上了西南一所重点大学的研究生。

除此之外，我还注重对优秀学生的典型事迹进行宣传。比如每年的国家奖学金名单、考研名单出炉后，我都会安排学院新媒体中心及时对优秀学生进行采访，发布在学院"铿锵机电"微信公众号。公众号上专门策划了一个"榜样力量"专栏，长期坚持刊登优秀学生的事迹材料和采访实录，受到广大同学的热烈追捧。工科学生对科技创新普遍感兴趣，我就邀请在科技创新竞赛中获得重大荣誉的学生来"学长讲堂""社区微讲堂""科技创新达人课"开讲座，宣讲他们的优秀经验。总之，通过挖掘各个方面成绩突出学生的典型事迹进行朋辈教育是我开展思想政治教育的重要内容。

编者：听您说了这么多，看得出来，您对辅导员工作倾注了很多心血。您参加过2次辅导员职业能力大赛，并且取得了不错的成绩，能谈谈您的感受和经验吗？

查美云：我在2014年第一次参加了学校的辅导员职业能力大赛，只获得了三等奖，原因在于理论基础和主题班会分不高。但决赛时我的主题演讲拿了全校第一名，令众人印象深刻。说实话，我读大学期间从来没参加过任何演讲比赛，没挖掘过自己这方面的才能。能得第一，我觉得在于稿子是我一笔一笔写的，而且全部是真情实感，比较走心，打动了评委。校赛也让我认识到这个比赛确实挺有难度的。

2017年我第一次代表学校参加省赛。说心里话，压力很大。一方面是自己刚休完产假，孩子尚小，牵涉了不少精力；另一方面是自己临场反应能力比较弱，平时就有点惧怕舞台和灯光，脚都会发抖。果然，第一次参赛时，我的案例分析比较惨，当时抽到了一个不太熟悉的领域的题，脑海中一时反应不过来，无法将语言有逻辑和条理地组织在一起，分数偏低。这种比赛，如果有一个单项拖后腿了，就很难拿一等奖。所以我建议辅导员要参赛的话，一定要加强平时演练，早启动、早模拟、早熟悉。

2018年我又代表学校参赛。这次我做了比较充分的准备。在自己的短板案例分析方面，我做了大量的模拟，心理素质也更加强大了，拿到了91.6分。这次比赛我的排名比前一次比赛前进了十几位。大赛有一个显著变化是把主题演讲变成了理论宣讲，挑战性非常大。我的感受是大家平时一定要注重积累，多看理论文章，可以关注人民日报时评、新华社夜读、学习小组等公众号，最好是自己动手写文章，提升理论素养，这样更加"心里有数"。

总结起来，我的感受和经验有三点：第一，平时加强理论学习和修养，理论厚实才能出口成章；第二，基础性工作要做扎实，注重归纳总结。只有平时做得好，比赛时才能得心应手；第三，临近比赛加强实战演练，多观摩优秀选手，做好心得整理。两届省赛下来，我一个厚厚的笔记本全写满了，都是"精华"了。

编者：说了这么多，请您总结一下对辅导员工作的认识好吗？

查美云：高校人才培养目标的实现，需要高素质、负责任、专业化的辅导员队伍。学生课下的十几个小时里最为依赖的是谁呢？是我们辅导员。当他们因为家境贫困急需得到一个勤工助学的岗位时，是我们辅导员在积极联络，排忧解难；当他们因为失恋、厌学、人际关系紧张等各种原因而心灵受伤时，是我们辅导员在循循善诱，耐心安抚；当他们因为突发意外情况而需要紧急医治时，是我们辅导员陪伴在侧，如同亲人；当他们因为就业碰壁缺乏指导时，是我们辅导员提供援助，细心指导。一句话，只要跟学生有关的事情，都包含着我们辅导员的一份关心和爱心。以心比心，我们与他们感同身受，成为他们成长道路上的良师益友；以心换心，我们赢得了他们的肯定和尊重，成了他们大学时代美好的记忆。我们的工作虽然烦琐而劳累，但非常重要，也非常具有挑战性！我们把学生从父母手中接过来，参与他们成长，见证他们进步，我们要守住这份初心，以良师益友身份帮助他们顺利度过大学时光，看着他们独立而成熟地走向社会，成为栋梁之材。这就是我理解的"摆渡人"。

编者：最后，能用一段话分享给年轻的即将走上辅导员岗位的同志吗？

查美云：化春蚕——用我们的才能，让知识的绸缎从我们身上延伸。当蜡烛——用我们的忠诚，燃烧自己给人间带来光明。做人梯——用我们的坚韧，让学生踩着我们的肩膀奔向新的征程。

温 琴

温琴，女，汉族，江西宁都人，中共党员，教育学硕士，国家二级心理咨询师。2016年开始从事辅导员工作，现为南昌师范学院教育学院专职辅导员。曾获江西省第五、第六届高校辅导员素质能力大赛三等奖，南昌师范学院首届辅导员工作优秀案例征集评选活动一等奖，南昌师范学院首届微团课大赛，第三和第四届辅导员职业技能大赛、演讲比赛、征文大赛二等奖，指导学生参加南昌师范学院第三届大学生创新创业大赛获银奖，获评南昌师范学院"优秀共产党员""优秀辅导员""优秀党务工作者"等各类奖项荣誉20余次。公开发表论文4篇，参与省级课题5项，主持校级重点课题1项、辅导员工作精品项目1项，参编著作3部。

情系学子，甘做大学生健康成长的摆渡人

◎南昌师范学院　温琴

编者：温老师您好，请问您为什么会选择辅导员这份职业？

温琴：您好，走上辅导员之路，与我学生时代的经历密不可分。从上大学起，我就一直担任院系学生会和班级的主要学生干部，热衷于服务师生，是老师

的得力助手。后来到了广西师范大学教育学部攻读硕士研究生，研一开学不久，便看到学校招募研究生担任本科生兼职辅导员的通知，当时抱着试一试的心态参加，没想到幸运地通过遴选还正好分配到学部担任兼职辅导员，研究生的三年正是因为有了这份特殊经历，我过得特别充实并迅速成长起来。而最终让我选择辅导员这份职业，和我的指导老师，当时学部的党委副书记周晓霞老师的引领有很大关系。周老师给了我很多帮助，尤其是在我做毕业生就业工作遇到瓶颈感到无助的时候，她不仅给了我鼓励和信心，还给予经验和亲身指导，看到师弟师妹们相继报喜有了理想去处时，我感受到了辅导员工作的价值感和幸福感。在她的影响下，我坚定了要成为一名能帮助他人健康成长的摆渡人的信心。2016年，我研究生毕业，当时恰逢南昌师范学院面向社会公开招聘辅导员，我参加了考试并以第一名的成绩顺利考入学校，走上了专职辅导员的岗位。

编者： 从兼职到专职，从学生到老师，原来是这样一份经历开启了您的辅导员之路，相信这段经历会是您成长路上的一笔宝贵财富。听闻贵校"五青"思想政治工作体系是学校的办学特色之一，近年来在推进"红色基因传承"，对标"三全育人"要求，着眼于打通育人"最后一公里"，探索构建"大思政格局"方面结出累累硕果，您能和我们介绍一下吗？

温琴：为落实立德树人根本任务，坚持为党育人、为国育才的初心，探索解决思想政治工作与专业学习"两张皮"等问题，积极创新思想政治工作方式方法，着力推动思想政治工作提质量、出亮点、上台阶。自2015年6月起，南昌师范学院通过党员带头、教师带动、红色文化引领等路径，坚持以问题为导向、以创新为抓手、以育人为根本，陆续推出了"青蓝讲坛"（面向学生传播人文科学精神的平台，源自"青出于蓝而胜于蓝"；由党委宣传部负责）、"青风学堂"（面向学生培养"传承红色基因、传播中华优秀传统文化、训练推广师范生语言技能"队伍的平台，源自"如沐春风"；由团委负责）、"青雨润堂"（面向辅导员的成长教育平台，源自"春风化雨""润物无声"；由学工处负责）、"青烛讲堂"（面向干部党员的立德树人教育平台，源自传承"蜡烛精神"；由党委组织部负责）、"青影艺堂"（面向学生开发校园视觉创意的设计平台，源自美育、摄影艺术；由党委宣传部、美术学院负责），通过构建"五青"思想政治工作体系，培养德智体美劳全面发展的社会主义建设者和接班人，形成了思政工作"点、线、面、体、效"齐头并进、共同发力的良好态势。

近年来，南昌师范学院"五青"思想政治工作体系建设成效显著，学校初步构建了大思政格局，形成了"1+5+N"制度成果，凝聚了人才培养合力，将灌输转为引导、由被动走向主动、从单一变成多元，引领学生成长成才，得到教育部、江西省等各级领导的充分肯定和高度评价，《中国教育报》《江西日报》及江西卫视作了多次宣传报道；江西省委组织部来校专题调研形成的《以"五青"为抓手，盘活高校思政工作这盘棋》专题调研成果刊登在《当代江西》上，《学习强国》APP以"南昌师范学院：传承红色基因 讲好红色故事"为题对我校"五青"思政工作进行了推介；"建构'五青'思想政治工作体系，探索一体化育人模式"系列成果获江西省高校教学成果二等奖。

编者：谢谢您的介绍，您刚刚提到了"青雨润堂"辅导员成长教育平台，作为学校的一名辅导员，请问您从中有什么感悟和收获？

温琴：学校高度重视辅导员队伍建设，通过构建"青雨润堂"辅导员成长教育平台，依托"理论素养提升工程、身心健康提升工程、科研水平提升工程、实践能力提升工程"四个工程，已开展党的十九大精神宣讲、辅导员职业技能大赛、学工沙龙等活动46场次，覆盖师生近万人次，在促进辅导员个体发展与队伍建设的协调发展，推进辅导员队伍专业化、职业化、专家化方面取得了良好效果。

让我印象很深的是，"青雨润堂"每月会组织一次学工沙龙，全校辅导员在校领导、处领导的带领下，分析研究学生工作面临的新形势、新任务，共同探索解决问题的新思路、新方法，对我们的实际工作起到了很好的指导帮助作用。同时，为了提高大家的理论素养，"青雨润堂"每年均举办学习培训班，邀请如全国高校辅导员技能大赛一等奖获奖者刘一南、全国高校辅导员年度人物提名奖获得者刘雄仕等优秀前辈为我们授课，分享关于"如何开好主题班会""大学生人际沟通与心理辅导的方法和技巧"以及辅导员素质能力大赛参赛心得及经验等内容。通过系统培训学习，我们与专家对话、与同行交流，不仅学到了许多开展学生工作的实用技巧，更重要的是在提升思政工作理念、提高专业素养的意识层面得到了前沿指导。我逐渐认识到成为一名合格乃至优秀的辅导员任重而道远，需要不断更新知识储备、需要理论结合实践、需要不断探索创新。

此外，"青雨润堂"每年还组织辅导员校赛、辅导员工作优秀案例征集、思政工作优秀论文评比等活动，把比赛作为提升能力的一项抓手，强调实践锻炼，以赛促学、以赛促练、以赛促进。我本人也正是因为学校平台的推荐，得以2次参加全省辅导员素质能力大赛并获奖，虽然成绩一般，但能有机会与全省各高校的优秀同仁们同台竞技，领略他们的风采，找补自己的不足，本身就是一次遇见美好、挑战自我、感知职业的宝贵经历，非常感谢！

编者：感谢您的分享。我们了解到，"青雨润堂"有一个实践阵地叫作"青苗益站"资助育人平台，您是其中的项目成员之一，我看您一个学期的早上都带着学生晨跑晨读，您为什么坚持这么做呢？

温琴：学生资助工作是一项有温度、有厚度、有广度的工作，它不仅仅是一份责任，更是一份温暖。为贯彻落实《高校思想政治工作质量提升工程实施纲要》精神，全面推进资助育人，2017年11月，学校依托"青雨润堂"搭建了"青苗益站"资助育人平台，作为辅导员育人的延伸实践阵地。"青苗"意指现需帮助的青年学生，"益站"是培育"青苗"苗壮成长的平台。"青苗益站"旨在坚持"扶贫"与"扶智""扶志"相结合的理念，对贫困学子从以往单一的经济资助转变为提供精神激励、心理建设、道德浸润、能力拓展的立体资助育人平台。通过在全校遴选"青苗学子"，组建"青苗班"，聘请学业导师和实践导师，以"五益工程"（益生、益心、益德、益智、益志）和"五力课程"（文字能力、沟通能力、思辨能力、领导能力、创新能力）为实施路径，邀请全校辅导员根据自身专业特长和研究方向，自主选择"五力"理论课程和"五益"实践课程，共同对"青苗学子"开展自信、自立、自强、自律教育。"青苗益站"作为"青雨润堂"辅导员队伍的育人平台，将辅导员队伍建设、学生教育管理与资助育人工作有机结合起来，在做好家庭经济困难学生经济资助工作的同时，有针对性、实效性地开展育人工作。

就我自己而言，我在"青苗益站"不仅担任了"五力"理论课程"组织与沟通的艺术"主讲老师，还和另外一位辅导员同事一起负责了"五益"实践课程之晨跑晨读项目，主要负责每天早上6：40—7：40与青苗学子一同晨跑、晨读。古人云："一年之计在于春，一日之计在于晨。"充分利用早晨的时间，让学生多读书多锻炼，大有益处；而陪着学生晨跑晨读，除了以身示范以外，在一定程度上也是一种互相监督、互相促进，我自己也养成了早起读书的好习惯，同时更深刻地体会到"青雨润堂"与"青苗益站"是教学相长、相互促进、有机融合的统一体。

犹记得教师节时，当收到一整盒"青苗告白"手写书信，看到同学们写下的"在青苗益站的半年里，晨跑保持身体的健康，晨读了解到不同知识的同时又锻炼了自己上台的能力，一周一次的'青苗宣誓'保持着我们的斗志，感谢老师们的辛勤付出！""很难想象大学老师每天早起陪学生晨跑是有多难得""是您的行动打动了我们，让我们觉得青苗的存在是有价值的，未来的日子里，学生也必加倍努力，不负恩师厚望……"等话语时，那些天和学生们一同早起的倦意已然云散，那些陪伴他们清晨读书的青春时刻越发闪亮，那一刻的我油然而生的是满腔的幸福感、价值感和继续前行的力量感。我想，辅导员工作的魅力可能就在于此，当我们用真心、用真情陪伴学生、助力学生、感染学生，赢得学生的信任，见证学生点滴的成长，就是这份工作带给我们最大的幸福。因为，信任是最不可辜负的情感，陪伴是最长情的告白。

编者：是的，辅导员这个职业确实需要耐心、爱心、责任心，去守护、陪伴、教育和引导学生成长成才。您所在的教育学院据说是贵校第一个省一流专业所在院系，在大学生思政教育方面也有很多创新的举措和工作亮点，您可以给我们介绍一些你们学院好的工作经验和方法吗？

温琴：我院前身是1958年成立的江西教育学院教育理论研究室，1979年组建教育系，是全省师范院校中最早成立的两个教育系之一，现有学前教育、小学教育两个本科专业，均为师范生专业。为了加强学生的师范生技能培养，学院坚持抓好在校生"五个一"能力提升工程（即每日课前1场演讲、每周1幅字画、每月1项技能考核、每学期1项综合技能展示、每学年1场毕业展演），为配合"五个一"能力提升工程，学院精心打造了"课前10分钟"特色思政品牌活动。该活动始于2002年，至今已坚持了18年。此活动结合学院学科专业特色和师范生教育特点，每个班级利用每天上午第一节课课前10分钟的时间，把说课、幼儿故事、经典红色故事、红色歌曲、好人好事、先进模范人物事迹、国学经典古诗文、江西名人名家经典作品等内容，以演讲、讲故事、快板书表演、诗歌朗诵、集体诵读等多种不同的形式展现，班主任、辅导员和任课老师参与点评指导。活动要求全院师生人人参与，为提升学生专业技能素养，弘扬优良向上的学风、班风和校风以及充分展示青年大学生传承红色基因和中华优秀传统文化的责任担当，产生了积极的示范引领作用。学院党总支也通过这种形式，在学生中大力宣传党的方针政策，传播江西好声音，唱响爱国爱党爱校主旋律。2017年10月，我院党总支申报的"课前10分钟　红色经典进课堂"特色党建品牌创建活动荣获江西省高校基层党建工作优秀案例评选一等奖，该案例在2018年4月入选由中共江西省委教育工委编著的《固本强基——江西省高校基层党建工作优秀案例集锦》一书。

结合学院专业特色和新时代师范生教育特点，对照习近平总书记对新时代教师提出的新要求，我们还为师范生量身设计了学生读书活动——"青年之声·悦书慧"成长论坛，该活动每个月举办1期，分享内容学生自选，活动过程完全由学生组织策划实施，学生自愿报名参加，每期活动由学生主持，采用学生主讲和嘉宾分享两种方式，活动中以主讲人分享、听众参与互动和嘉宾点评的形式展开。目前，该活动已开展18期子活动，每一期均吸引了广大青年学子的积极参与，场场爆满，气氛热烈，成为我院学风建设品牌活动之一。

除了重点抓学风建设外，我院在大学生思想政治工作中，还坚持"实践育人"教育理念，将社会实践能力培养纳入人才培养方案。学院成立的"红烛"青年志愿者协会，多年来在院系领导和社会各界支持下，在历届协会成员的努力下，成为全省最具影响力的社团之一。同时，我们每年寒暑假鼓励学生参加与专业相关的社会实践活动，组建由辅导员和专任老师为指导老师的暑期"三下乡"

社会实践团队，2016—2019年间，学院连续4年开展的暑期"三下乡"社会实践活动均受到团中央表彰。

编者：感谢您的慷慨分享。精彩纷呈、收效喜人的学生活动离不开老师们的悉心指导和辛勤付出，向你们致敬。那您在辅导员工作中有没有自己的亮点和特色做法可以分享给我们呢？

温琴：谢谢您。我在工作中，比较重视心理育人和文化育人。心理育人主要是通过谈心谈话，尤其是"一对一"谈心谈话。为了提高自己心理育人的能力，我在工作第二年报名参加了学校的心理咨询师培训班，系统学习了专业的心理学知识和心理咨询技巧，并考取了国家二级心理咨询师资格证。在谈心谈话中，我将"热情真诚、尊重学生、积极关注学生闪光点"的咨询理念运用到实践中，不仅很快地与学生产生共情，还使谈话更有内容、效率、针对性和实效性。为了进一步了解学生，帮助其解决学习生活中遇到的困难，明晰学业规划和职业生涯规划，我在班级中发布了"预约谈话"消息，每天与1—2位学生进行"一对一"谈心谈话，重点交流个人近况、学业规划、就业打算等，帮助学生进一步确立大学生活目标，为学生分类开展就业指导，目前已在3届学生中实行，效果还不错。一些以前不太爱说话的学生，经过几次谈心后与我更熟络了，关系更亲近了，见面招呼打得也更多了，甚至有一些私下里还和我成为好朋友、好姐妹，有困难时也会第一时间想到我。记得有一次学校停电，二十几名学生争相到我在学校的公寓洗澡、充电、唠嗑，场面好不热闹，被学生需要的感觉真好。也有一些对专业、对未来迷茫的同学，经过谈话后，专业思想稳定了，学习目标明确了、积极性高了，学习质量有了很大提升，毕业时考研或考编都取得了不错的成绩。在刚刚结束的研究生入学考试中，我的学生李家丽在查到笔试考了412分（总分500分）后，喜极而泣并第一时间向我报喜，让我也十分激动和欣慰。还有一些学生，毕业时选择扎根幼儿园、小学，立志于服务江西教育事业发展，在基层工作岗位表现良好、做出了成绩，毕业后不忘回母校看望我，均让我感动不已。

文化育人方面，我一直秉持"用文化引领青年梦想，注爱心守护学子成长"的工作理念，紧紧围绕学风建设主线，加强班风、学风和班级建设，具体开展的活动有：一是连续3年在所带学生中开展"课前10分钟中华国学经典名篇诵读"特色活动，该活动是在学院"课前10分钟"活动基础上，将中华经典古诗文的诵读融入其中，编印诵读读本，首册选取了130篇古诗文名篇，以期加强对大学生的国学传统教育，不断增强大学生对中华文化的归属感、认同感、尊严感和荣誉感，延续文化基因，培育文化自信。该活动2019年4月申报第五届全国高校"礼敬中华优秀传统文化"系列特色项目展示获全国高校思政网专题推介，并获批校级辅导员工作精品建设项目。二是倾情打造了"趣志杂谈"系列特色班团文化活动品牌。一方面，为推进班团一体化建设，指导所带班级设计富有学前教育、小学教育专业特色的班团文化形象，每班均形成一套专属于本班的班徽、班旗、班服、班训、班歌和班级口号，在设计的过程中，全班成员参与其中，不仅凝聚了班级智慧，更凝聚起强大的班级向心力和集体意识。所带班级连续两年在全院"班团文化形象展示大赛"中斩获第一名的好成绩。另一方面，该活动还开展了讨论个人成长发展、解决大学学习生活困惑的系列主题教育活动10期，从专业认知、人际交往、文明修身、生涯规划等方面帮助解答大学生学习生活中遇到的疑难困惑，积极服务莘莘学子。三是在"班团文化"基础上，带领学生干部创办"青春齐向前""小教大步伐"两个班级公众号，发布推文80余篇，阅读量逾万次，推出的"学前/小教励志女神""寝室风采""琴导心声"等板块受到学生欢迎。拓展网络思政教育载体，积极宣传展示班级风采、发挥优秀学生榜样作用，在引领青春向上正能量的学风、班风和寝室文化方面效果良好。

编者：感谢您的倾囊相授，分享了这么多自己真实的工作经历和好的做法及经验，我们受益匪浅。刚刚您提到在工作中运用网络进行思政教育的问题，现在正值新冠肺炎疫情防控关键期，请问您是如何在加长版寒假期间做好学生管理和思政教育的？

温琴：今年春节前后，新冠肺炎疫情的发生，正值学生寒假期间，学生是否做好防护，有没有感染，一时间深深牵动着学校和老师们的心。按照学校有关疫情防控要求，学院紧急部署各项学生防疫任务。在接到任务后，作为一名学生辅导员的我，以高度的责任感和使命感，和其他同事立即投入"战斗"，通过多种方式及时与学生取得联系，重点做好对停经湖北地区、在省外境外和有感冒发烧症状三类学生的重点关注，随时掌握学生动态，及时将学校、学院各项通知要求传达给学生，确保全体学生遵规守纪，上报信息准确无误。

疫情防控仅凭辅导员一己之力十分有限，通过召开线上班委会，我在班级实行了由班委、寝室长、学生党员、入党积极分子"包寝到户"的网格化管理，形成小组责任制，寝室长作为责任人，班委统筹汇报，充分调动班干部、学生党员力量，共同当好学生战"疫"的领路人。

疫情来临，学生恐慌心理不可避免，关注学生的心理健康与关注身体健康同样重要。为了守住学生的情绪战场，一方面我通过召开云班会，解读疫情相关知识和防控措施，引导学生分享宅家心得体会，指导其制订加长版寒假规划，缓解学生焦虑感，做到停课不停学。面对受疫情影响最大的毕业生群体，我通过线上班会及时开展就业指导，提醒考研复试、考公、准备就业的学生未雨绸缪，早做准备，及时留意招聘网站和招聘信息，积极参加云招聘、云面试，认真准备，勇敢尝试。另一方面，组织学生收看"全国大学生同上一堂疫情防控思政大课"并讨论，对学生开展了网络思政教育、爱国主义教育和责任担当教育。此外，积极运用班级公众号新媒体平台，开设"共战疫情""青春战疫""停课不停学""花开时节想见你"等板块，推送疫情防控知识、抗疫志愿者事迹、线上教学班级简报以及同学们的抗疫祝福等推文，以学生喜闻乐见的方式，引导他们为抗击疫情传递光和热，展现新时代大学生青春正能量的精神风貌。

编者：据了解，疫情期间，您带领妹妹主动向所在社区报名申请争当抗疫志愿者，连续一个多月帮助社区宣传防疫知识、测量体温、排查管控人员车辆等，被居民亲切称为战"疫"中的党员"姐妹花"，受到当地领导的高度赞扬和相关媒体报道。请问您当时为什么会参加志愿服务？作为新时代的辅导员，您认为应该如何以实际行动践行共产党员的初心和使命？

温琴：习近平总书记在武汉考察疫情防控工作时强调，"抗击疫情有两个阵地，一个是医院救死扶伤阵地，一个是社区防控阵地"，患者救治和城乡社区防控，是疫情防控的两个关键，缺一不可，都要守好。虽然不能去到医院救死扶伤前线，但在国家危难时刻，作为一名党员、一名人民教师，站出来、贡献自己的力量义不容辞。在了解到所住社区的村干部们不分昼夜、不辞辛苦，日夜坚守在社区防控点，许多人连轴转近一个月没有休息，急需党员志愿者补充时，经和家人商议并得到支持后，我带着同样是党员且是在校大学生的妹妹主动报名当了志愿者，协助社区开展防疫知识宣传、出入人员及车辆管控、测量体温和扫码排查等工作，为社区一线防疫工作尽一份绵薄之力。同时，作为一名辅导员，我也希望通过自己的行动，为学生做表率，号召更多的人加入到抗疫队伍中。自从被相关媒体报道后，我所带的7名学生先后加入抗疫志愿者队伍，壮大了防疫志愿服务力量，为坚决打赢疫情防控的人民战争总体战、阻击战不懈奋斗。

"一名党员就是一面旗帜"，无论插到哪里都应该发挥先锋模范作用，当祖国需要我们的时候，正是党员价值体现的时刻！作为一名新时代的辅导员，我们将始终牢记共产党员的初心使命，以过硬的政治素质、勤勉的工作作风，扎根基层、扎根学生，扎实奋斗在大学生思政工作第一线，甘做学生健康成长的摆渡人，努力成为受青年学生欢迎的人生导师和知心朋友。

欧阳甜甜

欧阳甜甜，女，汉族，1993年9月生，中共党员，硕士研究生，助教。曾兼任萍乡学院材料与化学工程学院团总支书记，现任萍乡学院材化学院专职辅导员、学院学生党支部宣传委员、"形式与政策"课程主讲教师。曾获萍乡学院第六届辅导员素质能力大赛一等奖、《探索最佳途径 培养合格人才——做好后进生转化的点滴》被评为全校思想政治工作优秀案例在第二期全省高校辅导员素质能力提升培训班被评为"优秀学员"、多次获得年度"优秀辅导员"称号。

用青春浇灌，只待春暖，沿途花开

◎萍乡学院　欧阳甜甜

编者：欧阳老师您好，您是音乐专业的，为什么选择走上辅导员这条道路？

欧阳甜甜：您好。如果可以让爱好成为职业，那是一种幸福。从小到大我一直在班级上担任学生干部，当过班长、劳动委员、宣传委员、社团负责人、辅导员助理，我个人比较喜欢做学生事务方面的工作，有多年当学生干部的经验，也比较熟悉学生工作事务的流程。

谈到为什么选择当一名辅导员，我想我的大学老师还有研究生导师对我的影响比较大。在我读书时我的老师给予过我很多帮助，那是一辈子都很难忘记的！记得大学时候代表学校去参加四川省讲课比赛，比赛赛程长达半年之久，也正是因为那半年时间，在多位老师的悉心指导下，我选择成为一名人民教师，是老师们不厌其烦的耐心指导和无私奉献深深地影响了我。

在大学快毕业的时候，一次偶然在楼道遇见我们音乐学院党总支书记闲聊了几句。书记对我说："甜甜，我觉得你适合去做辅导员。"正是因为他的这句话，让我逐渐地去了解了这个岗位。后来研究生快毕业的时候，我的导师对我说："你有没有想过去当一名辅导员？"就这样，我坚定地选择了走上辅导员这条路。

习总书记说："一个人遇到好老师是人生的幸运，一个学校拥有好老师是学校的光荣，一个民族源源不断涌现出一批又一批好老师则是民族的希望。"我想我是幸运的，在人生中能遇见这么多位好老师，我非常感谢他们！同时我也希望我能将自己的正能量能传递给学生，用我的热心和爱心帮助学生、服务学生，为他们点亮理想的灯，照亮前行的路！

说到自己的专业，可能很多人都希望从事自己专业的工作，但其实在辅导员岗位上也不会影响你对专业的热爱，反而在工作思路上会有不同的想法和创新。作为音乐专业出身的辅导员，我曾参加学校的迎新晚会、红色家书诵读比赛，在元旦晚会上演奏钢琴曲，带领110名理工科学生组成的合唱队，在学校"贯彻十九大精神——唱支红歌给党听"大合唱比赛中，获得了非专业组第一名的好成绩。所以，在辅导员岗位的我不仅可以发挥自身专业特长，还可以结合自身的优势，在适当的场合、适当的机会展示自己的才华与能力，让学生更好地了解我。再者，与他们同上一个舞台，或者带领他们一起比赛，也会让学生感觉你更亲近。

编者：作为一名"90后"年轻的基层辅导员，能分享一下您入职以来的心路历程和工作感受吗？

欧阳甜甜：作为辅导员界的新兵，我和很多同行一样，工作中既是生活卫士，又是心灵园丁；既是人生向导，有时还是救火队员。深深体会过中午开班会、晚上办晚会，周六听报告、周日搞活动，送过学生去医院，也曾因一电话而惊坐起……

有过汗水、有过泪水，牺牲过个人的休息时间、与家人团聚时间，但也收获了学生的信任和敬意。从孤身奋斗，到团队合作；从自己上台比赛，到带学生拿奖；从新上任到获得学生的信任和亲切的称呼……每当收到学生在节日里发来的短信问候与祝福，心里都是暖暖的。

两年中，学生们荣获国家级竞赛奖7项，入围国家级大学生创新创业训练计划立项2项，获得国家发明专利1项，省级竞赛奖4项。每当学生与我分享获奖喜悦的瞬间，我都感到无比自豪！大学四年是青春最宝贵的时间，我很幸运成为他们成长的陪伴者，看见他们健康成长，回忆起来让我觉得这一切都值得。干一行，爱一行，虽然有苦，但苦中有乐；虽然艰辛，但无怨无悔。

编者： 您是如何快速适应辅导员工作岗位的？又是如何调整心态的呢？

欧阳甜甜：高校辅导员是高校思想政治教育的骨干力量，是大学生日常思想政治教育和管理工作的组织者、实施者和指导者，是学生成长成才的人生导师和健康生活的知心朋友。我深知我们是与大学生接触最多的高校基层管理者，在高校教育中居于特别重要的地位，也是离大学生最近的一群人，可能在某一时刻，我们的行为会直接影响学生的一生。

从"学生"到"教师"，从被管理、被教育的学生角色逐步转向管理者、教育学生的辅导员角色，初入工作岗位时的我常向学院领导、专业老师请教，主动接受他们的指导，争取用最短的时间熟悉校园环境、工作环境，了解专业特点、熟悉自己所管理的学生，逐渐把理论知识与学生实际情况相结合。同时与优秀的辅导员探讨工作方式，一方面可以学习经验，另一方面也可以在交流中通过思想碰撞，形成新的工作方法，掌握更多的工作技巧，提高工作效率。

我记得刚入职的第一年我带了243名新生，兼任了团总支书记一职，第二年带了376名学生同时兼任了思政课程。在日常的工作中没有严格意义上的八小时工作制，经常要利用工作之外的时间完成走访学生宿舍、与学生交流、答疑解惑、指导学生活动、处理突发性事件等事务。面对繁杂的工作我也迷茫过，除了向领导和前辈们请教之外，我还常与我的研究生导师聊天，听取她的建议，调整自己的工作方式、摆正自己心态，我的成长离不开他们的帮助。

其次，打铁先得自身硬，辅导员自身综合素质的提升是工作的坚实基础。作为一名职场新兵，我必须不断完善自己的知识储备，给自己充电，加强自身学习，快速熟悉岗位职责和要求，学习学校的相关政策与学生管理文件，认真熟读、牢记学生手册的知识及处理办法，熟悉掌握辅导员的职业标准、日常管理及职责，增强业务知识能力，使自己尽快成长起来。例如《辅导员工作100个怎么办》这本书，在工作初期当我遇到难题的时候，就为我提供了很多问题的解决思路。

最后就是记住每一个学生的名字，走进学生生活，积极组织并参加学生的群体活动。每个人都有被尊重、被关心的需要，尊重一个人从记住他的名字开始。入学之初，我让每一位同学都提交了一张个人照，照片背后写上了他们的名字，空余时间我就会拿出相片进行人脸记忆，平时也利用早操、班会、聚餐、春游、素质拓展等各种活动的机会去记住每一个人。在校园里看见学生，我会主动叫出学生的名字并和他们打招呼，随时随地与学生谈心。从我提供的相片背景可以看到，我把我学生参加活动的所有照片制作成了一面照片墙贴在了办公室，使每一位来办公室的学生都可以看到曾经在舞台上那个努力的自己，并且她的辅导员把这一幕记录了下来。

编者：作为一名年轻的辅导员，您是以何身份与学生相处的呢？又是如何让学生愿意信任您、愿意与您交流的？

欧阳甜甜：学生就像是一颗颗有差异的种子，而辅导员就像是因材施教的园丁，宽严有道、亦师亦友是我对自己工作的定位。

有效开展思想政治教育工作的前提是拥有良好的师生关系，而建立和谐融洽的师生关系最有效的方法就是加强师生之间的情感交流。的确，因为年龄的优势，有助于我了解学生学习、生活和思想各方面的动态，他们对我亲切的称呼，能够拉近我与同学们之间的距离。但任何人都有被爱和被尊重的需要，我会主动参与学生的活动，从朋友的角度去理解、关心学生，走进学生生活，学会耐心倾听学生的各种酸甜苦辣，虚心听取他们的意见和建议，尊重他们的权利和想法。通过平等、耐心、细致地交流，让学生感受到我的真心和用心，力所能及地帮助学生解决生活中的实际困难，渐渐地成为他们的知心朋友，让他们在远离家乡、远离父母时依然可以感受到家的温暖。同时也不会失原则，在严肃的公共场合或者办公区域，也会从老师的高度教育和引导学生，建立威望，树立师严。

像我带的学生中就有一个内向、很害怕跟老师面对面交流的学生，一开始我选择QQ对话的方式，常与他聊天，慢慢建立信任，再鼓励他来办公室谈心。在多次帮助他之后他也会主动跟我聊聊他的近况，有一次他把他寝室装修过后的照片发给我看，那时我就知道，这个学生愿意对我敞开心扉，愿意相信我。当一个学生从害怕你，到愿意主动跟你交流，从闷闷不乐，不愿意说话，到脸上泛起笑容，这应该是作为辅导员非常欣慰也非常有成就感的时刻，更是我在这份工作岗位上前进的动力。

马克思说："如果你想感化人，那你就必须是一个实际上能鼓舞和推动别人前进的人。"辅导员是学生思想、行为的引领者，在日常学习和工作中，我们也是学生学习的榜样，是他们行为规范的楷模。身教重于言传，说得好不如行得正，公平公正公开地处理好与学生切身利益相关的工作，公平公正地对待每一位学生，我们的一言一行都对学生的成长起着潜移默化的作用。

编者：我们知道辅导员工作非常繁忙，同时您还是一名思政课教师，那您是如何兼顾这两个身份的？

欧阳甜甜：教学相长，其实两者是不冲突的，反而还可以相互促进。作为一名思想政治辅导员，关注国际时事，国家大事，党的理论、方针与政策，上好"形式与政策"课，传递好党的声音，自觉提升自身理论修养，才能更好地完成思想政治辅导员的根本使命，做学生成长的"好导员"。所以更多时候我会把上课看成是与学生交流的一个好机会，通过给学生上课，能够更深层次地掌握和了解他们的思想动态，从而更好地为学生答疑解惑。

习总书记在思政课教师座谈会上的讲话中明确提出，办好思想政治理论课，教师是关键。我们辅导员作为思政教师队伍的一员，也是学生健康成长道路上的引路人，虽大多不是思政专业出身，但我们可以结合自己所学的专业和人生经历努力上好思政课，利用好课堂这个主渠道来做好思想政治教育。

要说如何兼顾好工作与上课，认真"备课"很关键。南京航空航天大学现任马克思主义学院党总支书记，大家称呼他为川哥。我曾看过他的思政课视频，也看过关于他的报道，他说他讲1小时思政课，他都会备课10小时。对于师范毕业的我来说，我个人会在空余时间多学多看，借鉴优秀可行的教学经验创新思政课教学方法。平时会积累一些近期发生的社会热点事件并记录下来，从学生的兴趣爱好、关注点入手，关心他们比较关注的热点事件再结合课本知识进行引导，分享一些生活中有趣的案例穿插在课件中，讲解这些案例背后的法律常识，吸引大学生对课堂的"注意力"，加强与学生的互动，通过一种"润物细无声"的方式对学生的心理和行为产生影响。如果通过我的引导，可以让学生树立正确的世界观、人生观、价值观，那这应该是忙碌工作外更令人值得高兴的事情。

编者：您入职后连续两年获得"优秀辅导员"称号，从岗位新兵到优秀辅导员，您是如何提升自己工作能力的呢？

欧阳甜甜：谢谢，您太客气了。对于入职不久的我来说，优秀辅导员称号是对我工作的一份肯定，在工作中我还有很多需要学习和提升的地方，也得向很多优秀的前辈学习，向优秀的队伍靠拢。在今后的日子里我会继续努力，争取能够配得上这个称号。

其实在入职之前我就做好了充分的准备：一是了解了工作性质，有了一定的心理准备；二是我原本就很喜欢这份工作，做自己喜欢的事情肯定会投入200%的热情。但我们都知道辅导员的日常事务工作非常繁杂，光有热情可能很快就会被磨灭掉。学生事无小事，除了200%的热情，在工作中还必须投入100%的责任心和100%的细心，想学生所想，常换位思考，站在学生的角度去理解他们。

"表象是内心的反映"，学生思想与心理的波动通常会通过日常的上课出勤、课堂表现、集体活动、个人形象变化、言谈举止等表现出来，我们只要细心观察学生就能发现他们的细微变化，从而了解他们的内心世界，及时有效地给予他们帮助。我也是从学生时代过来的，我在他们的那个年纪，也非常希望得到别人的肯定和关注，所以我每天都会花一些时间特意去看我学生的QQ空间动态和微信朋友圈，了解他们每日的动态、给他们点赞，有时还能将一些情绪、矛盾甚至是紧急状况解决在萌芽状态。我还常做一名空间评论员，给学生送上生日祝福、送去温暖关怀，当然，有时候"皮一下，也很开心"。

除了细心观察之外，还得真心、诚心、耐心地做好学生咨询与服务等方面的实际工作。我常与班主任、任课老师交流，深入班级，定期召开大小班会，坚持每月给学生干部开展骨干培训，及时发现与解决班级中存在的问题；下到学生宿舍，了解学生的生活情况，为同学们解决实际问题；深入学生活动，与学生一起分享其中的快乐与成长，了解他们的课余生活和各自的特长；常与学生谈心，了解学生的内心世界，成为他们的知心朋友，只有拉近了师生之间的距离，工作才更加有针对性和成效性。

工作之余，我也会处理好"事务管理"与"理论提升"的关系，不断完善自我，提升综合素质能力和业务能力，让自己能够更快地适应复杂多变的学生工作，给予学生更好的指导和服务。比如我经常利用周末和假期的时间去蹭培训，有重要课程时候我会提前将手头工作做完，与同事做好交接后向领导申请去蹭培训，我很感谢我的领导对我的支持，所以我更要在工作中回报他们，提升自己，服务好学生。有一次，我去南昌大学参加第六期江西省辅导员素质能力提升培训班的时候听到了胡邦宁老师的讲课，他说"我们要主动抓住蹭课的机会"。对，我就是他口中那名蹭课生。在一年多的时间里我参加了4次省级培训，观摩了一次省级素质能力大赛，多次前往红色教育基地进行参观、学习。培训让我增长见识、了解差距、给我带来学生工作方法的灵感，还认识了很多其他高校优秀的辅导员。每一次的学习都让我受益匪浅，每次听完课回来我都会进行自我总结，将好的工作方法记录下来并付诸实践，快速地成长离不开借鉴前辈们的经验和指导。我是一名正处在成长期与探索期的辅导员，但我愿意把它规划成自己的一个职业、一项事业、一门学问和一种生活去经营。

编者：那您在处理学生工作方面有什么技巧可以分享吗？

欧阳甜甜：其实我在工作中做的就是多沟通、多交流，向领导请教、与班主任和任课老师沟通，多看多学，踏实做事，用心做事，重视每一位学生，在意每一位学生，他们在我眼里都是独一无二的优秀。

要说小技巧，在刚步入工作岗位时，很多新入职辅导员老师都会面临同样的问题，为各项烦琐的事务工作忙得不可脱身，即使有三头六臂，要教育、引导、管理好那么多学生也不是件容易的事情。所以我们要学会延伸手臂，善于发挥学生干部的作用。曲建武老师曾说过："只要学生干部发挥了很好的作用，辅导员的工作就成功了一半。"一支素质过硬、团结合作的学生骨干队伍是协助辅导员处理各种班级工作事务的助手，更是学生与老师之间的桥梁纽带。我在日常工作中，每个月会定期给学生干部开一次小会，他们要向我汇报班级的近况以及是否出现难以解决的问题，班级之间会相互交流有效提高工作效率的办法，每个学期还会针对不同的主题对学生干部队伍进行基础技能培训。比如：办公技巧类、心理健康辅导类、安全知识讲座类等等。正是因为有这些技能的积累，学生干部的办事效率很高，我常对我的学生干部说，作为班级的带头人，我们有责任也有义务关心和帮助身边的同学，所以他们的敏感度也较强，如果班里有同学近期情绪不佳或者家里突发变故，他们会通过私聊的方式告诉我，这样我就能够更好地了解同学们的动态，及时有效地给予学生帮助。在所有的学生干部当中我们又可以有针对性地培养一至两个小助理，他们将会是你的得力干将。当然除了工作外，同时要鼓励学生干部努力学习，毕竟学生的主要任务是学习，不能只做工作而不顾学习，否则无法在班上树立良好的榜样示范作用。例如我现在的小助理，既能做好班级事务工作，又能协助辅导员做好年级工作，成绩还是班级第一，今年还拿到了国家励志奖学金。下一步我将鼓励她冲刺国家奖学金、争取努力考上研究生，这就是小小辅导员能给她的力量。

由于先天因素、成长环境、教育背景等条件的不同，学生之间会呈现出极大的个体差异。在一次座谈会中，有一位老师的话引起了我的深思，在此也分享给大家。他说："其实在学生群体中，有95%的学生是不需要我们怎么管的，剩下那5%才是需要我们重点关注的。"那时我刚入校不久，听完这番话我意识到了，除了日常工作外，别忘记还有特殊学生群体更需要我们的关心和关爱，他们可能不太爱说话，可能不喜欢参加集体活动，也可能不按时吃饭……从那以后我就自制了一份表格，上面罗列出了需要重点关注的学生名单，有单亲家庭、有建档立卡家庭、有低保家庭、有孤儿学生、有遭受重大变故学生家庭……我将他们的基本信息、家长联系方式、在校表现、是否有获得资助等情况——记录并及时更新，有些情况特殊的还需要长期与家长保持联系。这份表格的制作与记录也在随时提醒我，对远离家乡的他们来说，我可能是唯一的依靠，我也愿意做这些学生坚强的后盾，帮助他们顺利完成学业。

编者：感谢您分享了这么多自己的真实经历和心得体会！在采访结束之际，请您用一段话概括您对辅导员工作的认识。

欧阳甜甜：路漫漫其修远兮，吾将上下而求索。我会努力把辅导员工作当作一项事业去经营、当作一门学问去研究、当作一种生活去历练。也许平凡，但绝不平庸；也许艰辛，但依然温暖。愿我们都能成为心中有爱，眼里有光的辅导员！

编者：道虽近，不行不至；事虽小，不为不成。在辅导员这份职业的前行道路上，用最富有朝气最富有梦想的青春浇灌，只待春暖，沿途花开。感谢欧阳老师！

宋玉佳

宋玉佳，女，汉族，1990年9月生，江西九江德安人，中共党员，硕士。2015年9月开始担任辅导员，现为经济管理学院专职辅导员、学工处干事。现担任经济管理学院2017级物流管理3班、4班辅导员，主讲高职语文等课程。曾以综合考核第一名成绩公派台湾中正大学学习半年，曾获江西省第六届高校辅导员素质能力大赛高职高专组一等奖。

用闪亮的梦想，铸就大国工匠

◎江西旅游商贸职业学院　宋玉佳

编者：宋老师您好，立足辅导员工作职责您的工作思路是什么？

宋玉佳：习近平总书记说过，青年人要做奋斗者，立鸿鹄志。奋斗的青春是无悔的，纵然在辅导员工作中遇到许多瓶颈与挫折，我始终用马克思主义作为指导，砥砺前行。

编者：是的，立鸿鹄志、做奋斗者，应当是每个青年人的不懈追求。您在学

生日常管理中是怎样践行这一目标的呢?

宋玉佳:教育的根本任务是立德树人,辅导员的工作说到底是做青年人的工作,因此我认为开展好这项工作要点有三个:一是要明势而谋,内涵建设从自身开始。在党的十九大报告中提到,"要实现高等教育内涵式发展",要内涵,必须实现公平而有质量的教育。辅导员是学校与学生之间的桥梁,是学生思想水平、政治觉悟、道德品质、文化素养的建设者和塑造者。俗语说"打铁全凭自身硬"。要做好班级各项工作必须加强自身建设,辅导员自身建设的关键是提高辅导员自身的素质,树立辅导员的权威。这种权威不同于上下级之间形成的行政权力,而是辅导员知识丰富、能力超众、人格高尚而在学生心目中树立起的使人敬服的声誉和威望,它是做好辅导员工作的无形资本。辅导员,首先是教师,而教师是知识的传播者,是智慧的化身。这正是辅导员权威产生的前提。如果辅导员能够通过他的智慧和才干在学生心目中树立起这种权威,那么他在工作中就能起到"不令而行"的效果。学为人师,行为世范,我们的专业素质,我们思想道德,我们的一言一行,正在以润物细无声的方式影响着一批又一批学生。

二是要顺势而为,人生导师引领成长。首先,进行思想理论教育和价值引领。要引导学生深入学习习近平新时代中国特色社会主义思想,深入贯彻学习四个自信,树立中华民族伟大复兴的梦想。"立德树人"是高校的根本任务,也是高校辅导员的神圣职责。我们要通过思想政治理论课、新媒体、校园文化活动等让中国特色社会主义理想信念在大学生群体中生根发芽,牢牢掌握高校意识形态领域的主导权,培养又红又专、德才兼备、全面发展的人才。

其次,树立良好的班风学风。班风,即一个班级的风气,是由班级成员共同营造的一种集体氛围,反映了班级成员的整体精神风貌与个性特点,体现出班级的内在品格与外部形象,引领着班级未来发展的方向,对于班级建设具有重要的导向作用。学风,是读书之风,是治学之风,更是做人之风,是所有学生凝聚在一起所表现出的气质和灵魂,是学生在学习过程中的态度及风气。开学初期贵在重视,辅导员必须通过各种渠道了解学生,对新生的大概情况做到心中有数。制定班级常规工作,创建良好的班级氛围,充分发挥班干部的作用,稳定班风学风。培养能力较强的班干组，帮助自己了解班级整体情况、学生学习情况及个人思想状况，做到有事及时处理，大问题细小化。让学生看到自己对班级的坚持与努力，感化学生。同时，以专业教师身份，充分发挥学生在班风学风建设中的主体作用，与任课老师联合，激发学生的学习主体意识，稳固学风发展。最后，优良的班风及学风，是班级的生命线，一个班集体是否优秀，最主要是看它在学习上的表现。我们必须严守职业道德，尽职尽责，持之以恒，以爱润其心，以言导其行，增强学生前进的动力。

再次，方法情感有效结合。应经常在班里讲解遵守校规校纪的重要性。坚持多表扬、公开场合少点名批评，正面疏导的工作方法。不能放纵学生，要下一定力气做好后进生转化工作，对生病的学生要从生活上给予关心，让他感到温暖。实践证明，这样做效果往往较好。此外，要成为学生的知心朋友。辅导员了解学生、熟悉学生，学生也了解、熟悉辅导员，二者之间就能相互尊重、相互信任。如此，也就能为班级各项工作的开展打下良好的思想基础。

三是要乘势而上，创新方式带动活力。大学的根本任务是立德树人，我们的工作目标是培养又红又专、德才兼备、全面发展的大学生，培养拥有完善人格、高尚道德和社会责任感的人。根据学院专业特点，新生从一进校起，就为所有学生联系了专业教师担任学业导师，对学生的学习、生活、职业生涯规划进行全程的专业指导，努力实现学生和专业教师的无缝对接。作为辅导员，我坚持主抓学生四年行为养成、品行养成、信念养成、全面发展，引导学生夯实专业基础，参与社会实践，参加各类竞赛，做好职业生涯规划，做好学生的创新创业教育，提升核心竞争力。

编者：是的，辅导员只有以学生为导向，切实提高政治站位，创新工作方式，做到因事而化、因时而进、因势而新才能当好学生成长成才的人生导师和健康生活的知心朋友。您在工作中又有哪些收获呢？

宋玉佳：一份耕耘，一份收获。工作中，我得到了领导的关爱，也收获了很多荣誉，但对于我来说更重要的是得到了学生对我满满的爱与尊重。每当我与学生交流后，看见学生豁然开朗地走出办公室时；每当毕业生在教师节给我寄来精美贺卡时；每当我收到学生从食堂打来询问我是否需要带饭的电话时；每当学生遇到困难第一时间想到我时……这一份被学生信任、尊重和喜欢的感觉让我开始体会到了自己付出的意义。

以人为本，致力创新。担任辅导员至今，我一直致力于大学就业创业指导和就业竞争力的提升，这是我踏上辅导员工作岗位的初心和使命，我始终相信每位学生都是闪闪发光的金子，作为辅导员，应尽全力去挖掘、去唤醒、去引导，让他们焕发出应有的光芒与价值。因此，我不仅要做好辅导员日常工作，更要围绕学校总体发展需要和学生成长需求做一些创新性的探索与尝试。在我的帮助下许多同学完成了从胆小畏缩到创新创业自信的转变。他们的成长、成才和成功成为我辅导员生涯中成就感与幸福感的不竭源泉。对我也许是举手之劳，但对学生，也许就是一辈子的改变。

青春之路，一个都不能少。一个成绩不理想又家庭经济困难的学生，在我的鼓励和坚持下，他开始努力地学习专业课，并且积极地参加勤工俭学，到大三结束时，他的挂课数为零，大四毕业时，他顺利签约一家不错的国企，就在前几天，我还接到他的电话："老师，我升职了，谢谢您！"听到这句谢谢，我心里充满了温暖和感动，在此，我想对我亲爱的学生说，感谢你们给我的光荣，让我的辛苦付出有人懂。

遍植桃李，满筑芳菲。辅导员可以说是学生思想上的"指路人"、学业上的"引导者"、心理上的"守护神"和生活上的"勤务兵"。做好辅导员工作，不仅需要付出时间和精力，更要需要育人的智慧，只有 "大道理"与"小智慧"双管齐下，刚柔并用，才能培养社会主义合格建设者和接班人。

在工作中，我始终坚持学习党的最新理论方针政策，并运用科学理论的"大道理"引导教育学生，为此，我专门组织开通了微信公众号，通过微信、微博、微党课传播最新的社会主义核心价值观理论，深入细致地做好学生价值引领和发展辅导，帮助学生真学、真信、真懂、真用，努力使思想政治工作入眼、入耳、入脑、入心，培养大学生的正确的世界观和价值观。

同时，我运用"小智慧"来解决学生各种小问题。例如，当去宿舍检查，没有一个同学从座位上站起来，该吃吃，该喝喝，连基本的招呼都不打时，我给他们讲述了一个接客送客的故事，告诉他们，"远接高送"不仅仅是好客和热情，不仅是基本礼节，还蕴含着预防财物丢失的作用，听后，她们再没有出现过类似错误。

编者：可以简述下您工作开展的大体情况吗？

宋玉佳：在日常生活工作中，我们通过微信、面询、进课堂、下寝室等方式积极了解同学们的思想近况和生活状态，并与同学们积极开展对话交流。在生活中我们积极帮他们解决问题和困惑，帮助他们树立远大的理想和信心，教会他们处理人际关系，有着满满的成就感和幸福感。

编者：从入职到现在，您对"辅导员老师"这一称呼又有怎样的情感变化？

宋玉佳：现在对于我来说，辅导员工作不只是一份工作，一份职业，因为我面对的是学生的成人成长成才，面对的是学生背后的千万家庭甚至家族的未来与荣光。在我看来，辅导员本身就是一种爱，一种责任，一种使命。辅导员工作是一种信念、一种精神，更是一种追求，也许这就是我工作的价值和意义。

编者：今年已是您担任辅导员工作的第五个年头了，有什么好的工作经验可以和我们分享吗？

宋玉佳：辅导员工作是一个系统性很强的工作，对于学校人才教育工作水平的提高具有十分重要的意义。在学校人才培养过程中，在学生成长过程中，辅导员不仅在政治思想方面要给予积极的引导，同时在生活学习上要给予积极的关照和指导，因而辅导员不仅是学生的老师，同时还是学生的朋友，与学生互为师友，相互帮助。

我认为做好工作还要抓好自身理论学习，提高政治工作水平。辅导员工作首先要在政治思想方面给予学生以积极的引导，保证同学们在思想上政治上有良好的表现，辅导员自身的思想素质理论水平是从事这项工作的理论基础。在日常工作中我们相互学习，积极学习党的各项方针政策，引导学生深入学习马列主义、毛泽东思想、邓小平理论、"三个代表"重要思想、科学发展观、习近平新时代中国特色社会主义思想。力争学习及领会党的最新的各项政策，使自身具有一定的马列主义理论水平和较高的政策水平。对学生工作不马虎，不松懈，不拖拉；

对工作实实在在，表里如一，按客观规律办事，对工作精益求精。

编者：感谢您的分享，做好学校党委工作的助手，当好大学生成长的人生导师是我们不断奋斗的目标，对于接下来的工作您是怎样安排的？

宋玉佳：辅导员工作责任重大，意义深远，既然做了辅导员，我们就要把这项工作做好，同样意识到自己工作上的不足。接下来我们辅导员的工作，要做到端正工作态度，努力创造条件，切实服务于学生们成长成才。辅导员工作是份良心活，我们要摈弃不良的工作心态，不断加强政治思想上的学习，努力成为推动学生政治思想进步的良师益友。

在接下来的工作中，重点围绕学业提升、科研写作、学风建设，通过毕业论文讨论、专业讲座、外出考察等方式，帮助学生开拓研究思路与兴趣专业，努力成为推动学生学业学术进步的人生导师。

道虽远，不行不至；事虽小，不为不成。不忘初心，立鸿鹄志，我想用中华民族闪亮的中国梦想，铸就我们高职的大国工匠！

邱晓月

邱晓月，女，汉族，1991年7月生，江西九江人，中共党员，毕业于东南大学，硕士研究生。江西水利职业学院专职辅导员，现承担学院15水工五年制、18水工、19水利工程等四个班班级管理工作，共计学生200余名。2018年5月获得江西省第七届高校辅导员职业能力大赛一等奖荣誉，2019年8月获得江西省高校公共安全教育骨干教师教学能力活动三等奖。

激情点燃梦想，坚守凝练价值

◎江西水利职业学院　邱晓月

编者：邱老师您好，作为年轻的"90后"的辅导员老师，您的工作理念是什么？

邱晓月：党的十九大提出要牢牢把握意识形态主动权，辅导员作为大学生思想政治工作的直接实施者和重要参与者，在工作中要围绕立德树人这一根本任务，做大学生思想政治的引领者。围绕学生，把服务和促进大学生健康成长作为工作的出发点和落脚点，帮助学生化解成长过程中遇到的困惑和矛盾，培养学生自我管理、自我教育能力。以身作则，言传身教，要求学生做到的自己要做得更好，用实际行动感染和带动学生共同成长进步。

编者：您认为什么是全面发展，您又是怎样践行这一目标的？

邱晓月：中国进入社会主义新时代，对人才的要求有了新的含义和更高的标准。坚持以学生全面发展为目标，深入进行素质教育，引导大学生勤于学习、善于创造、甘于奉献，成为有理想、有道德、有文化、有纪律的社会主义合格建设者和可靠接班人。坚持教育、管理与服务相结合，以学生为主体，围绕学生，服务学生，为学生提供学习、生活、工作上的帮助，努力成为学生的良师益友，为学生的成长铸就更有力的翅膀，让学生在更广阔的天地间自由翱翔。

编者：教育的根本目的是立德树人，您对此有什么看法？

邱晓月：以立德树人为根本。"立德"意为树立高尚的品德，"树人"意为培养有用的人才。立德与树人相互依存，不可分割。我认为立德是第一位的，有才无德会给社会带来巨大的危害。一般来说，德行修养越高的人往往在自己的专业领域也能取得更高的成就。十年树木，百年树人。德是做人之根本，是学生成长成才之根基。大学生是祖国的未来，是民族的希望，青年强则国家强，青年兴则民族兴。作为学生成长关键阶段的指引者，辅导员一定要坚持把教书和育人相结合，坚持育人为本、德育优先，培养学生形成优秀的品德，指导学生树立崇高的人生理想，为学生指明正确的人生航向。

编者：可以和我们分享您在辅导员工作中的一些特色亮点工作吗？

邱晓月：古人云：亲其师，才信其道。辅导员工作做好，首先就是要对学生付出真心，真正走进学生，融入学生，建立信任，这样学生才对你敞开心扉，我们才能够有的放矢地开展工作，给予学生正确的引导。从事辅导员工作以来，我一直在不断探索好的做法。也从很多优秀的辅导员那里学到了很多。我的工作还需要不断改进提升，那我就简单谈几点吧：

一要抓好学习教育工作，打好坚实基础。很多学生进入大学后对自己的专业特点、行业就业形势等缺乏了解，导致大学生活目标不清晰。针对这一现状，每年新生入学时组织所带班级开展专业教育，结合专业特点、专业的就业趋势和就业前景，让每个学生给未来的自己写一封信，确定自己大学的目标。一个班的好坏，很大程度上取决于班风，所以对班风学风的建设十分重要。每个学期除了评选成绩优异的同学还会表彰学习进步最大的学生，以此鼓励大家再接再厉。

二要做好日常事务管理，落实基础工作。新生入学教育工作是学生教育的第一步，关系着今后工作的顺利开展。入学初，组织新生认真学习《普通高等学生行为准则》以及学校校纪校规，让每位新生明确怎么做才符合一名合格大学生的标准，增强他们主动选择正确行为的自觉性。建立一套符合班纪班规的操作评分考核细则和寝室管理办法，在学生自我管理的基础上，自己也随机抽查，经常督促，并和任课老师保持沟通建立协同管理机制。建立线上线下联动、辅导员班长阳光委员三级监督机制，全方位全过程关注学生思想动态和心理状况。

三要加强网络安全教育，培育健康青年。随着互联网的发展，网络成为大学生生活的重要阵地。根据查访了解，目前相当一部分学生平均每天在网络上花费的时间约为5小时。大学生容易接触到的网络诈骗、网络贷款等犯罪手段五花八门，很容易就中招，增强大学生的网络安全意识至关重要。除了平时积极转发一些网络新型诈骗方式，我会在班会上让学生角色扮演网络诈骗者和受骗者，以话剧的形式给学生展现网络诈骗的手段和给受骗者带来的后果。然后通过头脑风暴，让学生讨论在遇到这类情况时应该如何做。

编者：您怎么看待网络思政教育？

邱晓月：21世纪是互联网和大数据时代，大学生又是网络空间的主体。网络信息传播快、传播主体多元化、监管难度大，易成为西方传播思想意识形态的摇篮。辅导员作为大学生思想意识形态的引领者，要用好网络新媒体这个平台，推动思想政治工作传统优势和信息技术高度融合，有效传播社会主义先进文化，弘扬社会主旋律。同时可以利用微博、微信、QQ等发布学生关注的事情或者看待社会热点事件的正确观点和有效方法，为学生提供学习、生活、就业、心理咨询等指导服务。

编者：辅导员说到底就是"做学生的工作"，"00后"这批极具个性特色的

孩子已经迈入大学校园了，对于他们的日常管理您有什么妙招？

邱晓月：每个学生都是独立的个体，他们都有不同的性格特征，做学生的工作首先要学会尊重，尊重学生的个性发展，真诚平等地对待学生。作为一名辅导员，要尊重学生人格，并善于进行"心理移位"，设身处地体察学生的心理处境，关心学生学习的细微变化和点滴进步，及时地加以引导、表扬、鼓励，使学生逐渐对辅导员产生一种亲切感、安全感。用一颗真诚的心去对待学生。没有歧视，没有偏爱，有足够的耐心和宽容心，能够放得下辅导员的"架子"，洗去脸上的"古板"，与他们一起迎接欢笑，一同承受苦恼。学会和学生做朋友，遵循一定的原则和把握好度，严出于爱，爱寓于严，严而不凶，宽而不松，严在当严处，宽在当宽处，一分严格之水，再掺上九分感情之蜜，才能酿成教育的甘露。

其次要了解清楚学生的想法再决断。辅导员带的班级和学生都非常多，要处理的事情纷繁复杂，不可能样样事情都完全了解，倘若事实并非如自己了解的那样而轻易下结论，不仅会让学生受委屈，自己也将面临信任危机。学生也有自己的自尊，信任学生，给予学生阐述事实的权利，多方面了解事情真相，客观民主地处理事情，不仅容易赢得学生的信任，使他们乐于与你交流，而且可以培养学生的民主意识。相反，如果不管青红皂白地训斥学生，甚至将学生本应有的解释也当作狡辩，那么不仅对学生认识错误、改正错误无益，还会严重地挫伤学生的自尊心，使其产生逆反心理，致使师生间产生隔阂，信任不再。

最后要学会赏识，用表扬和鼓励助学生走向成功。赏识和赞扬就像生命中的阳光、空气和水，是每个人必不可少的，对于青少年来说尤为重要。我们要培养的是热爱生活，勇于实现自我的人才，多给一点笑脸，多给一点赞扬，鼓励学生的每一个优点和长处，让学生充满自信，奋发图强。一个信赖的眼神，一个鼓励的微笑，都可能带来巨大的效应。我们应当时时提醒自己，不要讥笑学生的缺点和不足，不要嘲讽学生所犯的错误，及时地发现学生的闪光点并予以赏识、鼓励，激发他们对生活的热情和对学习的兴趣，肯定学生的每一点进步，尊重学生的每一份成果，让表扬和鼓励成为走向成功的催化剂。

编者：感谢您的分享，可以给新入职的辅导员一些寄语吗？

邱晓月：在辅导员工作的道路上，越抬头仰望，越发现爱与责任的重要性，我们应该满怀激情，坚守岗位，努力用爱去感化一切，用责任为学生筑梦起航。辅导员不仅仅是帮助学生成长圆梦，也是自我的不断修行与提升。可能在某一些时刻，你会因无法帮助某个学生而陷入自我否定，也可能会因为自己的付出没有得到学生的理解而委屈，或者因为工作的压力而陷入崩溃，不要因此而动摇或者放弃。每战胜一次，你会越来越强大，也会慢慢体会到辅导员工作带来的成就感和满足感。辅导员的工作也许平凡，但绝不平庸；也许艰辛，但充满温暖。新的时代、新的起点、新的征程，不忘初心，牢记使命。

文　慧

文慧，女，汉族，中共党员，1991年1月生，江西萍乡人，全日制研究
生学历，硕士学位。2014年8月开始担任辅导员，现任江西现代职业技
术学院设计分院专职辅导员，迄今为止共为532名学生的成长成才提供
服务。2016年4月荣获江西省第四届高校辅导员职业能力大赛二等奖，
2017年3月荣获江西省第五届高校辅导员技能大赛一等奖，2018年5月
荣获江西省第六届高校辅导员技能大赛一等奖。2019年6月荣获江西省
思政课堂比赛一等奖。拥有国家级荣誉证书3项、省级荣誉证书7项、
校级荣誉证书70余项。

新时代的3D（度）辅导员

◎江西现代职业技术学院　文慧

编者：文老师您好，您能分享一下您在学生家长眼中是怎样的一位老师吗？

文慧：在学生和家长眼中，用学生的话来说是春天里的向阳花，他们亲昵地
称我"慧姐"，家长亲切地称我"小慧老师"。这是我们学生和家长在微信上发
给我的话：

"小慧老师德才兼备，在生活和工作中都很棒，我女儿她很崇拜你。"巧芬

来自单亲家庭，家长如是说。

"老师，毕业以后我想成为你这样的人。"17级室内5班蒋志文如是说。

"小慧老师，看到你的意志和柔和，对学生工作的热情，书连从小无父母疼爱，你能温暖她的心，我外孙女就服你这样的老师，交给你我放心。"来自爱心家访时学生外公热泪盈眶的肺腑之言。

"慧姐，是你影响改变了我的一生。"来自15级毕业生江西航空公司空姐美华如是说。

编者：文老师，请问您能分享下做辅导员的初心吗？

文慧："随风潜入夜，润物细无声"，这是师范生毕业晚会上大学辅导员对我的寄语。初入师范大学，我梦想成为一名光荣的人民教师。本硕连读期间，辅导员对我无微不至的关怀、循循善诱的引导，促使我进一步明确志向，要成为一位师德师风优良的学生引路人——高校辅导员。怀揣着这颗梦想的种子，2014年我光荣地成为一名高校专职辅导员。当时决定，像自己的辅导员那样，用人格引领人格，用生命影响生命！我想做学生眼中可亲可爱的"慧姐"——文慧。

五年来，我希望自己不忘初心，坚定理想信念，提升职业素养，情系学生成长，做好良师益友，成长为新时代高校辅导员队伍中的佼佼者，成长为一名受学生爱戴的新时代"3D（度）辅导员"——做学生有高度的指导者，有温度的陪伴者，有亮度的引路人。

编者：请问下您如何做好学生高度的指导者呢？

文慧：1D为高度，做有高度的指导者。"惟有学而不厌的先生才能教出学而不厌的学生"，这是我最喜欢的教育家陶行知所言。我觉得思政工作除了有温度还应该有高度。这个高度分两层含义，自身能力提升的高度和辅导员工作职业化、专业化的高度。在学生的日常教育管理工作中，工作扎实、勇于创新：我曾4次参加骨干辅导员培训，用新理论武装头脑，用新思想指导实践，坚定理想信念、提高育人水平。也潜心钻研，撰写学生谈话笔记，提炼工作方法，形成工作案例，撰写学生工作论文。我想积累能力，随时"爆发"。

编者：文老师，听说您有多重身份，不仅是老师、辅导员，还是教练，您能

分享下您在多种角色中如何引导学生吗？

文慧：我不仅是一名辅导员，更是一名培训导师、思政课教师、思政宣讲员、瑜伽教练。作为培训导师，我在学院负责辅导员素质能力提升工程，精心拟定每期主题和交流内容，带领团队共同学习、激烈研讨，从实战提炼经验，从提升自身到带动同仁，至今开办20多期。我所带设计分院学生，在2018年校级职业能力大赛上获得一等奖的1名，二等奖3名，该院得优秀组织奖；作为思政课教师，我承担了"思想道德修养与法律基础"教学，积极探索思政课教学改革，运用各种教学手段，将理论与实践相结合，帮助学生运用理论分析社会实践中的问题，激发课堂活力。我也参加思政课教师技能大赛，与专业任课教师切磋比拼；作为学校宣讲团成员，为师生宣讲十九大精神、全国教育大会精神、两会精神20余次。作为瑜伽教练，我在辅导员任职期间获得了瑜伽导师资格证书、中国瑜伽体位大赛裁判员证书。当时就想结合自己专业特长，搭建思政新平台，让学生在学好专业的同时强身健体。在班级特色早自习中带领学生进行晨练特色活动。发挥专业技能，成立瑜伽社团，增进师生感情的同时，也为学生舒缓减压。加强对三困生的帮扶。在2018年6月我带领yoga舞韵社团参加江西省瑜伽大赛选拔赛，刘丽丽、王倩分别荣获青年组单人第六、第七名，青年团体赛第四名、第八名的佳绩。部分社团学员已经在校外担任瑜伽教练，与瑜伽结下不解之缘。

编者： 文老师，多重角色把控自如，请问您这些年获得过哪些荣誉呢？

文慧：其实我也是想加强深厚的理论基础，练就扎实的职业功底。2016年荣获江西省第四届高校辅导员职业能力大赛二等奖、江西省第五届高校辅导员技能大赛一等奖、江西省第六届高校辅导员技能大赛一等奖，江西省第四期全省辅导员培训优秀学员、江西省第48期高校辅导员培训优秀学员等。但是我做得还不够，要继续前行。

编者： 听说您在班级建设上有自己的独特方法，您能分享下吗？

文慧：其实没有很多独特方法，我更加注重思考、提炼经验。就像我给自己定下的做好新时代的"3D辅导员"一样，了解学生学情后为学生定制了大学生涯目标：红色铸魂，国学修身，技能立身，打造"四度大学生"，成就美好未来。

一度为深：挖掘深度（专业知识深）；二度为广：拓展广度（人脉广、可发展；视野广，有预见；心胸广，能容事）；三度为高：提升高度（志存高远，远大理想）；四度为风：追求风度（佳人才子，风度翩翩，玉树临风，德才兼备)。针对不同目标，设置子项目，传承下来的特色班集体建设课前一支歌，特色早习，特色晚自习，一月一书等子项目深受学生喜爱。我在分院范围开展红色电影展播活动、红色图书阅读暨分享活动、红色文化长廊参观活动、红色舞台剧比赛活动为常规活动，引导教育学生主动接受红色文化洗礼，弘扬红色文化传统。发挥实地情景教学优势，创新情景基地研学活动。让学生根据自我性格特色，投入人物角色。最后以班级汇报演出的形式将红色家书诵读、红色舞台剧表演、红色故事呈现于舞台。当然班级学生也比较努力向德智体美劳全面发展。学生喻琦2019年2月专业作品《古往今来》收录于江西省高等院校写生作品（省级），谢裕峰、赵超荣获江西省技能大赛第一名，罗娇莲、彭江获得江西省技能大赛第二名，章志强获得江西省技能大赛第四名，刘晓芳、郑涛2018年荣获第四届江西省"互联网+"大学生创新创业大赛铜奖（省级）、浩瀚杯"创青春"江西省大学生创业大赛金奖（省级）。我所带的班级硕果累累，获得多项赛事成果：17室内四班2017—2018学年荣获优秀团支部、先进班集体称号，18环艺班荣获优秀班集体称号。

我始终相信，"勤于思，敏于行"，我需要更积极、热情、认真、奋进，让自己业务的高度，来指导学生的生活和学习。我也希望被多数学生"打call"。

编者：您如何做好学生有温度的陪伴者呢？

文慧：这要说到我目标的2D，2D为温度，做有温度的陪伴者。

"七月流火，九月授衣。"我觉得目前所有学生都是弟弟妹妹，从九月开学到六月毕业，我想用爱心温暖着每一个学生。用心沟通、悉心帮助，做有温度的陪伴者。我分享一个案例吧。

来自17建筑室内设计五班建档立卡户的学生书连，出生于一个非常贫困的农村家庭。出生后不久父亲和祖父的接连去世、母亲改嫁他乡等系列变故让书连成了一名孤儿，从此一生开始与众不同，尤其是求学历程异常艰辛。对于从小在亲戚家吃百家饭的书连来说，一直以来的寄人篱下的生活，最直接的困难便是经济问题。开学后我了解具体情况后，全面了解情况，积极组织帮扶。在生活中鼓励书连面对现实，敞开心扉。考虑到书连从小缺失父母关爱，我主动承担了亲人角色。开学初暖心地鼓励书连竞选班干，提升自信和履职能力；节假日带书连回家用餐，让学生感受亲人般的关怀；生日时送上暖心祝福，用温度拥抱那颗孤单的心，就在那次，学生告诉我，"这是我人生中第一个蛋糕"，我心疼得落泪；生活中也给学生赠送仙仙的裙子，并且留言道："虽然生活让你成为女汉子，但你依旧是我心中最美的公主"。我们老师和学校用特有的温度暖和着书连，书连也用感恩之心回馈着社会。大学期间书连担任了班长、协会部长，成为学生骨干，做过"志愿指挥交通服务""绿色捐步"等公益活动。荣获"全国大学生网络知识竞赛"优秀奖、征文优秀奖、国家励志奖学金、三好学生等荣誉。最暖心的是2018年暑假实践，书连在我们的帮助下也成为一名幼儿教师。又一颗梦想的种子悄悄种下……

在我看来，辅导员的工作是一份情怀，一份感动。追逐梦想的学生会找我们支持，情场失意的学生会找我们倾诉，家庭变故的学生会找我们谈心，积极进取的学生会寻求指导……给贫困学生买衣服，送鞋子，买被褥，我也会给学生亲手做美食，带学生回家吃饭。还记得学生在安徽宏村写生期间学业繁重、天气炎热，学生吃不惯徽菜，为了改善学生的伙食，我亲自洗菜切菜，撸起袖子亲自下厨做赣菜。当然这一切都源于我喜欢跟年轻学生在一块。于我而言，辅导员的工作，就是用姐姐般的关爱，用陪伴的温度，做好学生成长成才的陪伴者、守护者，让思政工作更有温度，更具情怀。

编者：情系学生成长，做好良师益友，请问您如何做好学生工作，做有亮度的引路人呢？

文慧：我的目标3D为亮度，做有亮度的引路人。

"春蚕到死丝方尽，蜡炬成灰泪始干。"学博为师，德高为范，我觉得辅导员的亮度就是德行的亮度。我希望能做到言传身教，立德树人，用教师的光与亮点亮学生理想的灯，照亮学生前行的路。让自己的言行举止成为学生的榜样，做学生成长成才的引路人，这是我追寻的亮度。

当我成为高校辅导员队伍当中的一员，就喜欢用心品味辅导员工作的点点滴滴和酸甜苦辣。我的学生成长记录从1篇到106篇，工作QQ群、微信群从1个到76个，与学生的谈话记录从1则到513则，与每一位学生家长都进行过紧密的家校联系……我认为辅导员的工作就是想学生所想、急学生所急，思想上引导、学业上指导、情感上疏导。我因时而进，"95后""00后"的大学生个性鲜明，有主见，但普遍存在理想淡漠、目标迷茫的状况，引领他们的思想显得尤为迫切又棘手。所以我想尽各种方式和学生打成一片，加入他们的QQ、微信群，甚至学会了抖音等新媒体，学习他们的语言，发挥网络优势，线上线下同时开展思政工作。了解他们的所思所想，成为他们所信任的朋友，然后有的放矢地开展思政工作。

编者：有人说辅导员是"5+2"，白加黑，在您的辅导员生涯中是否遇到过跟生活起冲突的事件呢？

文慧：其实我希望我在学生眼里，是充满正能量的小姐姐；辅导员工作烦琐，肯定和家庭冲突过。我记得2018年初，我和家人商定婚期定在"五一"，酒店、摄影、亲戚都落定。但在3月份时被告知2018年第六届辅导员技能大赛比赛日期定在5月2—4日，作为参赛选手的我觉得不能放弃，我想为了学校荣誉奋勇向前，就毅然决定推迟婚期。双方家人对此颇有微词、很不理解，但看我为比赛奋不顾身又不忍责备。还有当时原定2018年11月6日和对象领取结婚证，但是接到学校任务，6号需要去外地出差，我与爱人在民政局领证后，就奔赴火车站出差，连和家人吃个饭庆祝的时间都没有；当时我爱人是顶着很大压力的，我觉得还是对家庭有点亏欠。我爱人也是辅导员，所以他还很理解。后来家人看我们为学生工作发光发热的状态，慢慢地从不理解到理解甚至支持。作为辅导员我想靠近学生，走进寝室，走进学生的内心一刻都不敢松懈，因为肩负着几百名学生成长成才的使命，为了立德树人的根本任务，我相信每个辅导员每天把心操得碎碎的。但是当我们看着一批又一批的学生清晰了目标，拥有了梦想，在充实的大学生活中向着自己的理想踏实迈进，我们会自豪而又充满力量！在14、15级学生的毕业典礼上，我亲自寄语每一个学生，像当年我的辅导员寄语我一样。我很欣慰。

我认为辅导员应该秉承"教育无他、唯爱与榜样"的工作理念，夯实知识强高度，暖心陪伴提温度，责任奉献增亮度，用责任、奉献与爱做学生的指导者、陪伴者和引路人，做新时代的"3D（度）"辅导员。

编者：立德树人是高校的根本使命，青年学子需要精心引导和栽培。去感动、去吸引、去带动，您在思想和行动上做学生有高度的指导者，有温度的陪伴者，有亮度的引路人，让我们受益匪浅，感谢文老师！

谢 宁

谢宁，女，中共党员，硕士。江西应用技术职业学院辅导员，江西应用技术职业学院财商学院学生党支部书记，江西省自然资源厅"不忘初心、牢记使命"主题教育领导小组办公室成员。2016年7月参加工作，曾获江西省第六届辅导员素质能力大赛一等奖。指导学生参加第五届中国"互联网+"大学生创新创业大赛获银奖，第五届江西省"互联网+"大学生创新创业大赛获银奖。主持和参与多项省、市级课题，在工作中撰写各类新闻稿件200余篇，部分稿件在中国新闻网、凤凰网等主流媒体上刊登。

勤做"实践者" 乐做"护航人"

◎江西应用技术职业学院 谢宁

编者：谢老师您好，在您三年多的辅导员职业生涯中，每学期考核都被评为"优秀"，学生测评满意率高达98%，这对于年轻的辅导员尤其是"90后"辅导员来说，是一件很不容易的事。

谢宁：辅导员的工作平凡却不平庸，打铁必须自身硬，工作中，我以"四桶水"的标准来要求自己，也就是要真学，备好信仰的"源头水"；要真懂，备好信仰"循环水";要真信,备好信仰"纯净水";要真用,备好信仰"长流水"。我通过以赛促学、以赛代练的方式锻炼自己,从2018年的江西省第六届辅导员素质能力大赛,到2019年的第五届中国"互联网+"大学生创新创业大赛,我把每次备赛都当作提升自我的平台,使自己在工作过程中有所学、有所思、有所醒、有所获,不断提升服务学生的水平。

编者:您担任了学生党支部书记一职,在学生党建工作方面,您有什么亮点和特色做法吗?

谢宁:习总书记提出,加强党对高校的领导,加强和改进高校党的建设,是办好中国特色社会主义大学的根本保证。大学生党员是党的事业的接班人,是建设中国特色社会主义事业、实现中华民族伟大复兴的生力军,加强学生党建对于培养学生党员队伍、提升学生综合素质具有重要作用。在学生党建工作方面,我坚持"123"工作法,即坚持"1"个核心,以党建引领为核心,进一步强化主责主业意识。切实发挥"头雁"效应,搭建"1+X"平台,即以学生党支部为首在学生中开展形式多样、内容丰富的党团活动,如"我为社会主义核心价值观代言"、"我和我的祖国"主题读书活动、"国史党史"宣讲等,通过主题教育活动引导大学生扎牢思想根基,积极向党组织靠拢。用活"2"个抓手,一是以"学生党支部规范化建设"为抓手,着力夯实支部战斗堡垒。建立学生党员考核培养档案,细化学生党员评议表,掌握每个学生党员发展中的进程,保证发展的质量和数量。定期编印《理论学习材料汇编》,通过"学习强国"APP、微信群等新媒体组织师生党员学习,推进学习教育常态化。修订和完善《关于确定入党积极分子推选办法(试行)》,按规定按流程公正公开地发展入党积极分了。二是以"入党积极分子设岗定责制度"为抓手,在入党积极分子中设立了文明督导岗、环境保护岗、志愿服务岗、政策宣传岗等15个岗位,根据入党积极分子的专业特点、生活环境、个人特长设立相应岗位,安排学生入党积极分子上岗,并按照要求进行管理和考核。其中每位入党积极分子都担任了环境保护岗一职,对宿舍楼卫生进行督促检查和整改,提高入党积极分子的服务意识和思想觉悟,做到把党建工作关口前移。突显"3"大成效,一是"党建+"模式不断激发工作活力。深入推进"党建+学生管理""党建+先进典型"等模式，创新党建工作的载体，例如充分发挥学生入党积极分子的先锋模范作用，开展"学有榜样、行有方向"活动，推选优秀学生代表形成事迹简介，在公示栏进行宣传，形成学先进、赶先进、超先进的良好氛围。二是发挥党建带团建成效。党建带团建，关键在"带"，根本在"建"，要进一步加强对群团工作的指导，积极组织社会实践活动和第二课堂社团活动，如开辟"每日分享十九大"微博专栏，开展"爱老敬老"志愿服务，开展"我们的传统节日"主题教育等。再如我校每学期都开展的"安全、文明、法制教育月"活动，每年一度的"红五月"大合唱等，就突显了党建带团建的显著成效。三是作风建设持续深化。抓好关键节点的作风学风提醒工作。通过抓作风，促使教育教学和学生管理工作呈现出新气象。

编者：非常感谢您的分享，抓好学生党建工作是辅导员工作中的重要环节，也需要一定的理论积累和专业素养，那您在工作中是如何提高自身理论水平的呢？

谢宁：筑牢思想堤坝，方能行稳致远。我始终秉承"学以增智、学以广才、学以立德、学以养德，学以立身"的理念。就拿2019年开展的"不忘初心、牢记使命"主题教育来说，我有幸借调到江西省自然资源厅主题教育办，全程参与了两批主题教育工作，在此期间，我主动在"学"上深化拓展，强化学习教育力度。通过理论学习、专题会议、研读公报和"学习强国"APP等多种形式，每天坚持学习习近平新时代中国特色社会主义思想、十九大精神及习近平总书记在全国教育大会上的重要论述等，先后参加了1期读书班，2场辅导报告，3次参观见学，4次主题观影活动，5个专题集中学习，23次中心组理论学习，不断提高运用党的创新理论指导实践、推动工作的能力。学习中，我认为最重要的就是要善于利用碎片化的时间。我们常常听到有人抱怨说工作忙没时间，其实是没充分利用碎片化的时间，例如上班、查寝路上，梳洗时或饭后，都可以打开手机收听新闻时事。

编者：那您对提高辅导员的理论学习质量有什么好的建议吗？

谢宁：对于辅导员来说，学习最重要的就是要突出真学真信真懂真用。我认为要注重"三学"。即注重专题学，坚持集中学习和党员自学相结合，通过专题辅导、研讨座谈、主题观影、实地参观等多种形式进行学习交流。专题学的重点在于"读原文、悟原理"，逐段逐句研读原著是最深刻也最直接的理论学习方式，更容易增进辅导员的政治认同、思想认同、理论认同、情感认同，从而形成自己的工作理念。注重对照学，对照习近平总书记在全国教育大会上的讲话精神和习近平总书记同北京师范大学师生代表座谈时的讲话精神，对照《普通高等学校辅导员队伍建设规定》（教育部令第43号）、《普通高等学校辅导员职业能力标准（暂行）》和《关于进一步加强和改进大学生思想政治教育的意见》（中发〔2004〕16号）等文件精神，对照全国优秀辅导员典型代表和先进事迹，立足工作谋思路、补短板，切实推动辅导员把在学习教育中焕发出来的热情转化为攻坚克难、干事创业的实际行动。注重融合学，坚持把学习教育与学生管理有机融合起来，科学谋划、统筹推进，坚持做到学习教育成效体现到实际工作中。把学习教育搬到一线去，深入学生中，将理论知识与实际工作技能相结合，多用"身影"去陪伴、少用"声音"去发令。把学习研讨、主题党日活动搬到教室、宿舍和操场上，边学习边实践边解难题，以灵活的学习教育服务好学生，努力为学生解困惑、解难题。

编者：您的分享让我们获益匪浅，非常感谢您。对于如何做好学生思想政治教育工作，在这点上您又有什么心得呢？

谢宁：高校思想政治教育的根本在于立德树人，那么如何开展学生思想政治教育呢？我认为要以理服人、以情化人，做一名有温度的辅导员。德国哲学家雅斯贝尔斯说："教育的本质意味着，一棵树摇动另一棵树，一朵云推动另一朵云，一个灵魂唤醒另一个灵魂。"我曾带过一名学生，是老师同学眼中的"差等生"，成绩挂科，还因旷课受到处分。但是一次偶然的机会，我发现他在演讲这方面有一定的天赋，平时与同学零交流，在台上却能侃侃而谈。针对这个情况，我几乎每天找他谈话，不断引导他，希望他能够发挥特长，在学习中磨炼自己，我鼓励他报名参加学院演讲比赛，出乎意料地荣获了二等奖。在那之后，我发现，他渐渐对学习有兴趣了，也没再旷过课。如果你尊重学生、理解学生、信任学生，你会发现他们是十分可爱的，他们会感知你的爱，积极配合你的工作。当然，对学生的爱不是盲目的爱，而是负责的爱。就拿请假来说，如果你不甄别哪些同学是真病，哪些同学是装病，就直接开假条，那就是不负责任。如果开了假条之后不及时跟踪学生信息，不了解学生去向，那也是不负责，学生很可能利用请假时间出校玩耍，安全得不到保障。你对学生负责时，学生才会从你身上学到责任感。因为学生的眼睛是最明亮的，他们时刻关注着老师的一言一行，他们会看在眼里，记在心里。只要对学生负责，学生一定会从老师身上学到责任感。2019年6月，我带的第一届学生毕业了，毕业后，一名学生给我发信息说："老师，最近我在准备考教师资格证，我想做一名像你一样的教师。"我想，这应该是我做学生思想政治教育工作最大的收获。

南怀瑾先生在《列子臆说》中阐述，最好的教育理念应该是成人成己。也就是说做教师不仅要关爱学生，对学生负责，还需要让自己成长，在加强自身德行和理论学习的基础上，引导大学生自觉深入学习马克思主义基本原理和习近平新时代中国特色社会主义思想，做到理论创新每推进一步，理论武装就深化一步。要在工作中积极探索思想政治教育新途径、新方法，例如我在思政教育中做到主题班会"课程化"，通过列主题、写策划的方式，结合重大节日和重要节点开展主题教育；思想教育"创新化"，运用H5动态页面设计《安全知识系列宣传教育》宣传册，以学生喜闻乐见的方式宣传"安全禁令"，做好宿舍安全、防诈骗防传销、交通安全等教育，运用新媒体新技术做好宣传等，构建多途径的思想政治教育体系。

编者：您刚才提到思想政治教育的创新，目前，辅导员带领的大多是"95后"和"00后"的大学生，面对新时代的大学生，辅导员的工作需要紧贴学生特点，紧跟时代步伐，常抓常新，那么思想政治课作为思想政治教育的主渠道，您认为如何让思政课受学生欢迎呢？

谢宁：在我与学生的交流沟通中，我发现对于思政课，学生反映最普遍的问题就是"不感兴趣"，很多学生认为思政课中的理论太"高大上"，与他们的现实生活相关性不大。那么如何让思政课受学生欢迎呢？我有三点思考。首先我认为思政课的核心是引导学生在理想信念方面的认同，使"高大上"的理论接地气、有温度、见实效。俗话说"天边不如身边，道理不如故事"，尊重他们的兴趣爱好、欣赏风格、个性特征，用他们乐于接受的表达方式来表达思政课的内涵。之前火遍全网的复旦女教师陈果、网红辅导员徐川，他们就是典型的例子，善于运用生动活泼、诙谐幽默的方式来阐述深奥的哲理，不仅如此，还结合实际创造出一套自己的授课语言，用更接地气，更为学生接受的形式授课，获得学生点赞好评。其次，学生都喜欢有趣的课堂，可以将传统的以"教"为主向以"学"为主的"翻转课堂"转变，让学生享受到学习、讨论、实践为一体的完整学习体验。在与学生的交流中，大部分学生表示，单一的授课方式容易在上课时走神，听不进，相比之下，形式多样、互动较多的课堂更能吸引学生。那么怎样丰富思政课的形式呢？这是我的第三点思考，习近平总书记强调："要运用新媒体新技术使工作活起来，推动思想政治工作传统优势同信息技术高度融合，增强时代感和吸引力。"当今世界是互联网的时代，而"00后"大学生则是"互联网时代的原住民"，谁赢得了互联网，谁就赢得了先机。思政课可以利用"互联网+思政教育"的形式进行教育，例如"学习强国"中就有微解读类的视频，通过简明轻快的音画组合生动有趣地呈现和解读理论政策文件，增强可读性，思政课也可以借鉴这种形式来吸引学生。还有的学校用VR重走长征路、通过打造"网红党课"让马克思主义离青年更近，可见，很多人印象中"沉闷"的思政课完全可以流行起来。

习总书记在2019年3月18日的学校思想政治理论课教师座谈会上提出，思政课教师政治要强、情怀要深、思维要新、视野要广、自律要严、人格要正，这六个方面从不同角度强调了思政课教师所必须"硬"的各类素质，其实这也是辅导员必须具备的各项条件。教育部第43号令指出："辅导员是开展大学生思想政治教育的骨干力量，是高校学生日常思想政治教育和管理工作的组织者、实施者和指导者。"这就说明辅导员在思想政治理论教育中同样守土有责，而且必须守土负责、守土尽责。学生事务无"小事"，思政教育是"大事"，作为辅导员，要给学生心灵埋下真善美的种子，引导学生扣好人生第一粒扣子。

编者：辅导员的工作常常琐碎而繁杂，您怎么样在日常管理中提高工作效率呢？

谢宁：辅导员的工作，要有情怀，也要有方法。要善于在日常琐碎繁杂的工作中找规律、建机制、敢创新，做到靶向发力、多措并举，促使各项工作良好有序运行，增强学生管理工作的活力。例如我在课堂考勤方面实施"3+2"管理模式，建立学生工作网络管理机制，以学生为核心，纵横管理，发挥合力。即3方监督，2条渠道。"3方监督"一是辅导员长期性深入教室、宿舍，抽查上课情况和有无滞留宿舍的人员，并做好检查记录，形成台账；二是通过班主任微信群对学生出勤率进行监管，确保学生在校；三是定期与学生家长联系，将学生在校情况反馈给家长，共同协助教育学生。"2条渠道"指网上网下两条渠道，网上学生干部通过QQ群反馈当天课堂出勤率，网下每个班级记录考勤日报表，记录当天出勤人数，形成家、校、学生三者联动机制。

编者：确实如此，完善工作方式方法，往往会使工作有事半功倍的效果。

谢宁：是的，做事高效率的前提是要有扎实的日常工作规范与管理。在学生入学之初，我就做好学生基本情况记载和动态档案管理，给每一位学生建立小档案，定期更新学生信息表，对学生的家庭住址、政治面貌、兴趣爱好、奖惩情况、宿舍成员等内容进行登记备案，可以随时提取学生的动态信息。持之以恒抓好"三排查"工作，学院每周三晚上组织辅导员班主任深入宿舍、教室，重点围绕"校园安全隐患""矛盾纠纷""心理异常"三方面开展工作。同时定期开展重点排查工作，如对晚归、夜不归寝、控烟情况、校室安全、用电安全、宿舍漏水情况等多个方面进行专项排查，将安全隐患消灭在萌芽状态。深入系统开展安全专题教育，通过主题班会、观影活动、团日活动等形式，开展形式多样、内容丰富的安全教育。进一步做好学生生命和财产安全教育、校园贷风险防范教育、交通安全教育、消防安全教育、用电安全教育、饮食安全教育、交际安全教育、网络信息安全教育、就业安全教育、心理安全教育、文明行为教育等，夯实了安全教育的基础。严格把控请销假的"出入关"，严格执行学生请销假制度。学生请假必须由班主任与学生家长联系，确认情况属实后签字批假，请假条中分别设置了班主任（辅导员）、书记、院长、学校分管领导签字栏，学生请假之后要按时销假，确保了我院学生行为的规范、有序。使用"钉钉"APP，在线上设置打卡时间点，主要是早上8：20打卡、白天上课打卡以及晚上22：30打卡三大时间段，有效掌握学生在校情况。加强学生工作队伍的上下联动，加强学生干部队伍建设。通过竞聘、学生干部技能培训、开展素质能力提升的讲座和交流会以及传帮带的形式提升。不断完善班级信息的畅通制度，构建了团支书信息反馈机制、班长信息反馈机制和信息员反馈机制等三位一体的立体化信息沟通机制，提高了学生工作的实效性。同时做到"辅"与"导"，帮助困难学生和问题学生解决实际问题，为父亲出车祸的学生捐出自己的工资，为生病学生买药送食物，教育旷课学生遵守校规校纪按时上课，劝说有退学想法的学生继续在学校完成学业，努力做学生健康成长的知心朋友。与学生同住同学习同进步，每学期与学生谈心谈话200余次，深入宿舍100余次，陪伴学生健康成长。关注学生就业前景和发展方向，通过让学生制订"职业规划"给自己定方向、定目标，明确努力的方向，帮助同学们树立正确的择业观和成才观，到基层和祖国需要的地方建功立业！

　　编者：春风化雨润物无声，桃李不言下自成蹊。在辅导员这条职业化、专业化道路上，需要广大辅导员用真情坚守，笃行致远、砥砺前行，为学生系好人生的纽扣，为学生圆梦护航！您在工作中付出了辛勤和汗水，也收获了感动和幸福，也让我们受益匪浅，感谢谢老师！

谢　璘

谢璘，女，汉族，1988年11月生，江西赣州人，中共党员，研究生学历。现任江西环境工程职业学院汽车机电学院专职辅导员。在校教授"大学语文""应用文写作""职业人文基础""大学生心理健康教育""创业教育"等课程。2018年获得江西省第六届高校辅导员素质能力大赛（高职高专组）一等奖，2016年获全省高校思想政治理论课优秀高校辅导员工作优秀案例二等奖，所撰写的教案《感恩ing》获全国辅导员工作课程化模式学校联盟"优秀教案"。

青春，永远在路上

◎江西环境工程职业学院　谢璘

编者：谢老师您好，您在2018年第六届全省高校辅导员素质能力大赛中获得了一等奖的好成绩，可以给大家分享下您的参赛心得吗？

谢璘：您好，谢谢。这是我第一次以辅导员身份参加的"台前"比赛，对我自己来说，是一次很大的突破。当初我是很忐忑地接下参赛任务的，一是任务重时间紧，我接到参赛通知的时候距离比赛只有2个月，时间非常紧迫；二是压力大，因为我们学校每一届选手都获得了不错的成绩，尤其是在第五届大赛中，我们获得了两个一等奖的好成绩，我担心会在我这里中断；三是没自信，缺乏舞台经验的我习惯用文字来展现和表达自我，对舞台具有一种莫名的恐惧感，虽然这次素质能力大赛与前几届相比进行了项目上的调整，但是依然有四分之三的项目是需要上台竞技的。

编者：确实，那谢老师您后来是怎么克服这些困难，并用2个月的备赛时间拿下了那场比赛呢，是有什么秘诀吗？

谢璘：其实在刚开始的一周我特别被动，心有旁骛，完全找不到状态。后来刚好有学生找我帮忙排解他专升本中遇到的沮丧，我在开导他的时候感觉自己一下就豁然开朗了，都说"为人师表，身正为范"，在与他交谈的时候我认识到只有当我自己身上拥有一股不认怂的劲儿，我对学生的那些开导才能掷地有声。从那天以后，我的心突然就定下来了，或许这就是辅导员这份工作意外的收获，在帮助他人的同时也成功地摆渡了自我。

如果一定要说秘诀的话，我想可能是心定下来之后对日常工作和理论知识更深层次的梳理。其实谈心谈话、案例分析、理论宣讲这三个环节很多都依托于理论知识，所以在这2个月我将理论知识的复习列为重点，我将相关政策文件按类别整理成册，很多同类文件的精神都是相通的，在每学完一类文件后我都会拿出一张白纸进行思维导图的构建，以检验自己掌握的程度。而这三个环节的准备工作就都融入了日常工作中，每次与学生谈心后，我都会将谈话内容转化为案例分析素材，反思是否有更好的谈话思路来帮助学生解决他们的困难与困惑。而理论宣讲这一环节被我融入在日常工作中的主题班会中，我将十九大的热点问题在主题班会中与同学们分享，刚开始的时候会很吃力，因为当时带了4个在校班，一个话题讲4次，也就一回生二回熟了。

编者：2018年的大赛针对以往的比赛进行了项目上的调整，其中理论宣讲是大赛新增的项目，您是怎么理解这个项目的呢？

谢璘：理论宣讲替换掉的应该是前几届比赛的主题演讲环节，我觉得这是国家在建设辅导员队伍专业化和职业化上的一个重要风向标。主题演讲可能只要选手有不错的台风和一篇不错的万能稿就可以拿到一个不错的分数，但是理论宣讲不一样，他检验的是我们辅导员是否吃透了各种文件精神，是否能够将这些从实践中总结出来的理论，再回归到与学生成长成才息息相关的实践中，将经过你充分理解的文件精神思想有效地装到广大青年学生的脑袋里。每个辅导员的风格不一样，宣讲也没必要拘于一格，就我自己而言，因为我带的是高职高专的学生，理论可能没有本科院校的学生们扎实，我就习惯通过一些迁移将理论转化为一些浅显易懂的事例，比如比赛时候我抽到的是题目是"制度自信"，很正统的一个理论，那我要让我的学生能听懂为什么我们选择的社会主义制度是正确的，除了说清楚我国特有的国情之外，我举了一个大多数人都能接受的例子：我的好姐妹拥有一双纤细的双脚，她买了一双很精致的高跟鞋，一直穿运动鞋的我看了也很喜欢想买双同款，但是当我在试鞋的时候，发现我的大宽脚根本穿不进去，即使拿了大一个码穿起来也无法行走，这双鞋你们说我买还是不买。于是大家就很快明白什么叫"适合自己的才是最好的"，而中国特色社会主义制度就是经过了我们国家多年的摸索确立下来适合我们自己的制度，相信历史的选择，它就是最好的！

编者：特别有意思，刚刚您说到您的风格是喜欢在生活中运用迁移，那么平时的生活中有没有哪件事或者哪一个另外的身份担当被您迁移到辅导员工作中来呢？

谢璘：这个肯定有的，我现在除了是一位辅导员之外，还是两个孩子的妈妈，所以我有时候我觉得辅导员这一份工作给我生活带了一些不便的同时也带来了许多可喜的变化，我常常会和朋友调侃：不想当好厨师的妈妈不是好辅导员。为什么这么说呢？因为在我刚担任辅导员的时候，我也是一位新手妈妈，独生子女刚成立新家庭，做饭是不可避免的新课题，在家里厨房我面对的主要群体是食材，我的任务是将这些食材变成佳肴输送到餐桌上，服务小家；而在学校我面对的主要群体是学生，我的任务便是引导这些学生成长成才输送到社会中，服务大家。两个新身份一重叠，就发现这做好饭和育好人有很多不谋而合的地方。下过厨的人都知道要做好一顿饭，你首先得熟悉食物，掌握基本的刀工和各种烹饪方法和火候，面对新菜系，你或者通过回忆家里长辈的搭配，或者直接上网搜菜谱，然后自己再实践几回，厨艺就在不经意间提高了。那我们做辅导员工作也是一样，了解学生是基础，掌握工作方法是保证，供给侧多元补给是长效机制。

编者：非常感谢谢老师的分享，做生活的有心人，生活的各个因素就会相互影响相互作用，给予我们正确的指引。那么您还记得当初为什么选择辅导员这一职业，又是怎样的契机，让您加入到了辅导员这个队伍呢？

谢璘：在我读研究生的时候，曾经出现过很长一段时间的失眠，那时候是我的导师徐阳春教授一步一步将我引导出来的。徐老师对我们每一个弟子都非常关心，给予我们人生的指导，在他那里我感受到了教师这个职业的魅力，所以还在南昌大学读研的时候我就立志也要从事"温暖自己，明媚周遭"的职业。后来我在网上无意间看到这样一句话：校园、学生群体就像一棵大树，辅导员就是这棵大树的根，深入地底，坚守泥土，默默承受，努力让它向上伸展，枝繁叶茂，顶天立地。我想这不就是我所想从事的行业吗？于是从南昌大学硕士研究生毕业以后，看到正在招聘辅导员的环院，就这么毅然决然地走了进来并留了下来，成为一名真正的辅导员。

编者：加入辅导员队伍这几年来，您思考最多的是哪方面呢？

谢璘：其实回头看这几年的辅导员工作，自己就像一个摸着石头过河的人，有磕绊、有前行，思考最多的还是工作的方法和路径。问渠那得清如许，为有源头活水来。在班级管理上，因为我自己从幼儿园开始到如今参加工作，都没有离开过校园，我也是第一次正式从学生的身份转化为辅导员的身份，学生工作与我并不遥远，所以我将自己多年当学生时对老师的期盼都整理出来，并以此为自己的工作目标。我坚持"从学生中来，到学生中去"的思想，用学生喜闻乐见的形式开展各项集体活动，从而调动学生的主观能动性，最大程度地保证活动的参与度。苔花如米小，也学牡丹开。我刚来学校当辅导员的时候，我常常会想当然地给班级设定目标，当事与愿违的时候我发现失败的根源在于我忽视了这些孩子的原始水平，违背了最近发展区理论。来到高职读书的孩子，很多都是应试教育的失败者，但是，他们从来都不是人生的失败者。所以我会在日常工作中用心去发现他们身上的闪光点，从而促发其正能量的萌生与持续，教会他们"苔花如米小，也学牡丹开"的精神，让他们看到自己身上无限的可能性。中国的古话说"授人以鱼，不如授人以渔"，而在辅导员的工作中，我主张"授生以鱼，更授生以渔"。在实际工作中，学生的思想出现波动，行为便会留下痕迹，这就要求我们辅导员需要将解决学生实际问题和解决学生思想问题相结合。当我们真的想学生之所需，解学生之所愁的时候，学生的心扉也就自然向我们敞开了，所有的教育在学生处才真正内化于心，外化于行。我们在给学生布置任务的时候，更要引导他们找到完成任务的合理路径。

编者：**有人认为高校辅导员是学校最基层最没有地位的工作，且不容易干出业绩，您觉得将青春扑在这样一份工作上值得吗？**

谢璘：辅导员的确是学校的一个基层岗位，但它也是学生工作的主力军，辅导员身上肩负着引导大学生健康成长的重要职责，俗话说得好职业不分贵贱，那辅导员的工作又何来没有地位而言呢？相反的，每年的教师节，学校里收到祝福最多的就是我们辅导员，你看，我们的地位是不是显而易见。我很喜欢袁枚的"苔花如米小，也学牡丹开"，虽然我们做着基层工作，但是我们做的是一份有温度的工作，我们能够在学生成长成才的路上陪伴他们，引导他们向上向善，那么我们祖国的未来就更有希望，因为他们终将登上历史的舞台，成为建设祖国的主力军。

恰恰是从事了这样一份职业，我觉得我的青春很值得！辅导员工作是付出真心和感情的工作，在与学生的相处中，我们可以收获到不同生命的信任，被需要让我们拥有了存在感，而当学生们有所成长有所成绩的时候，我们的成就感也让我们倍感幸福。我喜欢和学生们在一起，我觉得和这个有生命力的群体相处，让我感觉自己永远年轻，他们可以说是我最好的保养品。陪伴他们重走青春路，我会遇见很多青春的自己，弥补当年的遗憾，成就现在更好的自己。

编者：**在学生眼里，您是非常有"温度"的辅导员。您能跟我们聊聊，如何才能把自己练成一个有"温度"的辅导员？在您与学生的互动中，您印象特别深刻的小故事方便跟我们一起分享一些吗？**

谢璘：所谓有温度的辅导员，我觉得每一位辅导员都应该有温度，这是当辅导员就应该具备的一个基本素质。我觉得要成为一个有温度的辅导员，有三个关键词：陪伴、沟通、引导。都说陪伴是最长情的告白，学生有时候遇到了问题，他可能不需要你帮他解决，他就需要一个人在身边陪着他，让他觉得不孤单。16级的毕业酒会上我记得有个孩子一直坐在地上哭，我觉得不对劲，就陪他一起坐在地上，慢慢地他从一言不发到后来将失恋的情绪发泄出来，我和其他同学就在边上听他说，听他把委屈说尽。第二天，他给我发了消息感谢我们，并告诉我他一定会在未来的日子里好好加油，养好成长路上的这道伤口，那是我非常欣慰的一件事。再比如沟通和引导。奖助学金是所有辅导员都要经历的事情，是不是通过民主评选，每个贫困生都得到了资助就够了？我觉得不是，面对这一类群体，我们更需要沟通和引导。通过沟通和交流，我们可以了解很多你不曾参与的他成长路上与他如今性格和处事风格相关的故事，对于这类学生的心理扶贫是很有帮助的。同时，我们可以引导他们通过自己的努力去学校勤工俭学的岗位上锻炼自己，这样我们又实现了扶贫和扶智的双目标了。

有时辅导员很小的关心，学生都会记在心中。所以一个辅导员的温暖是从每个细节开始的，并不是机械地发布通知和解决问题就好了。

编者：有您这样有温度的辅导员和学生做青春同路人，是件很幸福的事，想必谢老师的学生在您的陪伴下也一定获得了不少好成绩吧？

谢璘：没有，是他们自己比较努力，我喜欢用学生的闪光点点亮他们的高职人生。同时我比较注重班风、学风建设，建设了一批优秀的班委团队。如0531501/0551502连续两次荣获校先进班集体，0711603获五四"活力团支部"以及先进班集体称号。所带班级也涌现了一批优秀人才，在学校各项活动与省级专业竞赛中都获得了不错的成绩，如："一二·九大合唱"二等奖、校"手语舞大赛"二等奖；所带的15级学生舒考南在2017年江西省大学生科技创新与职业技能赛电子专题设计中获得一等奖；李水英代表学校参加"喜迎党的十九大·不忘初心跟党走"党的基本知识电视竞答赛获三等奖；曾德安和周学文在江西省"现代电气控制柜的安装与调试"比赛中都荣获一等奖；16级学生龙海林、陈剑、金黄亮等3位同学积极参与学校舞狮队的训练，并英勇出战"2017年江西武术健康大赛"，助力学校荣获"舞狮"项目的一等奖。这些学生的成绩可能是我最自豪的事情。还有印象深刻的是，15级学生中有个叫胡信芳的学生，他在出去顶岗实习的时候给我写了一封邮件，准确地说是给我回了封信，因为在他们最后那个寒假我给他们写了一封信，贴了每个宿舍的门上，嘱咐他们珍惜时间，做好规划。他在信里嘱咐我要保持微笑，告诉我他们在外一定会努力实习，在不同的空间我们继续并肩作战。当时看到邮件的时候我坐在回家的车上，内心真的很感动。后来这位学生毕业后也成了瑞金中专的一名辅导员，而且经过努力，他在毕业一年后成了江西最年轻的高级技师。我想这些都是对我工作的鼓舞。

编者：感谢您给我们分享了辅导员工作中那么多令人快乐的事情，在日常工作中，有没有让您特别难受的时候？

谢璘：有，当我发现我自己能力不足，没办法帮助我的学生的时候就感觉特别挫败。比如在我当辅导员头一年的春天，我班上有位学生因为偷偷停药，爆发了严重的双相情感障碍，那时候自己没有经验，只能寻求学校心理老师的帮忙，在学校和家长的沟通下，这位学生最后选择办理退学，后来在当地做了一名销售。面对有心理疾病的学生，我第一次感受到了自己作为一名教育者的无助，我也进而思考这类学生的春天在哪里，要怎样引导这类学生，才能让他们顺利地完成学业。后来我将这些思考写成了案例《新手辅导员对高职生双相情感障碍的干预思考》，获得了2016年全省高校思想政治理论课优秀高校辅导员工作优秀案例二等奖。

编者：将工作中的失意通过案例分析总结指导自己的工作，让您有了意外的收获，面对繁杂的工作，您用什么方法帮助自己保持对生活的热情？

谢璘：高职辅导员的工作坦白说，很繁杂，而如何在繁杂的"一地鸡毛"中寻找到我们的"诗和远方"，便需要我们保持生活的本真，不断探寻生活与工作的乐趣，做一个有情怀、有兴趣、有革命本钱的辅导员。当生活有了情怀与兴趣，就像大桥有了栏杆，陌生城市有了百度地图导航一般，内心踏实；而当我们不忘给自己的身体健康打卡的时候，就像大桥有了坚固的原材料，手机有了充足的电量一般，后台坚实。当内心与后台双双落实后，我们也就活在了自己的人生中，回归本真的生活，与学生一道再出发，灵魂和身体，都在路上，热情也就常伴左右了。

编者：在采访的最后，您有什么话想分享给所有奋斗在学工一线的新辅导员吗？

谢璘：作为一名只有5年工作经验的辅导员，我想告诉加入辅导员队伍的新伙伴们说，让我们以青春陪伴青春，用成长引领成长，坚守育人之初心，关怀每一颗年轻的心，引领每一个"青春"的点滴成长，用爱和责任为学生的青春导航，与学生同行，在青春的韶华里努力让成长和成才撞个满怀！

丁 露

丁露，女，汉族，1991年8月生，中共党员，硕士研究生。2017年进入江西陶瓷工艺美术职业技术学院工作。在工作不到三年的时间里，先后荣获了第六届江西省高校辅导员素质能力大赛一等奖、江西省高校思想政治理论课青年教师教学基本功大赛一等奖、全省高校"战疫思政课堂"教学比赛二等奖、江西省职业院校信息化教学大赛三等奖、全省职业院校技能大赛教学能力比赛三等奖、学院信息化教学大赛一等奖等各类竞赛奖励；并获评了景德镇市"先进工作者"，学院"优秀教师""优秀辅导员""思想政治工作先进个人"等荣誉；在科研上主持参与省级课题2项、市级课题1项、校级课题4项。

以身立教，守住平凡

◎江西陶瓷工艺美术职业技术学院　丁露

编者：丁老师您好，作为"90后"辅导员，您在辅导员岗位上虽然才两年多的时间，但工作成绩却已表现比较出色。在2018年第六届江西省高校辅导员素质能力大赛中您取得了一等奖的好成绩，但当时您工作其实还不到一年，而且也是

第一次参加这个比赛，能够取得这么好的成绩，可以给大家分享下您角色转变的成长历程和参赛心得吗？

丁露：您好。2017年硕士研究生毕业我就应聘进入江西陶瓷工艺美术职院工作，角色从学生身份转变成了老师，而且是辅导员老师。刚开始作为典型的职场"小白"，对角色的转换和工作岗位的认知都还很茫然，所以只能不断地加强自身的学习和实践，让自我能力慢慢得到提升。首先"由老带新"，求教工作经验丰富的老教师，熟悉日常工作流程，了解学生成长规律，明晰辅导员岗位的工作任务；其次加强学习，入职后我就开始收集有关辅导员的相关资料，对辅导员的定位认知更加明确，另外通过观看和浏览全国优秀辅导员事迹材料，明白辅导员的责任和担当。辅导员是开展大学生思想政治教育的骨干力量，是高校学生日常思想政治教育和管理工作的组织者、实施者和指导者，同时他更是学生的人生导师和健康成长的知心朋友，辅导员工作看似很简单，但实际要想真正做好却很难，需要不断地提炼自己。所以当得知要去参加省高校辅导员素质能力大赛的时候，我内心很紧张，毕竟那是一个全省优秀辅导员展示的舞台，不管是从参赛经验还是工作经历来说，我的竞争力都是相对薄弱的。当时我就想这何尝不是一次提高自己理论水平和实践能力的学习机会，高校辅导员素质能力大赛的目的本就是以赛代训、以赛促学、以赛促练，从而全面提高高校辅导员队伍的育人水平和工作能力，因此我非常珍惜这个机会，也尽力地去做准备。相比理论基础上有思想政治教育专业知识的支撑，案例分析、谈心谈话等处理实际问题的能力成为我最大的短板，因为我工作时间尚短，接触到的学生问题事件还很有限，所以每一次事件处理、师生交流我都会进行问题分析，并整理归纳学校其他辅导员们遇到过的问题、案例和事件，探究学生成长规律的特点及问题发生的主导因素，从而找到症结所在。有正确的工作思路，才能形成行之有效的工作方法，切实解决学生问题。这次准备不仅只是为了参赛，而最重要的是我收获了更多关于辅导员工作开展的思路。参赛并不是目的，真正目标是以参赛为契机，助推自己进一步提升能力。

编者：理论来源于实践，最终也要回到实践中去检验，辅导员工作经验积累

很重要，但也要善于总结和探究背后的方式方法，才能更好地开展工作。

丁露：是的，对于刚入职的辅导员"小白"来说，在直接实践经验不充足的情况下，我们可以积累更多的"间接"实践经验，并进行总结，这也是一种基础的奠基，可以为后面开展工作做好思想和思路上的准备，不至于手忙脚乱。随着实践经历的增多，可以进一步来调整和完善我们的工作思路和方式方法，从而提高自己的理论知识水平和工作实践能力。

编者：感谢您的经验分享。另外其实您除了是一名辅导员，还是一名思政课教师对吗？并且在2018年举行的江西省高校思想政治理论课青年教师教学基本功大赛中您又取得了一等奖，我们知道辅导员日常事务工作已经很繁忙了，您是如何兼顾这两个身份两份工作的？

丁露：辅导员和思政课教师看似是两份不同的工作，其实它们却是异曲同工、相辅相成的。辅导员的主要工作职责除了党团和班级建设、学生日常事务管理、学风建设、校园危机事件应对等方面外，思想理论教育和价值引领也是辅导员的重要工作职责。引导学生深入学习习近平总书记系列重要讲话精神和治国理政新理念新思想新战略，深入开展中国特色社会主义、中国梦宣传教育和社会主义核心价值观教育，帮助学生不断坚定中国特色社会主义道路自信、理论自信、制度自信、文化自信，牢固树立正确的世界观、人生观、价值观，引导学生成为又红又专、德才兼备、全面发展的中国特色社会主义合格建设者和可靠接班人，这是辅导员的职责所在，也是思想政治理论课中重要的教学内容。习近平总书记在学校思想政治理论课教师座谈会上强调青少年是祖国的未来、民族的希望，思想政治理论课是落实立德树人根本任务的关键课程，我们办中国特色社会主义教育，就是要理直气壮开好思政课，用新时代中国特色社会主义思想铸魂育人，引导学生增强中国特色社会主义道路自信、理论自信、制度自信、文化自信，厚植爱国主义情怀，把爱国情、强国志、报国行自觉融入坚持和发展中国特色社会主义事业、建设社会主义现代化强国、实现中华民族伟大复兴的奋斗之中。所以不管是辅导员还是思政课教师，我们的任务都是一样的。在教育部《新时代高等学校思想政治理论课教师队伍建设规定》中明确提出了积极推动符合条件的辅导员参与思政课教学；将至少一年兼任辅导员、班主任等日常思想政治教育工作经历并考核合格作为青年教师晋升高一级专业技术职务（职称）的必要条件，这表明辅导员参与思政课教学、思政教师兼任辅导员是有必要的。事实也证明，辅导员工作和思政课教学是相通的。辅导员工作重在日常对学生的管理实践，而思政课则是理论传授，两者存在理论与实践联动的关系。一直以来学生对思政课的兴趣不大，甚至有出现反感，归根结底是因为学生觉得理论知识太过于空洞，不能为他们的实际成长生活带来切合实际的指南。辅导员工作则恰好就是与学生密切贴合的实际活动，所以通过辅导员工作中发现的问题可以为思政课带来相关素材，让理论充满实践的支撑；相反，思政课也能够为辅导员日常工作的开展带来理论的指导和支撑。他们两者相互促进、相辅相成。

编者：但实际上要想把辅导员工作和思政课都做好肯定是需要花费一定的时间和精力。能分享下您是如何安排的吗？

丁露：确实，辅导员工作繁杂、思政课难上，如何把两者兼顾好确实是很艰难的。要想上好思政课，备好课是关键，但备课需要充足的时间去准备，白天辅导员工作杂细，挤不出多余的时间用来备课，所以我的备课时间一般都在晚上。而且作为新教师，如何上好思政课更是一个难题。为早点适应教学环境，提高自身的教学能力，我开始走进本校思政教师的教学课堂，认真聆听前辈老师的教学，跟着教学导师学习，沟通了解学生上课状态和成长特征。空闲时间就浏览各大高校的慕课平台，聆听和学习思政课教学名师的授课方法和讲课技巧。在观看学习后，又开始不断地进行自我探索和自我练习，从写教案、写讲稿到教学PPT制作，不断地琢磨和改进，经常熬夜到凌晨2点。"不会没关系，不会就只能自己努力去学，没有人一开始就什么都会"，这是我一直坚信的，事实也证明了努力才会有收获。思政课的授课在实际意义上增强了我的理论素养，为辅导员工作奠定了良好基础。而辅导员工作是细致的，是直接与学生进行交流的过程，可能你的态度或者某句话就会对学生产生非常大的影响。作为老师，可能会迎来一批又一批的学生，但是作为学生，在这段时期，老师就只有这一个，所以对学生而言，老师对他的影响是深刻的，特别是辅导员，为人师表、以身作则更加重要。所以辅导员工作我始终秉持"以生为本"的原则，以深入学习和贯彻党的十九大精神，以及习近平新时代中国特色社会主义思想为总体中心路线，坚持育人为本、德育为先，以"教育——指导——服务"的总体思路进行工作的开展，创新大学生思想政治教育工作方法，引导学生自律、自育，促进学生更好成长、更快成才，提高思想道德素质和政治理论水平，实现思政课与辅导员工作的融合。

编者：能具体分享下您的辅导员工作思路吗？

丁露：其实我的思路很简单，就是从学生实际出发，充分考虑学生的成长规律和需求。比如首先在日常管理上我秉持教育为本。学生的日常工作，主要涉及学生的学习、生活等方面。开展新生入学教育。针对刚入校的新生，入学教育非常重要，要让学生尽快熟悉环境，适应大学生活。通过主题班会、参观实践、讲座报告、交流讨论、趣味互动、文艺展示等形式帮助学生尽快熟悉班级同学与校园环境。为学生的日常事务提供基本咨询，进行生活指导。针对学生关心的问题，积极给予解答，就社会热点的校园贷等行为进行警戒与指导，以防误入歧途，日常中要学会维护自身权益。还有包括有效开展助、贷、勤、减、补工作；做好学生奖励评优和奖学金评审工作；违纪等相关的处理。这些常规性的管理工作过程也是对大学生进行思想政治教育的过程，通过对正确行为的肯定和对错误行为的校正来反复强化，引导大学生形成良好的学习生活习惯和道德品质。同时，深入细致的日常管理及时解决了学生存在的实际问题和困难，更有利于思想问题的解决。只有处理好日常管理工作，辅导员才有足够的时间和精力，更好地对学生进行政治思想教育引导和专业课程指导。

其次，班级建设、指导为先。班级管理可分为学风建设、寝室文化建设与就业指导等方面。首先学风建设，以班干、宿舍长为抓手，解决学生的上课到勤率与学业完成度。寝室文化建设管理，除每日宿舍长需上报到寝情况，寝室长还需积极关心寝室成员，寝室成员有矛盾时，须上报知晓，在指导舍长解决的前提下，再找有矛盾的同学单独谈话。每周还有心理委员谈话制，通过学生与学生的对话，可以将一些问题很好地反映出来，让我知晓学生思想和心理状况。学业上，了解学生所学专业的基本情况，组织开展专业教育，初步掌握学生所学专业的培养计划、专业前景等，通过提供相关就业信息，增强学生的专业认同和学习热情，并鼓励学生升学深造，树立正确的就业观。班级建设，主要应以学生自主管理为主、辅导员指导为辅，培养学生的独立意识、自立意识与自律意识。让学生学会处理在能力范围内能解决的事情，辅导员提供正确的处理方向，指导其完成。

最后服务为上。辅导员不仅是教育和指导学生，有时候更多地是服务学生，为学生解决学习、生活、心理和就业等方面的问题。现在的大学生呈现出一个典型的特点即依赖性较强，不管是在学业还是在生活上，甚至心理上都有过度依赖症。在家依赖最亲密的父母，在学校依赖与他们最接近的辅导员。特别在生活自理、行为处事和心态调整等方面对辅导员的依赖心理非常明显，加之专业教师的育人意识淡化，后勤社会化改革后的缺位，辅导员就必须要用自己的工作去填补这一空白。他们有任何问题首先都会想起来问辅导员，甚至于一些非常小的事情。作为辅导员必须要了解学生特点，在日常教育和指导他们成长的同时，为他们做好服务工作也是重要的一个方面。比如学生生活上的一些问题，要及时地给予解决；心理上有困惑，要腾出时间与学生进行沟通与疏导，与之建立良好的信任关系，对学生做好倾听者的角色。只有有了依赖与信任，学生才会主动找你，所以随时做好服务工作，解决学生日常问题，事事关心，也是非常重要的一个方面。

编者：辅导员工作繁杂，可能有些时候并不能完全照顾到所有学生，正如有学生说的，大学毕业辅导员连我名字都还不知道。那您平时是如何做到尽可能关心到所有同学的呢？

丁露：我所带班级不存在这种情况，因为在新生报到时，我就整理了一份通讯录，第一步就是把学生的名字记熟；第二是与学生成为好友。记住学生名字可以拉近学生与老师之间的关系，学生在内心上首先就不会有抗拒和排斥的心理。另外与学生互加好友，通过线下的聊天进一步拉近与学生的联系，也通过这个及时关注学生们关心的热点话题，并且知晓他们的思想动态。另外也非常欢迎有生活烦恼的同学与我倾诉聊天，不管任何时间，即使是晚上十二点，只要有学生找，我都会及时地回复，倾听和疏导学生的情绪，并想办法帮忙解决，所以学生们更乐于亲切地叫我知心"丁姐"。

编者：为提高学生的思想政治素质，您还组织成立了一个马克思主义理论社团是吗？

丁露：是的。它叫"青年马克思主义者沙龙学社"，简称"青马社"。办"青马社"初衷是为在理论探讨和社会实践中提高当代大学生的思想政治素质，坚定理想信念，培养和造就一批用马克思主义中国化的最新成果武装起来的青年马克思主义者。起初，在社员纳新时，很多同学都表示不感兴趣。我就开始想办法在班级进行宣传，跟同学们阐述社团的宗旨和活动形式，在一遍又一遍的宣讲中，加入社团的同学越来越多，在全校范围内也形成了一定的影响。截至目前，已有社员300多人，其中申请并已加入中国共产党的同学有二十余人。每次最高兴的时刻就是有同学开心地告诉我"老师，我成为预备党员了"。社团发展到现在我们组织开展了"十九大演讲比赛""我和我的祖国——三行情书大赛"等文艺比赛；"我看十九大""我学十九大""《习近平的七年知青岁月》读书会""《走进新时代》读书会""学习习近平在北大的讲话座谈会"等一系列读书会活动；还有以"踏寻红色记忆，重温峥嵘岁月"为主题走进新四军革命根据地，"缅怀革命先烈、争创先锋模范"荷塘清明祭扫，"追寻红色足迹——走进革命摇篮井冈山"，前往赣东北革命委员会旧址、方志敏旧居等各类实践调研考察活动；还组织去看望敬老院老人、送爱心送温暖等志愿服务活动。通过看、思、读、践等引领同学们在培育和践行社会主义核心价值观的价值引领中，学习马克思主义中国化最新理论成果中，坚定文化自信，提升时代责任感，努力拼搏，开拓创新。社团每次组织活动，不管是读书会、学习会还是外出参观、调研，同学们的积极性都非常高，通过每期活动，也都给同学们带来了不一样的思想碰撞和难忘经历，青马社已慢慢成长为一个有思想有温暖的大家庭。可能有人不太理解，这其实在辅导员工作中就包含了，为什么还要单独成立个社团。其实，社团的成立是作为辅导员工作的补充存在的，因为社团形式更加自主自由，是通过社团魅力吸引大家自愿过来的，在社团里不仅有我带的班级学生，也有其他专业的同学，在思想的碰撞中，可以更加直观地了解学生的所思所想，我也不再是管理他们的辅导员，而只是一个普通的社员。

编者：目前您辅导员工作马上快三年了，在三年的辅导员工作中，您有什么样的经验总结吗？

丁露：辅导员是高等学校教师队伍和管理队伍的重要组成部分，具有教师和干部的双重身份。辅导员是学生的人生导师和健康成长的知心朋友。我认为主要要把握以下两点：（1）抓好自身的理论学习。政治辅导员自身的思想素质理论水平是从事这项工作的理论基础。在日常工作中我力争多学多看，使自身具有一定的马列主义理论和较高的政策水平。坚持在工作中以贯彻和学习党的十九大精神，坚持以"以人为本"为宗旨，熟悉国家政策和学校的中心工作，为以后的工作打下良好的理论基础。在作风上我努力做到"严、实、精"三字方针。"严"就是对工作个人要求严，对学生工作不马虎、不松懈、不拖拉；"实"就是工作要实实在在，表里如一，按客观规律办事；"精"就是对工作精益求精，不应付。与此同时我不断地加强个人修养。所谓"为人师表、以身作则"，作为辅导员的我首先要做到光明磊落，正大光明，说到就要做到，并要有宽广的胸怀和耐心地解决问题的态度。同时严格遵守宪法和法律法规，贯彻党的教育方针，依法履行教育职责，维护校园和谐稳定。主动学习思想政治教育理论、方法及相关学科知识，积极开展理论研究和实践探索，努力提高职业素养和职业能力。（2）坚持以学生为本的思想政治教育。思想是行动的先导，因此我把学生的思想教育工作放在了第一位。当前青年大学生的个性化趋势越来越明显，以学生为本的思想教育目的就是增强思想教育工作的针对性和实效性，更多地体现学生个体的地位和价值，使学生得到尊重和重视。为了使这项工作更好地落到实处，我非常重视了解学生的内心需要和兴趣爱好，本着"先疏后导"的原则去对学生进行思想教育。召开班会，走访宿舍，找学生谈心以及通过微信、QQ等方式加强彼此的沟通和了解，任何时候任何地点都会做好及时回复学生信息，这些工作不但消除了我们之间的距离感而且使我了解到大部分学生的思想动态，为以后的工作打下了良好的基础。对于部分思想上比较松懈，有问题的学生，我先摸清他们的思想动态，了解其兴趣爱好，想其所想，然后给予一定的引导，取得了比较好的效果，其中一部分学生已经端正了思想。同时考虑到现在的学生因受自身条件、环境、教育和主观能动性的影响而存在着较大的个体差异，我采取集体教育和个别教育相结合的方法，由点到面力争使每一位同学在思想上能有一个健康、稳定的发展方向。另外一方面我还建立了每周一次的班会制度，在班会上总结过去一周的问题，指明下一周的努力方向。事实证明，例会制度的效果比网上消息通知更为明显，学生也乐意。让学生增强思想政治素质、政策理论水平、创新创意能力、实践动手能力、组织协调能力和交流沟通能力等，使他们进一步坚定共产主义理想信念，树立正确的世界观、人生观和价值观，自觉成长为中国特色社会主义事业的合格建设者和可靠接班人，自觉为实现中华民族伟大复兴的中国梦而努力奋斗。

　　编者：青少年阶段是人生的"拔节孕穗期"，最需要精心引导和栽培。以身立教，为人师表，做好学生引路人、陪伴者、指引者。在平凡岗位上坚守初心和使命。感谢丁老师！

曾 慧

曾慧，女，汉族，1990年1月生，江西赣州人，中共党员，教育硕士。
自2014年9月起担任江西环境工程职业学院旅游与外语学院专职辅导
员。曾获江西省第六届高校辅导员素质能力大赛（高职高专组）一等
奖，江西省第三届高校辅导员职业能力大赛（高职高专组）二等奖，
江西省林业厅"优秀共产党员"荣誉称号，2016年指导学生获江西省
"赣江杯"大学生英语口语竞赛D类特等奖及一等奖，所撰写的教案
《画职业地图 掌人生方向》《陋习君，再见！》《悦读阅美》获2015
年及2016年度全国辅导员工作课程化模式学校联盟"优秀教案"。

学思悟行，做学生成长路上的"领航员"

◎江西环境工程职业学院　曾慧

编者：有人说，陪伴是最长情的告白，找准辅导员陪伴指引学生成长成才的
"着力点"十分不容易，您在这方面是怎么做的呢？

曾慧：辅导员工作是一份良心事业，它与其他工作不一样，是人与人心灵
的沟通。我们不仅要以理服人，更要以情感人。作为一名辅导员，最重要的是爱

这份事业，爱我们的学生，因而我认为，"呵护与关爱"便是这长情陪伴的着力点。

"呵护与关爱"，让学生"暖"起来，学生才会愿意听，才会愿意做，才会愿意跟我们走。当学生家里发生变故，母亲需要钱治病，可能无法继续学业，我第一时间上报学院领导争取政策，征得学生同意后，募集捐款帮助渡过难关；当学生发生交通事故，父母在广东要第二天才能到，我第一时间赶到医院，看到满头鲜血时，我也有过害怕，但鼓足勇气坚定地陪伴，因为此刻我就是他的家长；当看到学生心情低落，假装偶遇、漫步畅谈，开导心结；当学生生日，送上生日祝福和小惊喜，让学生知道班导一直在关注自己。此外，每学期制定深度辅导工作表，结合每个阶段学生的思想动态和实际需求，有计划、有准备地关心学生情况。譬如，大一刚入学时，主要关心学生的生活适应情况，作息时间是否合理、宿舍关系是否融洽；考试结束后，根据成绩分布，关注暂时落后的学生，关心他们在学习中是否遇到困难，帮助他们纾解压力、量身定制学习方法等。

今年是我从事辅导员工作的第六个年头，五年来的点滴故事历历在目。正如辅导员之歌里所唱"静静站在你的身旁，风雨伴你共同成长。嘘寒问暖，人生更加温馨闪亮"。我希望自己可以做一个温暖的存在，做一个学生随时可以依赖的"靠山"。

印度诗人泰戈尔曾说过这样一段话："果实的事业是尊贵的，花的事业是甜美的；但是让我们做叶的事业吧，叶是谦逊地、专心地垂着绿荫的。"我愿意做这平凡而谦逊的人，默默地耕耘着，奉献着，陪伴着，陪伴着小嫩芽们长成参天大树，开出美丽的花，结出丰硕的果，这便是我们辅导员的责任与荣光。

编者：感谢您的分享，陪伴学生成长确实是件幸福且骄傲的事，在这其中您有什么"独家配方"吗？

曾慧：要走进学生的心里，除了陪伴，还要讲方法，把墙变成桥，把"我"变成"我们"。辅导员的职责不是管住学生，而是融入学生。做学生工作一定要多站在学生的立场上考虑，方能取得良好的育人实效。以学生的成长需要为出发点，做到知生、爱生、容生。

首先是知生。苏东坡先生曾说"横看成岭侧成峰"，我们的学生亦然。学生形形色色，独具特点，因而辅导员第一要务便是知生，运用敏锐的洞察力，运用各种方法和方式来了解学生的内心真实想法。比如勤下寝室交谈，班级"信息员"的充分运用，关注学生QQ空间、微信朋友圈的动态，定期的电话家访，与课任老师交流了解学生学习情况等，这些信息可以帮助我们更加准确地了解学生的学习、生活及心理状态，把握完整的"3D"立体人物特征。

其次是爱生。善于倾听，做学生的知心朋友。我给自己定了一个小目标，每天通过线上或线下至少"撩"一位学生聊聊天，倾听学生的心声。刚开始学生会有些拘谨，可到后面学生便渐渐把我当作忠实听众。去年年初的时候我正在休产假，手上带的班级转接给了另一名同事。某天接到班上实习学生的电话："班导，我正在上海实习，没什么事，就是想找您说说话，听听您的声音。"顿时深感这种被需要、被信任的感觉真好。

最后是容生。每个学生都是一个独特的个体，在其成长过程中必然会犯错，我们要用博大的胸襟来包容学生的错误，给予其空间，帮助其成长。曾经我遇到一个很有个性的学生，很不喜欢受束缚，总是迟到旷课。有次下寝我看到她画画很不错，我没有直接批评她迟到旷课，而是表扬她很有绘画天赋，向她要了一副她的绘画作品贴在我的办公室，并鼓励她多向美术课老师学习。意外的事情发生了，她渐渐改掉了自己身上的坏习惯，脸上挂着获得肯定后的"小骄傲"。表扬有时比批评更让人觉醒，挖掘学生身上的闪光点是一把利刃，一个育人工作的"突破口"。用发展的眼光看待学生，宽容对待学生的错误，用爱心、耐心、细心做细做实学生工作，为学生成长引航。

编者：习近平总书记曾指出，高校学生是可爱、可信、可为的一代，是最富有朝气，最富有梦想的。作为辅导员，您是如何点燃学生的激情和梦想的呢？

曾慧：青年兴则国家兴，青年强则国家强。历史和现实都告诉我们，青年一代有理想，有担当，国家就有前途，民族就有希望。人因梦想而伟大，心里种着一棵向日葵，征程便会一路向阳，然而我们职业院校的学生有很大一部分对自己是不够自信的，有些同学甚至是自卑的。作为辅导员，要通过谈心和帮扶让学生

"能"起来，点燃学生内心的梦想，点燃为梦想而奋斗的激情，进而细化为每日的目标。

在大一入学教育时，我便会邀请同学们写一封信"给三年后的自己"，憧憬三年后的美好生活，重燃自信，找回自己内心的期待。绘制"职业名片"刻画自己的职业形象，种下梦想的种子。

到大二第一学期时，同学们在学习和生活上容易放松对自己的要求，日渐散漫。一些同学沉溺于玩游戏、追韩剧，没有学习目标以及长远目标；有些同学知道目标的重要性，也曾树立过目标，但自制力差，践行能力弱，因而我会开展："画职业地图　掌人生方向——对我的目标说Hi"主题班会。在班会课上，我不喜欢说教，而是喜欢用互动的形式让学生从内心深处认同和体会人生规划的重要性，让同学们以理想的职业素养和操守来严格要求自己，使自我规划和自我行动成为自发、自主、稳定的行为。比如通过互动小游戏"人生的900个格子"，感悟时光匆匆、父母之恩。不少同学在绘制格子时潸然泪下或默默深思，感慨父母人生格子可能已经超过了三分之二，感恩父母为自己付出了三分之一的人生格子，反思自己不该浪费韶华；通过幽默诙谐的小视频"人生的最后一分钟"，启发人生规划和确立目标的重要性；通过"夸夸你自己"和"帮忙来找茬"活动，明确自己的优势和不足，并教授SWOT分析法，帮助学生全面、系统、准确地了解自己；通过"趣说职业属相"和"定制三年后的名片"活动，了解未来职业对人才素质的要求，并将未来职业幻想具象化，进而确立一个长远的目标；通过"时间纸"和"目标分解"活动，体验大学时间的紧迫性，从内心深处觉醒，主动树立阶段性目标；通过"绘制行动计划"活动，将理想化为实际行动。

在大三阶段通过"优秀毕业生交流专场""礼仪指导""结构化面试技巧""模拟面试"等系列活动帮助同学们朝着梦想前行。在毕业季有些同学可能会迷茫，甚至焦虑，辅导员既要做同学们心理的"保健师"，也要做好就业的"指导师"，将解决学生思想问题与解决实际问题相结合。引导学生、激励学生坚守本真，做一个有梦想的人，同时帮助学生将梦想照进现实，梦想无疆，奋斗不息。

编者：感谢您的分享，青少年要有梦想才能斗志昂扬。在您的日常工作中，除了刚刚讲的目标引领外，还有什么妙招吗？

曾慧：妙招不敢当，梦想的起航，离不开学习的风帆；内涵的提升，离不开书香的滋养。我一直把"引航"作为学生成长的支点，注重培养学生的阅读习惯。2015年，我下寝的时候发现很少同学看课外书，更没有把阅读当成兴趣爱好，不会"悦读"。还有些同学迷恋言情小说和低俗书籍，沉溺于玩游戏、追韩剧，不懂得欣赏经典和有益书籍，不会"阅美"。因而我建设"书香班级"，鼓励我的学生做有思想的读书人，帮助学生端正学习态度，养成良好的阅读习惯。

具体来说，通过"读书进程记录卡"，每周的班级例会上抽选同学分享"悦读"新体验，阅读书中之美。习惯的养成最少需要21天，在这个过程中，有些同学可能存在惰性，因而践行阅读时每位同学需邀请一个小伙伴作为自己的监督人，结对去图书馆看书，未履行约定的同学会受到监督人的惩罚，渐渐地在相互监督中培养良好的阅读习惯。最为重要的是，在分享自己的读书心得时，不仅让我更好地了解同学们的所思所想，还帮助他们提高了总结归纳能力和口头表达能力。除了"线下"的"品书香"读书月、读书分享交流、演讲沙龙等，每个班级在蓝墨云班课组建了"悦读阅美"班课，每周在云班课里分享推荐美文及读书心得，激励同学们爱读书、乐读书。

习近平总书记曾寄语，"将学习作为一种追求、一种爱好、一种健康的生活方式，做到好学乐学，变'要我学'为'我要学'，变'学一阵'为'学一生'"。从2015年开始，我在每个班级都坚持培养学生"悦读"的好习惯，小有成效。《悦读阅美》也获得了2016年度全国辅导员工作课程化模式学校联盟"优秀教案"。

编者：您的多个教案获得了全国辅导员工作课程化模式学校联盟"优秀教案"，可见您十分注重辅导员工作课程化，对于如何将辅导员工作课程化发挥好，实践好，您有什么体会？

曾慧：我们学校在辅导员工作课程化方面已进行了5年的探索实践。我校的辅导员工作课程化主要是指主题班会的课程化，即对主题班会进行统筹计划和整体安排，对主题班会的准备、实施、质量监控等环节都予以制度化，进而发挥主题班会最大的育人功能。

依托辅导员工作课程化模式，我着力于培育和践行社会主义核心价值观，强化教育引导、行为养成，弘扬中华优秀传统文化，弘扬社会主旋律。创造性地开展一系列思想政治教育活动，增强思想政治教育的趣味性，引导学生正确认识世界和中国发展大势，正确认识中国特色和国际比较，正确认识时代责任和历史使命，正确认识远大抱负和脚踏实地，使学生成为德才兼备、全面发展的人才。

遵循学生成长规律、阶段性特点和实际需要，在学校大背景下，开展班级主题班会课程化，我一直坚持以最饱满的热情上好每一堂班会课。5年来，共开展了182次主题班会，177个第二课堂活动，用思想击撞学生的思想，用心灵触动他们的心灵。通过模块化的"理想信念教育""爱国主义教育""学风教育""安全教育"等专题教育和对应的第二课堂活动，提升学生的思想水平、政治觉悟、道德品质和文化素养。例如，结合时间节点，对学生开展"勿忘国耻 振兴中华"的爱国主义教育、"悦读阅美——气质修炼手册"的学风教育、"感恩不只是说说而已"的感恩教育、"心灵魔法——情绪调节ABC"心理健康教育等。此外，结合学生的专业特色和特点开展了形形色色的第二课堂活动，如视觉传达班的画展，学前教育班的"碧玉年华 大美不言"文艺汇报展演，旅游班的"带妈妈去旅行"诗歌朗诵比赛，高铁乘务班的礼仪大赛，班级之间的"花样接力 永争第一"接力赛、篮球对抗赛、跳绳比赛、素质拓展、班歌甄选会、厨艺大PK、南京大屠杀公祭日活动等。

这些系统性、有计划、有组织的主题班会及活动，有利于培养学生正确的世界观、人生观、价值观，有利于提高班级的整体风貌，加强了班与班之间、学生与学生之间的交流，大大增强了思想政治教育的针对性和时效性，有利于培养"知、情、意、行"相统一、全面发展的大学生。

编者：辅导员工作千头万绪，您是如何使"常规工作有序，重点工作有效"的呢？

曾慧：从2014年担任辅导员至今，共带了12个班级445名同学，这445的背后是445个青春，是445个家庭，工作量确实很大。如果光靠我一个人，是肯定无法管理好的。我认为要使"常规工作有序，重点工作有效"就要充分运用学生队伍，善于建立制度，发挥管理育人的作用。

第一，通过学生的"自律、自立、自强、自治"精神，充分发挥大学生"自我教育、自我服务、自我管理、自我监督"的作用。充分调动同学们管理班级的积极性，增强主人翁意识，提升参与感。抓住"关键少数"，做好学生干部的"双培训"工作，注重加强学生干部的政治理论学习和工作业务培训，注重培养他们的组织管理能力、人际沟通能力、办公实操能力。坚持班委周例会制度，设定主题，定期讨论、带着问题研讨，会后具体指导各班委有序推进班级管理。依托班干、党员、寝室长的骨干力量，各司其职，促进优良班风、学风建设。

第二，坚持管理育人和服务育人相结合的原则，建立健全激励、通报机制。利用班级公布栏和QQ群，每周及时通报班级学生到课、晚归漏宿、卫生等情况。以学生为主体制定班规和宿舍文明公约，以制度为保障，创建优良班风和和谐寝室关系，提升纪律意识。通过班规中明确的加减分细则来规范同学们的行为，比如迟到扣1分、旷课一次扣3分，参加比赛获奖加3分等。抓住考勤环节，对学生上课情况进行不定期的检查，对迟到、旷课的学生及时谈话，了解情况，对屡教不改的学生及时通报警示。此外，建立健全班级信息反馈机制，每晚10点30分在班级QQ"寝室长群"进行汇报制以及班级群里进行"云打卡"。通过这些措施，使班级日常管理系统化、规范化、科学化。

编者：这几年您参加了江西省辅导员技能大赛、江西省素质能力大赛等诸多比赛活动，都获得了不错的成绩，是什么推动您多次参赛，在这其中您又收获到了什么？

曾慧：回顾自己的参赛之路，虽有遗憾，但更多的是感恩与收获。大赛的磨砺，激发我快速成长，备赛过程中整理研究上百个思政文件、研判分析案例、模拟谈心谈话、揣摩主题班会、研究政策宣讲。走下大赛的舞台后，备赛所学不知不觉地运用到了日常工作中，比如谈心谈话时，更加善于倾听共情，设身处地地理解学生的困惑与困难，给予学生最全面的文件与政策支持，善于借力来帮助学生解决实际问题。我想这就是辅导员大赛的魅力，不知不觉地反哺于日常工作，不知不觉地优化了我的思维模式，让我想得更周到更全面了。

2018年再战第六届高校辅导员素质能力大赛时，情况有些特殊，当时我刚怀孕两个多月，其实当时有想过放弃，但想到我一直跟学生们强调要勇于担当，奋勇拼搏，自己怎么可以做逃兵呢。作为辅导员，我们做的是塑造灵魂、塑造生命、塑造人的工作。我希望自己博学于文，做学生学习的榜样；积极乐观，做照进学生心里的阳光。学生是辅导员的影子，辅导员的一言一行直接影响学生的一举一动。作为与大学生最亲密的辅导员，肩负着言教与身教的重大使命。为了给我的学生及我的孩子树立一个奋勇拼搏的榜样，我坚持下来了，并获得了一等奖的好成绩。

"喊破嗓子，不如做出样子。"所谓言传身教，我自己必须博学博文，为学生们树立好的榜样，才能用我的行动来辐射影响学生。在工作岗位上，我不断学习各项技能，让自己的学生工作更有针对性、实效性、感染力和吸引力。在工作的方方面面，我都不轻言放弃。正是在这种不断拼搏的精神带领下，我们班学生中涌现出大批优秀志愿者及先进个人。同学们自发开展了爱心支教活动、社区服务、校园义务劳动等一系列志愿公益活动。学生在多个方面取得了优异的成绩：如获江西省数学建模大赛一等奖、江西省第八届大学生艺术展演活动专科院校甲组舞蹈类一等奖、第十四届省运会志愿者"先进个人"、"奋斗的青春最美丽"赣州市高校社团联合配乐诗歌朗诵大赛"最佳优胜奖"，学院党支部"优秀支教老师"等各项荣誉。

编者："爱在左，责任在右"，用爱心、耐心，责任心，精心地培养每个学生，以身作则、率先垂范，以高尚的人格魅力赢得学生敬仰，以模范的言行举止为学生树立榜样，把真善美的种子不断播撒到学生心中。学思悟行，做学生成长路上的"领航员"，感谢曾老师的分享。

李 鑫

李鑫，男，汉族，中共党员，1988年3月生，江西于都人，研究生学历。2014年8月毕业后开始从事辅导员工作，共为4452位大学生成长成才服务。现为江西外语外贸职业学院英语学院学生科负责人兼英语学院团总支书记，主要负责团学工作、招生宣传、心理健康教育、新闻宣传等工作。曾获2019年度江西省高校十大"最美辅导员"、2019年江西高校思想政治工作优秀论文一等奖、江西省商务厅综合治理先进个人称号、江西省第三届辅导员职业能力大赛二等奖、江西省高校公共安全教育骨干教师能力展示活动二等奖、江西省学校共青团"微团课"优胜奖，多次获校级优秀辅导员、优秀指导教师、先进工作者等荣誉称号。

争做有情怀的学生工作"多面手"

◎江西外语外贸职业学院　李鑫

编者：李老师，您好，2019年5月您被评为江西省高校十大"最美辅导员"之一，您能谈谈您眼中辅导员的"美"有哪些含义吗？

李鑫：好的，谢谢您！当得知获此殊荣时，我特别激动兴奋，我觉得我得到了认可，我是一个比较容易满足的人，即使一些小的进步就能使我开心好一段时间，更何况这是一份沉甸甸的省级荣誉，当时我就给自己点了个赞。当然，喜欢的同时，我也有些忧虑，因为全省各高校，有很多优秀的前辈，他们都是我的老师，学生管理经验比我丰富，学生工作成果比我丰硕，我想这份荣誉的背后更多的是责任与担当。我离实实在在的"最美"还有很大的差距，还需要继续努力。特别是在2019年6月21日，我观看了由中宣部、教育部主办，中央广播电视总台承制的"闪亮的名字"——2019年"最美高校辅导员""最美大学生"发布仪式。看完发布仪式，让我更深入地理解了高校辅导员肩上沉甸甸的育人责任，体会到思想政治工作者的光辉和荣耀，让我更加坚定了自己努力的方向。我认为辅导员的"美"可以从三个方面说。

一是师德美。为什么这么说呢？这要从2019年12月，教育部等七部门印发《关于加强和改进新时代师德师风建设的意见》的通知说起，新出台的文件明确指出把师德师风作为评价教师队伍素质的第一标准，我想这是我觉得作为一名辅导员的第一要素。唯有"师德美"才能成就高校辅导员之美。师德"美"，美在孕育着家国情怀和国家认同，对理想信念的追求与明确的价值取向。教师唯有良好的师德，不断提高自身品德修养，以自己的言行感染学生，才能做学生思想上的"引路人"。

二是心灵美。法国著名作家罗曼·罗兰有句名言："要散布阳光到别人心里，先得自己心里有阳光。"我特别认同这点，因为生活就像一面镜子。我始终坚信，我是什么样子，我带的学生也是什么样子，我怎么对学生，学生就会怎么对我。平时在工作中我也经常提醒自己要用热情和爱心浇灌大学生心灵，对学生有耐心，要对自己的孩子一样。即使我自己身心再疲劳，一进教室，我也会立刻变得满面春风，以饱含激情的状态出现在学生面前，让学生看到原来他的老师每天都这么阳光，心态总是这么积极，这样才能使他们产生一种情感共鸣。学生总是会说"李老师总是给人感觉举步生风，特别有劲的感觉啊"。

三是语言美。苏霍姆林斯基指出："教育的艺术首先包括谈话的艺术。"我工作的时间大部分都要与学生进行语言沟通，这包括面对面的，还有就是融媒体的沟通。在我带的第一届学生中有个学生经常逃课，我每天都找他谈话，给他设置闹钟起床、休息等，经常下宿舍去找他谈心谈话，最终他战胜了自己，变成了非常自律的学生了，毕业后工作多年，也在岗位上取得了不错的成绩。直到今天，他也经常发信息给我说：老师，当年是您慢慢改变了我对生活的看法，谢谢您。我想我们辅导员说的一句话有可能影响学生一阵子的心情，多年的感情甚至可能影响他们的一生。所以，我经常思考并努力用"美"的语言和学生交流，好好说话。

编者： 第一眼见到您，就给人非常阳光、积极向上的感觉，相信您在平时工作中也是这样，永远带着微笑，充满正能量，能说说您工作的幸福感，归属感和获得感来自哪里呢？

李鑫： 其实啊，我觉得一个人要获得幸福很简单。2020年春节，我们经历了新中国成立以来，传播速度最快、感染范围最广、防控难度最大的重大突发公共卫生事件——新冠肺炎疫情。在没有和学生直接面对面工作的这段日子，心里空落落，总感觉生活中少了些什么一样。我也在想，要是没有工作，没有单位这个平台，我们会变得怎么样呢？所以我想作为一名辅导员，我认为获得感主要可以从三方面理解。首先是手中有事做。正如海子在著名的短诗《面朝大海，春暖花开》中写道："从明天起，做一个幸福的人，喂马、劈柴、周游世界，从明天起，关心粮食和蔬菜，我有一所房子，面朝大海，春暖花开。"平时工作习惯了滴滴响的QQ群消息，办公室的人来人往，每天都有学生在我们身边。要是突然这些都没有出现在自己身边，顿时会觉得不习惯，因为我习惯了跟同学们在一起。同学们经常跟我说，"有问题，找鑫哥；有困难，找鑫哥；鑫哥就像是'孙悟空'，总能帮我们解决问题"。有事做，才能不乱于心，不困于情；不畏将来，不念过往。这何尝不是一种幸福的常态。二是身边有人疼爱。在日常生活中总是有学生会说些温暖的话，我结婚那会同学们一起录了一个短视频，也在我结婚当天发给我，给了我个小惊喜。当时就觉得特别幸福，因为有很多学生都惦记着我。三是未来有所期待。辅导员工作既需要"奉献"，又需要"担当"。2014年，我从赣南老区来到了英雄城，开启了一段不平凡的辅导员之旅。这也是深受很多老师的熏陶和启发，那会其实我已经考上了某银行的柜员，我毅然放弃了。我一家人中挺多都在从事教育行业，那时起我就立志做一名"圆梦"辅导员，辅学生成长、导学生成才、圆学生梦想。6年来，我是这样想的，也是这样做的，我用实际行动在践行着辅导员立德树人的任务。

编者：刚刚您谈到了作为一名思政工作者对幸福的定义，我们都知道辅导员工作现在都要求朝着职业化、专业化、专家化的方向努力，那么请问您能谈谈在这些方面的您的工作思路吗？

李鑫：2014年，教育部出台《高等学校辅导员职业能力标准（暂行）》，按照时间来算的话，我是处于中级辅导员的阶段，但是离一名中级辅导员还有很大的差距，中级辅导员需具备一定工作经验，培养较强研究能力，积累一定理论和实践成果，在各项职业功能上有更高要求。我也在努力朝着这个方向努力。近些年来说，我紧紧围绕立德树人根本任务，在学院立德树人工程2.0的大框架下，以"稳、实、新"为工作理念，依托自身专业优势，精心协助打造"专业+技能+综合素养"三位一体协同育人模式；我积极探索和不断完善不同年级学生成长成才的新举措，因材施教，分类指导，促进学生个性化发展；我在深化文化育人上做足功课，全面推进素质教育，实现"课程思政"融入学院和班级活动中，进一步提高育人质量，让育人模式更有"思政味"。我最大化地发挥专业特色优势和人才优势，搭建志愿服务平台，创新社会实践方式，匠心护航，实现社会实践和志愿服务精准化和高效化，助力学生成长成才，精心打造学生培养的新模式，尽最大努力帮助一个又一个青年学子实现我们的青春梦。

2017年，学校成立辅导员工作室，我在工作室揭牌仪式上也作了表态发言，我主动提出成立"梦之翼"辅导员职业能力提升工作室，成立辅导员团队，为学校打造"名师辅导员"。目前，我组织开展了"学工学术沙龙""优秀辅导讲堂""辅导员户外素质拓展""辅导员职业能力提升工作坊"等40余次辅导员活动，为学校辅导员队伍建设提供了宝贵支撑。我想这就是从专业化、专家化和职业化路子去努力。这也得益于我校这几年在思政中取得了不错的成绩。2017年8月，我校建成了省内高校首所立德树人馆，2017年9月，学院辅导员工作室（学生工作创新研究中心）成立。我们通过打造工作平台，组建特色团队、以培训促发展，以比赛促提升，定期交流分享，加强科研能力、线上线下结合，推广特色活动四个方面来推动辅导员队伍专业化、职业化发展。

编者：您是英语专业，严格意义来说不是思想政治教育专业科班出身，也能对辅导员工作专业化有很深的理解，您一定做足了功课，您是怎么将思政元素融入日常学生管理中，让育人模式更有"思政味"呢？能和我们分享一下您的心得体会吗？

李鑫：思政进课堂和"课程思政"是近年非常热门词汇。为了更好地与学生交流，我时常学习一些当下的热门词，拉近与学生的距离，同时还通过谈心谈话、新媒体、写信和微博等方式了解学生的思想动态，和学生保持紧密的联系，关心和解决学生的迫切问题。我的电脑里记录着4000多条与学生的谈话记录，500多名学生的成长档案，这些都是我的"宝贵财富"。

"授人以鱼不如授人以渔。"我所带的学生是英语专业的学生，我也曾经在CBA发展联盟球队做过一段时间翻译，我充分发挥自身的专业的优势，当好学业"导师"，我注意把握时机，利用班会、时事政治课，通过讲解、讨论、写感受的方式，强化学生们的学习意识，调动其学习积极性和主动性，同时，结合自身的教学和学习经验，归纳了一些英语学习方法和诀窍传授给学生。我邀请同专业、高年级、成绩好的同学来班级开展"榜样的力量"讲堂，介绍学习方法。晚自习时，我建立了英文话剧联盟，通过改编英文话剧，结合当下国家的时政热点，用大学生易于接受的方式做好思政工作。我与思政科教师开展"双师同堂"活动，充分利用第二课堂为学生"充电"。

编者：谢谢您的分享，您做了大量的工作，大家总是会给辅导员工作贴上诸如白加黑、"5+2"、辛苦活等字眼，对此，您在工作中又是如何协调好工作和生活，做实做精做细工作的呢？

李鑫：可以说，这个是大家对辅导员工作的一种定性思维。进入新时代，思政工作要出实招，干实事，必须要付出。要做好任何一项工作都需要投入巨大的精力。同学们经常看我在办公室加班，甚至背后还会调侃我："鑫哥很忙，也很辛苦，一个人要关心班上几百个、整个英语学院4000号学生呢！"同学们常这样心疼地说，我经常笑着回答："别担心，我有三头六臂呢！"久而久之，同学们就将我比作"哪吒"，学生生病，鑫哥从不会忽视；学生成长，鑫哥不忘引领。

2018年6月2日，我的女儿出生，按道理来说，之前我本应该陪伴临产的爱人和即将出生的孩子，但我还选择坚持给学生上完团课，才匆忙赶到医院，爱人还是很理解我的。6年来，1900多天与学生一起的日子里，对于一位坚守在一线的辅导员来说，每个日日夜夜都凝聚着我对学生的关爱与呵护。我鼓励学生"专升本""本升硕"，我鼓励学生"做最好的自己"，提升自己的学历和专业技能，如今，我所带的学生荣获全国比赛6项，省赛一等奖20多项，校赛50多项。我尽心尽责地为每一位同学服务的精神获得了学生、家长还有领导的一致好评。

我十分重视与学生的约谈制度，这成为解学生家庭状况、思想动态、学习情况的最好机会，我建立班级成员信息分类档案，为困难学生补助、奖助学金的发放等工作提供了第一手资料。我们学校的学生普遍来自农村，也有较多贫困生的， 这些贫困生身上存有严重的自卑心理。为此我也十分关注这些同学的心理健康，特别提出了"一生一策"的工作思路。

编者：您还担任了团总支书记一职，在这方面，您能和我们说说您工作的思路和亮点吗？

李鑫：团学工作是最需要投入精力和时间的。就团学工作而言，我觉得除了做好团学方面的日常管理工作，更重要的是抓住最新的时政热点，全方位全过程抓好大中学生思想政治引领和价值引领，努力在学校"大思政"工作格局中发挥生力军作用。我积极推进"党建+团学"工作机制常态化，引导广大青年 "亮身份、作表率、争先锋"。我以品牌文化建设暨英语文化艺术节为核心，开展专业特色活动，拓展学生素质创新教育，加强学生的深层教育和品行养成教育。以团总支学生会举办大型活动为导向，以外国语协会等学生社团举办专业特色活动为补充，以班级举办活动为基础的校园文化建设格局，以培育日益形成的场地文化、社区文化、社团文化为内容。突出学风建设制度化、学生活动专业化、社团建设规范化、学生管理科学化的新模式，逐步建立健全具有外院特色的校园文化。

可喜的是，2018年3月，我指导的团支部16高职英语（13）班团支部获得团中央"活力团支部"荣誉称号，实现了我校在该项目申报零的突破，也获评学校2018年度"10件大事"之一。我先后在官方微信平台上撰写、编辑、修改文章达4000余条。我注重成效，全面提升学校影响力，所在的团总支多次荣获学校优秀团总支称号；负责指导的多个项目也获得了国家级、省级、校级多项荣誉。同学们也会跟我开玩笑说我就是总是带着学生收获"一等奖"的"小诸葛亮"。

除了在指导学生比赛项目上，在深化实践育人方面呢，我经常性、持续性地开展志愿活动，助力学校商务部官员研修基地顺利创办。我通过建立志愿者人才库，每年固定培训一批志愿者参加援外培训任务，发挥专业特色优势和人才优势，壮大志愿者队伍，通过多种形式途径，践行当代"雷锋精神"、"志愿者精神"。特别是10月31日至11月4日，根据省商务厅和学校工作安排，学院选派了18位学生赴第126届广交会到贫困地区参展企业展位现场为企业与境外客商商务洽谈提供翻译服务。18位志愿者成为广交会一道格外亮眼的风景线，被馆内客商亲切地称为"红译员"。我作为带队老师之一也积极宣传我校学子的志愿服务事迹。多家媒体也相继报道了我校学子志愿服务江西经济发展的典型事迹，展示学生良好的精神风貌和学校扎实的育人成效。还有我也选拔了多位青年志愿者在2019鄱阳湖国际观鸟周（鄱阳）活动中为外宾提供翻译志愿服务。团学工作除了需要组好扎实的基础团务工作外，很重要的一块我觉得就是要做好宣传报道。

编者：作为一名有着6年多工作经历的辅导员，您可以分享一些如何做好一名辅导员的干货建议吗？

李鑫：工作这些年，我时刻提醒自己要实实在在求学问、认认真真当老师、清清白白做事情，全身心地投入到自己所钟爱的事业和工作中。我认为努力成为一名学生眼中的"好"辅导员，可以从三个方面着手：一是宏观站位要高——争做一名合格的理论宣讲员；二是中观思维要宽——争做一名有效的任务执行者；三是微观管理要细——争做一名精细的学生管理者。

宏观、中观、微观这几个词是经济学术语。我以为，这几个词也同样适用于辅导员工作。第一层面，宏观上来说，辅导员工作是一项宏伟的育人工作。宏观站位要高，谈到宏观我们都认为是务虚的话，其实我们需要务虚的话，因为这是指引我们前进的方向和根本遵循，没有方向我们就会迷失自己。在我看来，宏观站位起到了拨云见雾，引领航向的作用。进入新时代，育人工作进入了新阶段，对我提出了新的要求，给我的工作提出了新要求，那么我就要做好宣讲员，向青年大学生宣讲国家时政热点，引导青年学生走向正规。

第二层面就是中观思维，要争做一名有效的任务执行者。辅导员就是一个"中转站"，要不折不扣地围绕学校的中心工作，做好上传下达的执行者。就拿我学校来说，从我入校工作开始，学校就率先启动了立德树人工程1.0；到2017年，学院借着习近平总书记在全国高校思想政治教育工作会议重要讲话之东风，乘势而上，在总结、完善、升级的基础上，出台立德树人工程2.0，以培养"全面发展的人"为核心，实施"三年计划、六项工程"，开创学院大学生思想政治教育工作的新局面。

第三层面就是微观管理要细——争做一名精细的学生管理者。这点我可以多说几句，这也是我近些年工作的一些心得。我的工作方法和思路，可以简单地概括为围绕一个中心、协调二层关系、念好三字真经、抓好四支队伍。

围绕一个中心：我的工作中心就是在立德树人工程的大框架下紧紧围绕"专业+技能+综合文化素养"三位一体协同育人模式。经过多年的积极探索，三位一体的育人模式在2019年江西省第十六批高校省级教学成果展荣获二等奖。学生获奖情况也是很丰硕的，斩获多项国家级、省级的一等奖荣誉。我院16高职英语（7）班的钟泽荣同学也获得了2019年江西省高校"最美大学生"提名奖。

协调二层关系：师生关系+工作与家庭。我觉得在处理师生关系时要坚持两个原则：亦师亦友也要按章办事，爱护学生的同学也要学会保护好自己。只要是真心做对学生有意义、正确的事，我觉得就无愧于心。另外关于家庭关系我觉得家庭是自己努力工作坚强的后盾，只有得到家人的支持，每天才能保持良好的心情，工作效率才能更高，不计较。

念好三字真经："稳+实+新"，切实增强思政工作的针对性。"稳"字当头，稳定压倒一切。作为一名一线辅导员，我做的是非常基础的工作。基础不牢，地动山摇。所以我认为做好学生工作，需要底线思维和主线思维。这也是为什么，我会把稳字放在第一的原因。"稳"包含两个方面，一是自己的心态要稳定。诚心是当好辅导员的先决条件，忠诚于党和国家的教育事业，对教育事业的执着追求，特别是对辅导员工作的无比热爱，是当好一个辅导员所必须具备的先决条件。不能老想着"转岗"，才能踏踏实实在辅导员工作上做出成绩，我一直坚信努力在未来的一天会兑现，绝不会缺席。二是要让学生的状态平稳，即学生思想和心理特征是稳定的，人际关系是和谐的，纪律、秩序是良好的，要建立动态的"特殊关注学生"档案库，不断消除学生日常管理中的空白点和漏洞。重点应该关注课堂、寝室、网络舆情、学生活动四块区域和重大节日、学籍变动、学业出现问题、干部竞选落选、奖学金评选失利、家庭经济出现变故、受纪律处分、入党前后、情感等9类问题。

"实"就是要落实工作精细化，实实在在育人。一是工作要有章可循，注重过程扎实。在工作中，我特别注重遵照辅导员和学生管理的相关文件来办事，这样，做到工作有方案、过程有记录。让学生工作凡是有交代，件件有着落，事事有回音，做一名靠谱的学生工作者。谁都无法避免会出现一些意外情况，谁都不想发生意外，但只要我们过程做扎实了，即使出现了意外也不至于被动。二是真切为学生着想，注重结果真实。学生工作不能马马虎虎、得过且过，不能图表面工作，应根据学生的真实情况，客观地要求学生，不能不切实际地要求学生一定要做到什么成绩，也不能对学生完全没有要求。三是做好自己的事情，注重心里踏实。这个就是结果了。正如习近平总书记在江西考察，主持召开推动中部地区崛起工作座谈会时强调的"最重要的还是做好我们自己的事情"。辅导员的工作就是这样，做好了自己的事情，结果总是不会太差。我经常提醒自己：每天多表扬自己和学生一点，保持阳光积极的心态；最短时间记住所有学生的名字，让学生有存在感；建立家长微信群，实现家校联动；记住重要的热点热词，寻找与学生的共同话题；谈话时多用"我们"，少用"你们"——自己人效应。

第三个关键词是"新"。"新"就是要创新工作方式、注重育人效果。我在工作中会经常去思考，哪些是学校目前还没做的，比如我提倡的几个点子："一团一品一文化"、"一班一品"项目建设，开展"英语+"相关活动，落实班会课主题化和活动项目化等都是在学校的一些创新做法。先在学校创新才能在更好的平台创新。

抓好四支队伍：寝室长+班团干+学生干部+朋辈导师四支队伍，充分发挥学生"自我教育、自我管理、自我服务"的功能。让学生党员发挥示范引领作用，让学生干部发挥主动带头作用，最终的目的就是让每一位学生积极参与。当然每个辅导员都应该形成自己的工作风格，提升自己的工作能力，提高自己的人格魅力，才能把工作做好。

执着是生命意义的刚度，在岁月的荷载计算中，我将一如既往地坚守"辅导员家园"，不忘教书育人初心，牢记立德树人使命，勇于担当，甘于奉献，争做一名有情怀的学生工作"多面手"。

宫婷婷

宫婷婷，女，中共党员，讲师，研究生学历，江西省首批高校辅导员名师工作室主持人，曾荣获第十二届全国高校辅导员年度人物提名奖，2018年度江西省高校"十大最美辅导员"，江西省辅导员职业能力大赛"一等奖"、2016年度全省辅导员优秀工作案例"二等奖"、2019年度江西省高校思政工作优秀论文"一等奖"、2016年全国高校学生工作优秀学术成果二等奖，她的事迹被江西教育网等多家媒体报道。

幸福地播洒汗水，收获快乐和希望

◎江西外语外贸职业学院　宫婷婷

编者：宫老师您好，2018年您荣获了全省高校"十大最美辅导员"，同时也是唯一一位职业院校获得者，请问您在思想政治教育工作方面有什么宝贵经验吗？

宫婷婷：谢谢，今年是我担任辅导员工作的第8年，在同辈辅导员中也算得上是思政工作中的"老支书"了。习近平总书记在全国高校思政工作会议中指出："思想政治工作从根本上说是做人的工作，必须围绕学生、关照学生、服务学生，不断提高学生思想水平、政治觉悟、道德品质、文化素养，让学生成为德才兼备、全面发展的人才。"随着国际国内形势的深刻变化，大学生的价值取向和思想观念日趋多元化、复杂化，要求高校辅导员要把思想政治工作做精、做细、做实，进一步提升教育的针对性和实效性，促进大学生健康成长成才。

学校在2015年就开启了立德树人工程，2017年重点实施立德树人工程2.0，围绕"全面发展的人"这一核心，着力培养学生的社会责任感、创新精神和实践能力，引领其树立正确的世界观、人生观、价值观，培育良好的道德品质、文化素养和职业技能，教育引导学生正确认识世界和中国发展大势，正确认识中国特色和国际比较，正确认识时代责任和历史使命，正确认识远大抱负和脚踏实地，力争把每一名学生培育成"优秀公民""卓越职业人"和"时代先锋"，使学生成为德才兼备、全面发展的人才。按照大学生思想政治工作规律，围绕学生、关照学生、服务学生，不断提升学生思想政治觉悟、道德品质、文化素养。立德树人工程2.0分为共性和个性两个部分实施，其中责任担当、学习态度、健康生活为共性模块，融入日常教育教学全过程，各年级另有不同侧重点，我们辅导员在各学院在立德树人工程2.0思政大框架下，开展各项工作。

作为刚刚30出头的青年辅导员，在学校的领导用心培养下，我也逐渐成长为思想政治工作的"老手"，有时被学生们戏称"老支书"，我认为思政工作"坚定理想、信念执着"是非常重要的，作为一名高校辅导员，永远不能忘记自己是党的政治辅导员这一身份，第一职责是为党工作，根本目标是为人民服务，"饮水思源"，只有我们记得来时的路，才能找到初心、明确目标、走得更远。在思想引领中，坚持引导学生在理想信念中厚植家国情怀、在躬行示范中践行立德树人、在社会服务中注重举旗铸魂，不断创新思政工作模式，筑牢学生思想根基，引导学生听党话、跟党走。

编者：那您在日常学生工作管理上有什么妙招？

宫婷婷：在学生党建工作中，我提出"六六"工作法则：以每学期一场讲座、一次演讲比赛、一篇征文、一次观影、一次参观、一场知识竞赛等"六个一"系列活动为载体，以活动形式有虚有实、学生发展有棱有角、思想境界有己有人等"六有工作标准"为标杆，引领学生"跟着婷姐学，双击666"。在创新思政教育模式上，为学生扣好人生第一粒扣子。我所带应用本科班2016级、2019级学生入团率达100%，递交入党申请书比例达95%。同时，我在学生中广泛开展"新时代、新青年、新使命""党在我心中""与信仰对话""大学生成长论坛"等论坛活动，丰富了大学生思想政治学习载体，引导学生就国内外社会热点进行深入交流；另外，曾和同学们合作创作一首诗歌《我和我的祖国》，让学生广泛传唱，让学生们爱国主义情怀日渐浓厚。

在班级里，大力倡导"予人玫瑰，手有余香"的为人处世之道，誓使"乐于助人"的中华传统美德薪火相传，所带学生参加志愿服务比例达90%。也曾带领学生前往山区点亮贫困小学生"小心愿"，参加城市环保竞走主题活动。2016年，我和几位老师带领学校"映山红"国情社情观察团走进江西省赣州市信丰县，开展暑期"三下乡"社会实践结对帮扶留守儿童，获得上级部门和当地群众的高度肯定，该观察团荣获2016"三下乡"社会实践活动全国优秀团队。总的来说，高校辅导员工作首先是在授业解惑中引人以大道、启人以大智，引导广大学生坚定不移跟党走、努力为中华民族伟大复兴而奋斗。

编者：对于一些年轻辅导员来说，走好学生工作第一步是很关键的，在新生入学教育方面，您有什么好的方法和建议推荐给我们吗？

宫婷婷：自2019年起，新生多为具有明显时代特征的"00后"。"00后"入学后呈现出的共性是思想多元化、独立性差、适应性弱、自主学习意识淡薄、心理迷茫、自我防范意识弱等。习近平总书记曾在北京大学考察时指出，"人生的第一粒扣子要扣好"，抓好这一时期的价值观养成十分重要。这就像穿衣服扣扣子一样，如果第一粒扣子扣错了，剩余的扣子都会扣错。高校新生入学思想政治教育是"扣好人生第一粒扣子"的关键第一步，作为一名高校辅导员，我们有责任和义务帮助学生走好这第一步，培养学生形成正确的世界观、人生观、价值观，成为有理想、有追求，有担当、有作为、有品质、有修养的"六有"大学生。

我认为，高校辅导员要本着"一切为了学生、为了每一位学生、不放弃每一个学生"的育人宗旨，针对学生成长中遇到的各类问题，进行深入调查、分析，创新出一些具有特色的大学生思想政治教育工作方式、方法，帮助学生"扣好第一粒扣子"。我想将一些自身经验分享给大家。我在所带班级开展了"辅导员与大一新生的'十个一起'"活动，总体来说还是很有效的。针对大一新生普遍存在的入学困惑问题，通过辅导员与大一学生共同完成十项活动、进行积极引导，完成新生入学思政教育全过程，实现辅导员与学生的共同学习、共同进步、共同成长。这十个一起分别是：第一，一起读书和学习。开展"一起读书"活动，各班级采购一个书架，辅导员与学生都推荐一本好书，放入班级书架内，每星期一晚自习三位学生分享一本好书，在班级创立"晨兴文学社"，鼓励学生定期投稿、每月出版一期。通过"一起读书"活动，养成了日日读书的良好习惯，"书中自有黄金屋"，在书海中畅游，学习了很多课外知识，开拓了视野，提高了自身的写作水平。第二，一起参加党的基础知识教育活动。在班级开展积极推进党的基础知识教育"六个一"活动，即"一堂党课""一次竞赛""一项参观""一次演讲""一篇文章""一首红歌"，严格贯彻执行"双严双优"制度，坚持"早教育、早发现、早培养"的工作思路，认真做好在新生中开展党的基本知识教育培养发展工作。第三，一起制定大学目标。在班上开展"大学生'我的学习目标'"学业生涯规划比赛，内容要求学生提供包括自我认知、生涯目标及实现措施、专业认识的大学生"我的学习目标"学业生涯规划大赛活动策划书，要求目标明确，合理适中，条理清楚，切实可行，具有典型性和可推广性。第四，一起参与积极心理团体辅导活动。将积极心理学融入辅导员工作当中去，制定了一套切实可行的团体心理辅导员方案，每周一次。第五，一起制定班规与建设班集体。制定了班级的班规制度，公平、公正、公开地推选心目中最称职的班级干部，实行班级干部选拔一票否决制、学期末考试制度，公开班委意见反馈邮箱，可以匿名对班委提出建议和意见。辅导员与班委共同拟定班级各项活动和各阶段班会内容，开设班级微信公众号、班级QQ动态墙，积累班级活动信息，做服务型班干、温暖型班集体、自媒体时代下的创新型团支部。第六，一起去做志愿者。带领同学们走进社区、孤儿院、养老院、乡村参与各项公益活动，充分发挥"奉献、友爱、互助、进步"精神，促进大学生综合素质的提高。第七，一起参与社会实践。我在班里开展了形式多样的社会实践活动，"走出去"是大一新生开展社会实践的关键点，有目的、有计划、有组织地走向社会、深入实际、识国情、受教育、学知识、长才干。开展了以小组为单位的实践活动，例如高校受助学生感恩意识现状调研小组、高校大学生网络成瘾现状调研小组等多项调研实践活动。第八，一起成为专业达人。我在班里开展了"一起了解自己的专业"主题活动，推荐学生采取以下了解专业行动，开展"培养专业兴趣"活动，寻找自己专业的兴趣点，邀请专业教师讲述学科专业解读，将同学们分成了不同的专业兴趣小组，成立电商专业创业小分队，国贸专业考研小分队展开学习。第九，一起做好习惯养成。依照"播下一个行动，收获一种习惯"的理念，在新生班级开展"习惯养成21天，做有正能量的人"主题活动：从健康生活、自主学习、低碳环保等方面出发，以小组形式开展，鼓励同学们"走出寝室、走下网络、走向操场"，上课不迟到、不早退，班级配备手机袋，按照学号顺序在上课和晚自习期间将手机放入手机袋中，不做"低头族"；积极参与光盘行动，不浪费粮食，勤俭节约。第十，一起做自媒体。与所带学生共同创设微信公众号"青春小脚印"，包含班级各项通知、一周论坛、一次影会、一周经济、英语课堂、创业就业指导、时事政治等板块。"十个一起"注重辅导员在各项活动中的积极引导和陪伴作用，要全身心地参与到学生的"一起"活动中去，强调活动育人、文化育人的作用。

编者：新生入学教育确实是辅导员要花心思做好的工作，"00后"已经步入大学，面对个性化、差异化的新生，你认为如何才能教会学生扣好这大学生活的第一粒扣子？

宫婷婷：在新生入学教育方面，我认为要注意做到以下几点：

一要因人而异、善于创新。新形势下，我们的教育对象是在思想、行为、心理等方面都呈现出了独特之处的"00后"，作为一名辅导员，必须紧跟时代步伐，加强学习，把握发展脉搏，准确了解思想状况，采取切实可行的措施，善于发现新事物，善于创新新的工作方式、方法，有针对性地做好学生发展中的引导工作，处理好教育和管理的辩证关系。

二要活动育人、润物无声。辅导员的工作光荣而神圣，深入细致的思想工作可以改变一个人的一生。每一位大一新生都有可能存在入学不适的情况，甚至对自己的学习、生活、人际关系感到迷茫，对于辅导员来讲，学生的事情就是第一大事，每个学生对自己来说都是一份责任。通过一些创新的活动，能够将大学生思想政治教育深入化、细致化地运用到学生工作中，有步骤、有计划地通过活动育人的方式，达到润物细无声的效果。

三要预防在前、德育为先。作为一名辅导员，要树立"每个学生都是可造之才"的理念，及时、准确、有效地开展大学生思想政治工作，扣好学生的第一粒扣子非常重要，特别是大一这个关键期，通过新生入学教育活动，可以有效地将问题扼杀在萌芽状态，最高境界就是预防问题的发生。坚持立德树人，也可以培养青年学生健全的人格和优良的品行，教育学生如何做人。

四要真情陪伴、真心关怀。一定要善于发现每位学生的特长、优势，让学生获得成就感，对生活充满希望。在各项育人活动开展过程中，心灵无障碍的沟通是教育成功的基础，而细节往往是渗透人心灵的最有力的武器：一个诚挚的微笑、一句关切的问候、一个赞许的眼神往往是打开心灵的法宝。

五要加强学习、无私奉献。"要端给学生一碗水，辅导员要先具备一桶水"，"传道、授业、解惑"是教师的天职，意识是行动的先导，辅导员内心若没有强烈的学习意识和欲望，就无法抵达"一桶水"的量。因此，一名辅导员一定要具备铁杵磨针、水滴石穿的学习韧劲，养成终身学习的习惯。辅导员不但要在"教育中纵深化、管理精细化、服务全面化"上下功夫，还要深入学习心理学、教育学、大学生职业生涯规划、大学生就业指导、大学生创业教育、大学生思想政治教育等多项知识，要系统地学习，将大学生思想政治工作中的经验进行归纳和总结。

编者：宫老师，您在江西外语外贸职业学院组织成立了辅导员工作室，并开展了一系列有特色的辅导员活动，可以谈谈关于辅导员工作室的建设和团队发展吗？

宫婷婷：是的，我在2015年提出想建立一个特色的辅导员工作室，叫作"婷姐辅导员工作室"，当时组建团队的只有5名辅导员，一起从事大学生职业生涯规划、心理咨询、学业指导、就业创业指导、新生入学教育等方面的研究和工作。"一花独放不是春，百花齐放春满园"，在学校的关心和支持下，2017年9月，学校领导鼓励我牵头成立了江西外语外贸职业学院辅导员工作室，2018年暑期投入建设，2018年9月28日揭牌正式投用。工作室是学校为进一步推动立德树人工程2.0，加强辅导员队伍建设，不断提升辅导员的素质和能力，促进辅导员队伍专业化、职业化，引领青年大学生成长成才而专门建设的工作平台，工作室占地面积200余平方米，包括"启航"新生入学教育工作室等8个工作室，涵盖了大学生思想引领、职业规划、班级建设、心理健康、素质提升等多方面内容，团队成员40余名。工作室的理念是培育团队，打造精品，协同创新，引领成长：培育团队指的是辅导员团队的职业化、专业化培育；打造精品是指在辅导员工作中一些精品活动，例如开展"思想政治工作体验日"和"学生生活体验日"活动，立德树人工程2.0，立德树人馆，学工学术沙龙，尚德·修身讲堂等；协同创新指的是创新大学生思想政治教育工作的方式方法；引领成长指的是引领高校大学生成长成才。在日常工作中我们以"打造工作平台、组建特色团队，以培训促发展、以比赛促提升，定期交流分享、加强科研能力，线上线下结合、推广特色活动"来开展工作室活动。

　　在辅导员工作室建设上，我们采用"422"工作法，即以"四个性"——特色性、创造性、可行性、示范性作为辅导员工作室立项建设条件；以"四个考核点"——学术研究、团队建设、日常工作、成果推广为评价指标；以"两个动态"——紧贴大学生思想和辅导员成长实际，将学年作为建设培养周期，动态建设工作室、动态交流辅导员为管理机制。我们在工作室中开展以"打造一批优秀团队，举办一系列研讨交流，开展一系列专题研究与实践，推广一批工作成果，创建一个网络思政平台"为主要工作任务的系列活动。工作室建成以来，形成《辅导员优秀工作案例集》《辅导员优秀论文集》等一批成果，开展了"讲红色故事、行红色之旅、悟红色精神""榜样的力量""辅导员户外素质拓展"等多项活动，接待省内外高校参观500余人次，已经成为高职院校创新学生工作理念的试验田、孵化职业型辅导员的摇篮和展示新时代辅导员风采的窗口。

编者：听说您和您的学生的关系非常融洽，同学们都亲切地称呼您为"婷姐"，在处理师生关系上，您是怎么做的呢？

宫婷婷：在学校，很多学生都认识我，我也常被学生亲切地称作"婷姐"。"亲其师，方能信其道"，在辅导员工作中要不断赢得学生的"认可"和"尊重"，才能赢得学生"信任"，做好思想政治工作。我在学生工作中始终秉承着"常进学生门、常知学生事、常暖学生心、常解学生忧"的理念，与学生始终保持着亦师亦友地关系。师生关系既要有"温度"，也要有"宽度"。要对学生各方面细致入微地关心与照顾，又要把握适当距离便于开展工作。

作为一名辅导员，我希望自己不仅是学生成长道路上的陪伴者，更要是学生成长成才的指导者、服务者。为实现这一目标，我遵循大学生学习和成长规律，秉持"入学定目标、做规划，在校强技能、善创新，毕业出成绩、做先锋"的金字塔式工作理念，积极培育良好班风、学风，所带的班级连续三年被评为学校"先进班集体"。像即将毕业一样对待入学。为培育学生良好的学习意识和学习氛围，入学伊始，我引导学生撰写"大学生生涯规划"和"给毕业时的自己的一封信"，让同学们明确学习目标，制订学习计划；积极倡导"五项大学计划"活动，即获得一次奖学金、参加一次社会实践、参与一次专业竞赛、养成一项习惯、收获一批朋友；开展"学霸宿舍"评比，将良好的学风延伸至寝室。"育人者必先育己，立己者方能立人"，为做好大学生创新创业工作，我主动参加培训，并成功考取国家职业指导师和国家人力资源管理师等资格证书，引导学生参与到创新创业。2018年，我带的学生吴欢等7名同学所组成的参赛团队，代表学校在全国第四届"互联网+"大学生创新创业大赛中荣获金奖1项、银奖2项，在全国高职院校中位居第一名；所带的2016级学生张曦月等所组成的团队两次在全国高校商业精英挑战赛中荣获一等奖，并两次赴台湾地区参加第五届两岸三地大学生流通业经营模拟大赛荣获一等奖，与他们共同进步，一起成长，是一件非常幸福的事，看到学生们的成长就是我最大的开心和快乐！

编者：每一位辅导员都渴望成为一名优秀的辅导员，辅导员在从事日常本职

工作之外，还需要做哪些工作呢？可以谈谈辅导员职业能力提升途径或如何成为一名专家型辅导员吗？

宫婷婷：2019年5月21日，教育部党组书记、部长陈宝生一行莅临我校调研指导，陈宝生对我校改革发展、思想政治等工作给予肯定，他勉励辅导员要坚持以习近平新时代中国特色社会主义思想为指导，坚持职业化、专家化发展，当好学生健康成长的"心灵护卫"。我对陈宝生部长的一句话印象非常深刻："让学生始终浸润在大爱之中，在引导学生长成大树的同时，自己也成为栋梁之材。"高校辅导员不但要做好辅导员工作的九项职能，还要注重自身发展，让自己成为专家型辅导员。一是要紧紧抓住职业发展的机遇期，珍惜每一次培训、学习、锻炼的机会，目前省里的辅导员培训班有很多，可以说每个辅导员都有机会参加，那么就要珍惜这样好的培训机会。二是要站稳职业发展的"窗口期"，加强自我修炼，主动担当骨干。每次竞赛和评比机会都要努力争取，日常工作中要善于总结经验，长时间的工作和学习积累，能够逐步走向成熟，因此，我推荐一些年轻辅导员工作的"十个一"供参考：参加一次集中系统培训，撰写一篇理论文章，开好一个特色班会，做好一个育人案例，申报一项课题研究，凝练一个精品项目，参加一项素质能力大赛，做好一个育人平台，打造一个育人品牌，形成一项工作亮点。如果一名辅导员能够用心做好这"十个一"，我想几年下来就是一位非常优秀的专家型辅导员了。当然，做到这些并不容易，需要不断坚持和积累，更是要多多加强与其他辅导员之间的联系，不论是校内，还是校外辅导员，都要积极地向楷模学习，比如徐川老师、曲建武老师、饶先发老师，遵从榜样的力量，可以从优秀者身上学到非常宝贵的东西。

编者：在采访中结束之际，请您用一段话概括您对辅导员工作的认识。

宫婷婷：从踏上辅导员工作岗位的那天起，就是把"做一名可亲又可敬的辅导员"作为职业理想，用真心去关爱学生，用真爱去温暖学生，用真诚去感动学生，以自己的满腔热情诠释着这份平凡工作的不平凡，以自己的实际行动践行着辅导员"立德树人"的本职，幸福地在这个平凡的岗位上播洒汗水和爱心，收获快乐和希望。